EL AMADO FANTASMA

Isabel Pisano

EL AMADO FANTASMA

PLAZA & JANÉS EDITORES, S.A.

Primera edición: febrero, 2002

© 2002, Isabel Pisano Calistro
© de la presente edición: 2002, Plaza & Janés Editores, S. A.
  Travessera de Gràcia, 47-49. 08021 Barcelona

Printed in Spain – Impreso en España

ISBN: 84-01-37790-0
Depósito legal: B. 2.082 - 2002

Fotocomposición: Víctor Igual, S. L.

Impreso en Tallers Gràfics Soler, S. A.
Enric Morera, 15. Esplugues de Llobregat (Barcelona)

L 377900

A Carlos Alcázar, que me ha reafirmado en mi convencimiento de la bondad humana. Conocerle fue un privilegio; ser su amiga, uno más de los regalos fastuosos que el Cielo me ha donado. Este ha hecho posible que nuestra hermandad de siglos continuase en esta vida.

A mi adorado perro Pampero, que se estará divirtiendo como loco jugando con los ángeles del Paraíso, para que sepa que nadie de los que le han conocido en este mundo ha logrado olvidarlo.

ÍNDICE

AGRADECIMIENTOS

A Carmen Fernández de Blas, que hizo posible este libro luchando por él y creyendo en mí de forma incondicional.

A David Trías, que me ayudó generosamente exigiéndome cada día más y mejor, aportando ideas e intentando mejorar la estructura inicial. Perdóname por haberte hecho trabajar tanto.

A Carlota del Amo, a Olguita García, la sal y pimienta de Plaza y Janés.

Y a Juan Pascual, el divino *big boss.*

A Joana Bonet, que me llevó de la mano a Plaza y Janés.

A Lourdes Pérez de la Huerta, mi caja permanente de billetes de avión, mi hermana del alma.

A Matilde Arce, solo por estar. Por ser como es.

A Claudia, Adriana y Carolina Pisano, ángeles echados del cielo a escobazos; saber que estáis en algún lugar del mundo me ayuda a sobrevivir.

A Leonor Pisano, el hada, la Reina, la inventora, la ladrona de mantas; y a Rosa Pisano, que llegó después, pero a tiempo. Ambas fuente de inspiración y de los más bellos recuerdos.

Y por último, a Héctor Sturman, mi lector más devoto y crítico, y mi mejor amigo, a quien espero reencontrar en uno de los infinitos mundos que nos rodean, que está ante nuestros ojos y que somos incapaces de percibir.

Héctor, te echamos mucho de menos.

Yo solo quiero saber cómo piensa Dios, el resto no son más que simples detalles.

ALBERT EINSTEIN

Tengo lo que he donado.

GABRIELLE D'ANNUNZIO

Cuando se haya talado el último árbol, cuando se haya envenenado el último río, cuando se haya pescado el último pez, solo entonces comprenderás que el dinero no es comestible.

JEFE DE LOS INDIOS CREEN

PRÓLOGO

Hace muchos años que empecé a escribir mi historia. Hacerlo habría de servirme para llenar el tiempo que me quedaba para la cita, un encuentro de amor largamente esperado.

Una palabra marcó mi existencia: viuda.

Yo soy una viuda.

Viuda quiere decir que he perdido al compañero del camino. Viuda implica estar Sola. Viuda significa Amputada. Viuda representa la búsqueda constante de lo que se ha extraviado. Viuda es alguien que intenta un contacto con el misterioso territorio que está más allá de la vida. Viuda es una mujer que bendice cada día que termina, porque es uno menos que queda para encontrar al Amado Fantasma. Viuda es la persona a la que le falta la mitad del corazón, la razón de su existencia. Viuda es una mujer que ya no está, que se ha marchado con el Amado y ha dejado en este mundo su cuerpo para escarnio, burla y maledicencia. Viuda es alguien que no puede vivir sin el amor de su vida. La Viuda personifica el triunfo de la Muerte sobre sus sueños. La Viuda expresa desolación. La Viuda encarna y se identifica con la desesperanza. La Viuda simboliza el amor incompleto porque no ha sido vivido, ni agotado. La Viuda es un ente sobrenatural, es un zombi, es una media persona, es nada. No es comparable a una soltera porque, a diferencia de esta, ella se embarcó en la aventura de la convivencia con el Fantasma. Y la soltera, por las razones que sean, no adquirió el compromiso de la conyugalidad, la experiencia de emprender juntos el recorrido. La Viuda no es un aborto porque ha nacido y ha pagado por el pecado original. La Viuda es un himno al amor sin oyentes o con un auditorio de sordos. La Viuda aparenta ser normal pero no lo es, es un pájaro de mal agüero. Es alguien que piensa, siente y vive constantemente en el más allá, estando en el más aquí; sin saber que el más allá y quienes lo pueblan, conviven con nosotros.

Yo soy una viuda. Y poco más sé de mí.

Lo único que sí sé es que he roto para siempre con el Amado Fantasma.

Caminaba por el zoco de Trípoli, en Libia; el líder de ese país me había concedido una entrevista para mi programa televisivo. Esperaba sin histerias el día impreciso del encuentro. Mientras tanto, complacía las horas visitando los bazares árabes, llenos de cosas a las que en el mundo occidental no les habría dedicado ni una mirada. Al cruzar la plaza Verde, vi tres personas de refilón. Una de ellas me pareció alguien muy conocido. «Tommy», murmuré, mientras los recuerdos de felicidad y desolación se arremolinaban en mi cerebro. Así se llamaba el mejor amigo de mi marido, un joven argentino que era como un hermano para él. ¿Y qué hacía allí, tan lejos de su ciudad natal?

—Mi marido… —dije, mientras la tierra vacilaba bajo mis pies y la marea dolorosa me invadía.

Había desaparecido hacía más de veinte años y la versión oficial era que se había suicidado. Desde entonces no había vuelto a ver a Tommy.

El hombre se volvió y, como si hubiese tenido una cámara de vídeo en la mano, me fijé en sus ojos: ¡sus ojos! Como un objetivo que se acerca paulatinamente y se ajusta en un primer plano, así los míos se abrieron de par en par y se entornaron, deteniéndose en los ojos negros, profundos, imposibles de olvidar.

No era Tommy sino él, aquel hombre tan llorado.

Y no estaba solo, había a su lado una muchacha joven, de ojos azules y cabellos negros, delgadísima.

Fue tan grande la sorpresa que no pude ya distinguir a la tercera persona.

Creo ser rápida para captar una situación; me sobran milésimas de segundo para abarcar un panorama completo. A veces, la gente me repite dos o tres veces lo mismo, cuando, tal vez por clarividencia, yo ya he adivinado, antes de que empiece a hablar, lo que me va a decir. En un minuto toda la inmunda trama fue trasparente, y me dije: ¿De modo que mi marido se ha fingido muerto todo este tiempo para escapar con otra mujer?

Lo pensé fríamente, como si la cosa no fuera conmigo, evitando lanzar un grito salvaje que hubiese sido capaz de romper la corteza terrestre en dos. Pero más allá de un dolor sobrehumano por el engaño, me sentí avergonzada con los detalles. Casi me dolía el tinte rubio pajizo de mi pelo frente a la belleza de la joven que acompañaba al infiel, al mentiroso, al ladrón de mis lágrimas, al reo culpable de mi abandono y de la deformidad de mi cuerpo, de mi ya casi decrepitud, de mi muerte en vida. Había envejecido de dolor y de culpa, si la vida me lo había arrebatado todo ¿por qué no acabar de una vez con esa maldita armonía física? Me costó trabajo pero lo conseguí. Fue un modo de exiliarme de la vida, del amor, de posibles futuros amantes.

Él, en cambio, había hecho un pacto con el diablo y estaba igual que cuando nos habíamos conocido en juventud: alto, delgado, con la piel rosada como la de un recién nacido.

Después del consabido «Pero ¿cómo tú por aquí?» intentaba asimilar un hecho tan increíble como el de encontrar en Trípoli a alguien que se daba por muerto en Madrid hacía más de veinte años; como si todo fuese la cosa más normal del mundo. Pero lo primordial para mí era que no se me notasen la rabia, los celos, la desolación por haber llorado durante veinte años a un vivo que se había marchado con otra.

Le pregunté como quien no quiere la cosa:

—¿Te has casado con ella?

—No —respondió, y eso fue un alivio que se hizo añicos cuando agregó—: Es mi compañera, estoy muy «quedado» con ella.

Me di la vuelta, dejándolos con la palabra en la boca, imbuida en el ridículo, consciente de mi aspecto patético, de mi derrota en todos los frentes. Ellos se quedaron allí: jóvenes, bellos, casi inmortales. Y yo, alejándome, dejé de ver la estrella verde de la gigantesca plaza Verde, el color turquesa del Mediterráneo, la bahía de Trípoli que, junto con la de Argel, era a mi juicio la más hermosa del mundo. Corría ciega hacia el hotel Al Kebir mientras hombres con túnicas me seguían, ya que había osado salir sola y corriendo.

¡Dios! ¿Cómo es posible? Mi marido vivo, qué maravillosa noticia y qué burla infame. Ese hombre guapo y rebosante de salud, sobre cuyo físico no había transcurrido ni un solo minuto desde su desaparición, era el muerto tan llorado. Mi marido vive pero ya no es más mi marido, es un canalla que me abandonó por otra elucubrando el más diabólico de los planes. Un desconocido me alcanzó y se me puso delante, interrumpió mi huida hacia ninguna parte. Clavaba sus ojos castaños en los míos con atención; yo, completamente trastornada, repetía frases sin sentido:

—¿Y toda aquella *mise en scène* de la sangre, el cerebro roto por los disparos, la materia gris…? ¡Hay que fastidiarse! ¡Qué descaro! ¿No podía haberme pedido el divorcio?

La plaza Verde y el hombre se disolvieron.

Cuando se ha perdido la paz por una revelación inesperada uno no puede remolonear en la cama. Aún me duraba la rabia. Había vuelto a Madrid y estaba en el dormitorio del piso de Monte Esquinza. Hacía frío y mi nariz era un polo de fresa.

Tanteé con los pies las pantuflas y me dirigí a la cocina, estaba amaneciendo. Tuve que frotarme las manos para poder abrir la cafetera.

Una mancha de aceite en el mármol quiso distraerme pero no pudo, la piedra la había absorbido y ya no saldría nunca más. Lástima, era imposible conservar el aspecto de las cosas recién estrenadas. Tendría que informarme acerca de la clase de líquido que era capaz de eliminar una señal grasienta asimilada por la piedra. Pero ¿qué demonios me importaba el mármol manchado? Por mí, como si se volatilizaba… Además, jamás en mi vida habría sido capaz de acordarme de preguntar eso, solo lo pensaba cuando tenía la mancha delante.

De lo que sí estaba segura era de que ya nada podía alterarme, después de una sorpresa que más parecía el sueño en una noche, en la que, seguro, le habría llamado más que nunca.

No, no era un sueño, había que aceptar la evidencia, él ya no me amaba, me lo había dicho a la cara en la forma más directa y cruel posible: fingiéndose muerto y matándome en vida. ¿Qué más hacía falta para acabar con una obsesión? Ya está, me dije. Yo estoy libre de mi amor por él y viceversa.

En realidad me mentía a mí misma. Lo amaba más que nunca y jamás había dejado de amarle, porque como todo lo que sucede en el alma, es imposible de erradicar. Si es verdad lo que se preguntaba Platón: «¿Cuándo empezaron nuestras almas a vivir?», si llevamos siglos de experiencia en distintos envases, el amor solo se agotará cuando el alma deje de existir. Cuando se muera Dios o la energía inteligente de la cual formamos parte. Y si Dios es infinito, concepto que nos cuesta mucho entender, la historia de mi amor por él iba para largo.

PRIMERA PARTE

I

EL «SUICIDIO» DEL AMADO

Me lo había tragado todo como una gilipollas. Mi llamada en mitad de la noche desde la casa de Roma, como siempre, esperando que él respondiese. La respuesta del desconocido, identificándose como policía, que me dio la noticia: «Ha ocurrido una tragedia muy grande, vuelva enseguida».

Las comunicaciones frenéticas a los amigos para saber lo que el hombre anónimo no quiso decirme: si aún vivía o estaba muerto. Estaba muerto.

La larga noche en vela, la necesidad de dormir un rato, como por venganza.

Yo no habría de dedicar una noche insomne a un tipo que ponía punto final a nuestro diálogo constante de una manera tan terrible, que me abandonaba sin una explicación. Oía en la vigilia la voz de los amigos, en el salón de la casa de Roma. Salí con ellos hacia el aeropuerto para coger el primer avión al alba, y viajé en medio de una tormenta feroz, como si el Cielo manifestase su desacuerdo.

La policía sostenía que él se había suicidado y cerró rápidamente la investigación.

Fue un viaje terrible, sin esperanzas ya de encontrarlo vivo. La confirmación había venido de una de mis más queridas amigas: mi marido adorado, paciente, generoso, que me hacía reír hasta las lágrimas, era ya solamente un cuerpo en la morgue. Abandonado allí, solo, en esa soledad en la que se quedan los muertos; esperando que su cuerpo grande y delgado fuese despedazado por la inevitable autopsia. Tuve la impresión de que él quería que le siguiese. La certeza, imbuida en el terror, de que si no moría ese mismo día, ya me sería imposible encontrarle en la inmensidad del cosmos y en la eternidad del tiempo. Mis sentimientos eran contradictorios, me había pasado lo peor que me podía pasar, había perdido la razón de mi vida, pero no quería de ninguna manera perder la vida. La tormenta movía el avión como una pelota de goma en manos de un niño. Ella me estaba anunciando lo que me esperaba después...

El día en que el Amado había decidido que sería el último de su vida, el elegido para volarse la cabeza, había empezado a nevar a las dos de la tarde y un manto blanco de tristeza cubría los olivos del parque. Estaba solo en el caserón y el motor de la calefacción se había roto. Se preparó un té que no pudo beber porque se le cayó por el temblor indomable de sus manos. Miró el líquido derramado en el mostrador de la cocina mientras la depresión salvaje anulaba su razón o la acentuaba; tal vez solo seguimos viviendo los que estamos locos. Subió al segundo piso, buscó en su escondite la escopeta de caza. Ironías de la vida: para poner fin a sus días utilizó lo que era el símbolo de la crueldad humana hacia los animales. Él, que los amaba con el alma.

Quiso además dejarme un mensaje: que había pensado en mí mientras moría (rodeó el lecho de su inmolación con mis fotografías más bellas), que me había mirado durante el solitario pasaje que afrontaremos todos. ¿Ignoraba que ese gesto, más que una absolución, representaba la peor de las condenas?

Se acostó y colocó la escopeta contra su frente. *Pampero*, su perro pastor alemán preferido, intuyendo la tragedia que se respiraba en la habitación, se interpuso descolocándole el arma de las manos y errando el tiro. El primer disparo dio en la pared. El Amado cogió al animal y lo sacó de la habitación, tal vez se despidió de él y lo acarició. Volvió a acostarse en la loca ceremonia de la eliminación y disparó, negándose al futuro. El tiro se llevó su frente alta, rompió el pacto sagrado entre el hombre y Dios, alteró el equilibrio de fuerzas ancestrales, preocupó a los ángeles, causó el insomnio de las hadas, estremeció las paredes y los olivos del jardín... mientras él comenzó a morir con los ojos muy abiertos, contemplando una vez más, cara a cara, la eternidad. Parte de su materia gris salpicó mis ojos y mi sonrisa de papel.

¿Puede uno seguir viviendo indiferente a eso?

La habitación permanecía igual, solo las paredes forradas en seda a rayas azules y blancas se llenaron de sangre y de materia cerebral. ¿Oyó, el Amado, aullar a *Pampero* junto a los otros perros, en un concierto lastimero de adiós?

Pampero abrió la puerta de la habitación en donde la vida se estaba extinguiendo y le limpió la sangre de la cara con su lengua. El Fantasma con la cabeza volada agonizó aún cuatro horas.

¿Es que uno se muere poco a poco o de repente? ¿Qué se trasmitieron ambos en esa despedida a solas? ¿Habrá sentido él piedad de *Pampero*, que lloraba como un niño, que fue en busca de ayuda, habrá comprendido que estaba privando a su perro de lo que más amaba? ¿Sintió en ese momento el amor infinito del animal, que lo estaba asistiendo en su último instante en esta tierra? Dicen que el amor impide al alma de los muertos abandonar el sitio en que han vivido. Mientras el Amado Fantasma luchaba por elevarse y fundirse con el espíritu del cosmos o por sumergirse en el corazón de la tierra, *Pampero* y yo habríamos de tirar de él con nuestra pena, con nuestras lágrimas y toda nuestra desesperación.

Una ambulancia se lo llevó aún con vida. La policía y el juez lacraron la casa y, después de que *Pampero* velase al hombre malherido y buscase, sin éxito, ayuda, lo trasladaron, junto a los demás perros, a la perrera municipal.

¿Hasta dónde llega el dolor del mejor amigo del hombre? ¿Sabía realmente que él había hecho todo lo que se podía hacer? *Pampero*, encerrado en una jaula, oyendo ladridos de otros animales, con la certeza de lo que había visto, supo que su mundo de compañerismo y amor con el hombre grande se había acabado. El amigo que lo paseaba en coche y le rascaba parsimoniosamente la espalda por las mañanas, el que tocaba horas el piano, mientras él apoyaba la cabeza en sus pies y que, cuando el Fantasma apretaba los pedales, seguía el movimiento con ella colocada sobre los zapatos. Él, que tenía una confusión en el alma, que creía ser el hijo del hombre grande y en realidad lo era, en esa noche de aquelarre donde murieron todos sus sueños, envejeció. Padeció de tal manera en esa oscuridad de la perrera que cuando lo fueron a recoger junto a *Sonda*, *Clara Bowl*, *Coco* y *Nabucco*, los otros animales que él trataba con desprecio (porque los consideraba como lo que eran: perros), su manto negro, orgullo de su dueño, estaba completamente blanco. Así como su barbilla era el día antes azabache brillante, veinticuatro horas más tarde se había convertido en blanca como la nieve.

Estoy segura de que *Pamperito* absorbió toda la negatividad que había en nuestra casa, que intentó protegerme y consolarme y que fue el primero que notó al Fantasma. De allí solo había salido su cuerpo, pero su espíritu habría de permanecer con nosotros, para siempre. A veces, sentada en la terraza, seguía con la mirada a *Pampero*, haciéndole fiestas a la nada en el jardín, moviendo la cola y saltando con júbilo. Y era sorprendente, porque él no le hacía carantoñas a nadie. Bastante indiferente con el mundo, no era uno de esos perros que piensan que toda la gente le es amiga, al contrario, los amigos de *Pampero* se contaban con los dedos de la mano y sobre todo eran aquellos que le paseaban en coche. ¡Un perro de carácter tan británico no podía hacer carantoñas a la nada!

A la mañana siguiente del suicidio el panorama era desolador. La casa estaba rodeada por una cinta frágil a la entrada, que clamaba a gritos que allí se había consumado un delito; solo ella, delicada y banal, advertía que nadie podía traspasar la frontera de la normalidad hacia el espanto. La habitación de huéspedes había sido sellada por el juez, rompí histéricamente la clausura, seguida por los policías que custodiaban la casa y que no tuvieron la fuerza, la ceguera o la inhumanidad de impedírmelo.

Abrí… ¡Dios mío, qué frío! ¡Qué frío! Sentí un gran cansancio, vi un paisaje terrible que no tenía nada que ver ni con él ni conmigo: restos de su cerebro y de sangre por toda la habitación, en la moqueta, mientras el frío me penetraba en los huesos… la sorpresa.

¿Quién habría organizado ese engaño tan gigantesco?

Es doloroso sentarse a escribir sobre historias que creías dramáticas y que sucedieron veinte años atrás, cuando en ese tiempo jamás sospechaste la estafa. Te consumiste llorando y hoy la vida te expide el certificado en donde consta que tu juventud, que parecía una desgracia eterna, se ha terminado. Cada día te tropezarás con gente que es menor que tú, y cada día que pasa son más y más numerosos, hasta constituir un ejército. No sé cuánto me separa de la vejez, tengo la sospecha de que son minutos; ella empieza cuando la mente vacila…

Casi todos los que he amado son sombras que se desdibujan: mi padre, mi madre, mis tías, mis tíos. Y también ellos, los animales, han desaparecido. Los que fueron guardianes de mi felicidad; lástima que no sepamos reconocerla en el momento en que es; que solo seamos capaces de apreciarla cuando ya no existe.

Pamperito, el primer pastor alemán que tuve en mi vida, llegó a nuestra casa en brazos del Amado Fantasma, con pocos días; gritaba como un poseso llamando a su madre a todas horas, yo lo cogía en brazos y lo acunaba durante toda la noche. El Fantasma y yo nos complementábamos en el «operativo biberón». En la espera de que este se enfriase, acunaba al cachorro que mordía, con unos dientecillos afilados, la perla que llevaba siempre al cuello y no la soltaba, hasta que la goma de la tetina entraba en su boca. Mientras Matilde, que me ayudaba en casa (ayudar es un modo de decir, ya que lo hacía todo ella) lo regañaba:

—¡Que te comes la perla, desgraciado!

El Amado Fantasma y yo volcamos sobre él toneladas de amor que correspondió con creces.

Pampero, aunque era el perro más viejo, fue de los últimos en dejarme. Tenía mala fama, decían de él que era consentido y maleducado, otros le llamaban directamente «perro hijo de…». Es posible que todo lo que se decía fuese cierto, pero su ausencia dejó un vacío imposible de llenar. Tuvo una larga agonía porque yo no era capaz de resignarme a su pérdida, le vieron equipos de veterinarios, aullaba de los dolores y era necesario ponerle inyecciones calmantes cada dos horas. Lo llevamos a hacerle un escánner el 1 de julio de 1980.

Antes de salir de casa miró con enorme tristeza el cielo y todo lo que le rodeaba, despidiéndose, él ya sabía lo que yo no quería aceptar, que no volvería nunca más a esa casa, a los espacios que habíamos compartido. Lo acostamos en la camilla y yo me volví, para lavarme las manos, los veterinarios me llamaron; *Pampero* se había incorporado y sus ojos aterrados me decían suplicando: «No me dejes ahora». Lo agarré fuerte, fuerte, contra mi pecho, apoyando mi cabeza en la suya, oliendo su pelo con olor salvaje, un olor que asociaba a la ternura. Él me puso las patitas en el cuello y mientras lo estrechaba y lo besaba, en la ceremonia del adiós, en nuestro último abrazo, se quedó dormido para siempre.

Salí desolada de la clínica, indiferente a la maravillosa jornada de sol radiante, y tuve que apoyarme en la pared de la entrada.

Fue allí donde tuve una percepción que duró lo que un relámpago: vi a un hombre alto correr en el Paraíso, con un perro que lo seguía, loco de alegría.

Me despedí con el alma, en la certeza de que nos volveríamos a reunir en nada de tiempo. No tuve en cuenta que el transcurso de la infelicidad se hace eterno.

Después de su marcha, yo acariciaba la perla donde quedaban las señales de sus mordiscos de recién nacido y tenía la sensación de no haberlo perdido del todo.

Estoy recordando lo que sentí entonces y tengo la sensación de que algo está fallando en la máquina perfecta… ¿por qué me obstino a creer muerto al Amado Fantasma, después de la evidencia de Trípoli? ¿Es que prefiero ser viuda, antes que cornuda y abandonada? Solo él se ha marchado de veras, el pastor alemán adorable, el de la confusión mental que le hacía ignorar su identidad.

Reflexionando sobre el pasado detenidamente, yo no le vi muerto, alguien me dijo que era mejor recordarlo en vida. Tampoco recogí su cadáver para mandarlo a su país: el ataúd viajó cerrado. No lo velé y la caja mortuoria no fue abierta antes del entierro, al que no asistí. Su madre quiso verlo y besarlo por última vez, pero le aconsejaron lo mismo que a mí, el ataúd estaba lacrado y era mejor dejarlo así. No es un intento de justificación pero no estaba en condiciones de viajar con su féretro por miedo: su muerte me producía espanto, quería vivir sobre todas las cosas, desesperada y sola, abandonada por él y denigrada por todos, prefería la desesperación a la nada. Los días que siguieron a su ausencia fueron un delirio, empecé a flotar en el aire y durante un tiempo tuve la convicción de que vivimos diferentes realidades. La auténtica está en otra parte y es amable de verdad; en ella, los que amamos continúan aún cerca de nosotros mientras existimos.

Me despertaba todas las mañanas con ese convencimiento y me decía:

—Esto no está pasando. No está pasando. Todo sigue igual, el Amado Fantasma y yo continuamos siendo felices y desgraciados, ahora mismo, en otra parte. Soy yo la que me he fugado de casa. Pero volveré en cuanto encuentre el camino.

Me trasladaron a la realidad del psicólogo, la soledad y el shock diabético por el impacto y la sorpresa de su presunta muerte. ¿Qué sentirán los millones de seres que son torturados en el mundo, los que esperan en el pabellón de la muerte la ejecución de su sentencia? La condena a muerte es, sin lugar a dudas, una gran lección, lástima que el condenado no pueda sacar partido de ella. Es algo imposible de imaginar, aunque tal vez morir sea más fácil de lo que parece. Por mi parte me vi obligada a convivir con gente que pensaba equivocadamente que ellos estaban instalados en «la vida» y en «el tiempo» y que, ¡ay de mí! intentaban consolarme, porque este era el único tiempo posible, en la única vida posible.

Por momentos tenía la sensación nítida de lo que cantó Calderón de la Barca, con una diferencia: la vida no era un sueño, nosotros estábamos siendo soñados por Alguien. Un gigante que soñaba mucho y con mucha gente.

Y ese ser había logrado algo inconcebible: ser amado por el noventa y seis por ciento de los seres humanos del planeta que creía en él y lo veneraba, pese a ser invisible.

«Quien me ve a mí, ve al Padre», dijo Jesús de Nazareth.

¿Y si fuese necesario invertir nuestras creencias de que Él es la única cosa real, algo que sugiere Deepak Chopra, y el universo entero una proyección de sí mismo? ¿Tal vez, imágenes de un sueño, pensamientos proyectados en la pantalla de la conciencia o de la memoria de Dios? A lo mejor era cierto lo que yo sentía, todos nosotros existíamos en otra parte, en mundos paralelos que se abren con cada decisión, en cada recodo del camino; un lugar en donde las cosas eran como tenían que ser, es decir, más justas. Y sobre todo, con final feliz.

Tardé bastante, tal vez dos o tres años, tiempo calculado en la realidad del presente, en acostumbrarme a este desdoblamiento. Al otro sitio tuve acceso pocas veces y casi siempre en situaciones límite. Y en especial, cuando esta máquina perfecta que es nuestro cuerpo no podía resistir más el asedio del Jefe supremo de esta movida llamada existencia. Ignoraba si el Guía inmaterial era cruel o solo indiferente, insensible a nuestros atroces padecimientos. Parecía que nuestro cerebro no alcanzaba a descubrir el sentido del dolor. Sería más fácil conocer el porqué de lo que percibimos como una enorme injusticia y eliminar así esa falta de información. Pero ya que no nos la ofrece nadie, será necesario buscarla.

Nunca, hasta leer a Chopra, había logrado entender qué significaba o qué sentido tenía esa percepción de diferentes realidades. La respuesta (como a casi todas las preguntas que nos hacemos los seres humanos), me la dio la física cuántica.

La desesperación por el enfrentamiento a la muerte del Amado Fantasma había aguzado de tal modo mi percepción que tuve el consuelo y el regalo de comprender, teniendo acceso a la otra realidad, que este no es el único campo donde se juega la partida.

Estos recuerdos no hacen otra cosa que reafirmar mi idea de que somos el sueño del Gigante. Y por supuesto, *no seríamos sin Él.*

Lo que voy a expresar ahora no son más que lugares comunes, mas son gráficos y funcionan. Así como cada grano de arena constituye el desierto, de la misma manera que el árbol pierde las hojas secas y el tronco y sus ramas continúan viviendo dando lugar a otras nuevas, y cada copo de nieve es una partícula infinitesimal del manto que recubre las montañas: en esa misma forma, Dios está en nosotros. Solo somos mientras Él es. Esto suena conocido, lo nuevo es lo cuántico: como cada grano de arena, cada gota de agua y cada copo de nieve somos un Todo, pero al mismo tiempo nada existe ni nada sucede verdaderamente.

La recompensa consistiría en la búsqueda y, por supuesto, en el descubrimiento dentro de cada uno, de esa energía inteligente que nos sueña en cada instante. Y que no para de hacerlo. ¡Es tan claro! El objetivo final, por lo tanto, sería la cognición intuitiva y mágica de la conciencia divina.

Solo eso puede justificar la anécdota de esa sombra llamada Humanidad, en un espejismo conocido como Universo.

Como dijo alguien hace cientos de años: «Cuando una gota del océano se evapora, las demás creen que ha muerto, pero no es así, ella está en las nubes y volverá al océano. Pero las demás gotas no lo saben, ya que para saberlo deberán hacer el mismo recorrido».

¿Qué recuerdo yo de mi océano? Me basta poner los dedos en las sienes para regresar…

Soy la Perica, parece ser que así les llaman a los loritos. No sé por qué a mí me han puesto ese sobrenombre. Tengo tres años. Nadie ha pronunciado delante de mí la palabra «muerte» pero yo sé… No pertenezco a este lugar, vengo de otra parte. Miro la lluvia caer en el patio a través de la claraboya rota y quiero volver allá. Al lugar de donde soy. En esta casa llena de gente nadie me escu-

cha. Lloro de desesperación de que todo empiece otra vez. Sé que iré olvidando… Lo sé.

Una voz aguda canta:

—Arriba corazón, vamooos a trabajaaar.

¿Hay algo peor que a uno le despierten cantando? Imagino que solo será peor que lo hagan pegándote.

—Son las diez y media, corazón. ¡Cuánto duermes, Periquita!

La mujer insiste. Y abre las persianas de la puerta que da al patio de la claraboya rota, donde hay unos sillones de madera, muy feos, que la señora compró en unas rebajas en una tienda de judíos de la calle del General Flores. Los sillones forrados de cretona floreada están ahí puestos para que se sienten las visitas, o sea que se podría considerar a eso el salón. Bueno, de algún modo hay que llamarlo. Entre el postigo de la puerta y el vidrio hay una cortinita que se sostiene con dos alambres, es de color indefinido. Por la mugre. Tal vez en el pasado fuera blanca.

Siento pena de dejar la cama caliente con lo que le cuesta llegar a eso, y sobre todo, lo de quitarse el pijama para vestirse es lo peor. La señora me frota el cuerpo con agua de colonia para que entre en calor, ella se preocupa porque no paro de temblar.

Deseo que llegue la noche para volver a la cama… pero los días son muy largos.

Ha llegado la noche por fin, las sábanas parecían mojadas de tan frías. La señora morena de dientes blancos y grandes (se los lava tres veces al día con rigor germánico) y que según todos los datos me ha parido, llegó con la plancha hirviendo y me las planchó. Una onda le cae sobre la frente alta y blanca, casi hasta cubrirle el ojo derecho. Todo aquí huele a humedad, ella no. Calienta agua y se lava todo el cuerpo con un trapo rezumante de jabón y después se perfuma con colonia. También se sienta sobre la cama, apoya una toalla en el suelo y se pone talco perfumado entre los dedos de los pies; sus pies están deformados, ya que de jovencita se usaba el pie pequeño como el de las japonesas, y cuando uno se compraba los zapatos eran dos números más pequeños, pero el pie no se achicaba, se ponía hinchado y rojo como un chorizo.

Ella quiere mucho a otro pequeño que se llama Miguelito y vive con nosotras. Todos dicen que es un niño guapísimo. Tiene los ojos de color cambiante, a veces son celestes como el cielo celeste, pero si vamos a la playa, el color del mar le influye y le invade de *verde la mirada. Al anochecer son turquesas y de noche, azul oscuro. Creo que el Miguelito anda en tratos con los ángeles (los ángeles son unas personas buenísimas) porque se compadece mucho de los perritos abandonados. También le llaman Negro o Negrito porque cuando nació tenía la piel muy morena que contrastaba con sus ojos verdes-azules-celestes.*

—¡Venga, corre! Métete deprisa que las sábanas ahora están calientes. Pobre, mi pequeñita, que pasa tanto frío.

Volvió con el porrón: la botella con agua hirviendo dentro. Di un grito porque me estaba achicharrando los pies. Ella los envolvió en un jersey viejo y me acariciaba la frente mientras contaba la historia de un lobo que se disfrazaba de abuela para comerse a una pequeña como yo...

Me entró sueño mirando el techo lleno de hadas, cabalgando corceles blancos, perseguidas por dragones que arrojaban fuego por la boca, las figuras cambiaban según la luz y las sombras. Las formaba la humedad.

Alguien me mira: es un anciano que tiene una cabeza enorme. No sé cuándo fue la primera vez que le oí nombrar, es muy conocido y le llaman Dios. Si se filtra mucha agua a través del techo, Dios tiene una cabellera que ocupa todo el espacio. En el verano, cuando las manchas de humedad se secan, Dios está pelado.

Adoro el verano...

Plof... plof... plof. El agua que se filtra por el techo y llena el cubo que la señora morena (parece que por convenciones antiguas estoy obligada a llamarla mamá) colocó para recogerla... pobre Caperucita Roja, confundir al lobo con su abuela, mañana vigilaré atentamente a la mía, le revisaré los dientes, lo primero...

Mañana es viernes y vamos a la casa de la madre de la señora morena. Viene el Miguelito. Me han dicho que él es mi hermano, un hermano es alguien que tienes que querer mucho porque «lleva tu misma sangre». Lo ha dicho la madre de mi padre, que también es abuela mía. Pero si la sangre está dentro de uno y no se ve... ¿cómo saben que el Miguelito es mi hermano y la sangre nuestra es la misma?

La casa de la abuela queda lejos y vamos caminando. No me gusta caminar, quiero que mamá me lleve en brazos. Ella se queja, dice que ya peso mucho y que con la bolsa y yo en los brazos llega «reventada».

Hay dos palmeras a la entrada y muchos dormitorios que dan a un corredor muy largo, pero lo que más me gusta es el jardín de atrás. Subes unas escaleras de piedra y allí está la higuera, llena de frutos. Y al final, un cañaveral donde se esconden los conejos. Mi madre tiene muchos hermanos: la Quica, la Chola, el Walter, el Mario, el Toy, siempre hay alguno que no se habla con otro.

A la Quica la dejó el Cyrano, «el amor de su vida» como ella dice llorando; lo hizo por culpa de la familia ya que los abuelos tienen «la» desgracia: son pobres. El Cyrano estudia medicina y un médico no se puede casar con una pobre aunque sea guapa. Se tiene que casar con una muchacha «de buena familia».

Mi mamá me ha contado que cuando la Quica era chica comía tierra y se iba a jugar con los varones. Yo sé que sufre. Trabaja todo el día haciendo sombreros y flores de seda y de papel mientras llora por el Cyrano.

Juntó mucho dinero y se lo dio al Tarcisio, que es el novio de la Chola, pero él no se puede casar con ella porque no tiene trabajo. También él tiene la desgracia. Creo que ser pobre es una enfermedad grave y muy difundida.

Hemos ido a la casa de Dios, yo tenía muchas ganas de conocerle pero él no estaba, parece que no está nunca en su casa porque tiene muchas, repartidas por todos lados. Allí vi a la vieja doña Bernardina, que está excomulgada. Excomulgada quiere decir que cuando se muera el cura no va a venir y ella no se va a salvar ni irá al Cielo, que es el lugar en donde Dios se encuentra más a menudo. Doña Bernardina irá al Infierno de cabeza. (El Infierno es un lugar más caluroso que Montevideo en verano, porque está lleno de fuego, parece que ahí no se está muy bien.) Y todo porque le dijo al padre Máximo (el padre Máximo es el que casó a mi mamá con mi papá):

—Váyase a tomar por el culo, padre. (Esto no lo digo yo, lo dijo la doña.)

Y el padre le ha prohibido entrar en la iglesia, así llaman a la casa de Dios. Y ella le replicaba con grandes gestos:

—Pero padre, si culo tengo yo, lo tiene usted, lo tenemos todos —y agregó—: ¡Que no, padre, que culo no es mala palabra, me cago en Dios!

Y el padre Máximo no quiere saber nada y como la pobre es vieja y se va a morir, llora delante de la iglesia.

Tiene ese defecto, que no puede dejar de decir las malas palabras. Estoy segura de que es el demonio que la tienta. Yo me reí el otro día en la casa de Dios y fue el diablo que me lo hacía a propósito. No fui yo. El diablo y el demonio son la misma persona, no sé como es posible pero así es. Y son malísimos los dos o el uno. Bueno, ya está, más no sé.

Mamá me ha dicho que dentro de un tiempo estudiaré el catecismo y ahí me explicarán mejor quién es Dios y quién es el Demonio.

El Demonio hace que mi papá insulte a mi mamá.

II

DOS MESES MÁS TARDE...

Observo el techo como cuando era niña, sola, en el caserón vacío. Tengo que inclinar la cabeza para verlo, si miro de frente solo contemplo el remolino de pliegues que forma el raso color melocotón del baldaquín, unidos en el centro por un rosetón de pasamanería con reminiscencias árabes.

Echo de menos la humedad, las figuras siempre diferentes que acompañaron mi niñez. Me estoy acostumbrando a la tristeza sin paliativos, y sin esperanzas de que acabe algún día.

Miento, no estoy sola, me acompañan *Concha*, la gata, que se ha enroscado en mi cuello, y *Pampero*, que ocupa en el lecho matrimonial el lugar que fuera del Fantasma. Está con la cabeza apoyada en la almohada. Todo por su confusión, que le hace creerse un niño. En los divanes del dormitorio duermen los hermanos, también pastores alemanes, *Sonda* y *Clara Bowl*. *Coco*, el perro de raza perro, descansa en el suelo encima de la alfombra que está enfrente de la chimenea. También *Nabucco*, el lulú pomerania venido desde Francia en brazos del Amado, reposa a mis pies, sobre el lecho desmesurado. Todo es desmedido en esta casa y eso fue lo que hizo que me enamorase de ella. Hace un frío extraño para estar en el mes de mayo. La calefacción está encendida. Y también la chimenea de mármol blanco del siglo XVII. Las cortinas del ventanal que da al jardín están descorridas, así como las del lecho. Las luces indirectas del prado iluminan los olivos, el foco más potente de todos alumbra la piscina, que no puedo ver, ya que desde la altura de mi dormitorio parte la cascada, que le brinda el agua depurada. El Olivar está en lo alto de una colina en el parque Conde de Orgaz. La visión de

Madrid a lo lejos es espléndida. Pero toda la belleza que me rodea ya no tiene sentido. Desde que él no está, paso los días durmiendo con tranquilizantes. Me despierto, lloro sobre mi vida deshecha; ¿es que existe alguna vida que sea «hecha», permanente, donde lo que nos hace feliz se eterniza y lo que no, se evapora? No sé cómo logro vivir con esta pena colgada del corazón, adherida a mí como una ventosa, incrustada en la piel al igual que una garrapata, alimentándose de mi sangre copiando a un vampiro. El corazón me ahoga y me duele, e insinúa un estilete allí clavado. Parece que fuera a romperse. Un pensamiento me obsesiona: mucha debe de haber sido la desesperanza que él habrá sentido para poner fin a su vida de una manera tan brutal. La determinación de morir y basta. Uno no se dispara en la frente con una escopeta de caza mayor, si no es porque quiere estar seguro del resultado...

En la habitación entra un soplo de aire helado y recuerdo el frío del 28 de marzo, cuando entré en casa: la policía, la ausencia de los perros, la tragedia consumada. Es aquella atmósfera imposible de olvidar porque hiela la sangre. Inconfundible, porque aparece en concomitancia con la muerte. Siento que ese aire gélido anuncia una presencia y, aunque soy una persona que tiene miedo hasta de respirar, no siento ningún temor y comienzo a hablar con la mente a esa entidad.

—Amor mío, estás aquí, ¿verdad? Es todo idéntico al día aquel que habría que cancelar del almanaque, la infausta jornada en la que te marchaste. Creo que me estás dando una señal: estás conmigo. No se me ocurre de qué manera podríamos comunicarnos... Quisiera preguntarte tantas cosas...

En el momento en que pensaba que era imposible conectar con él, una idea se abrió paso en mi cerebro, ya totalmente alerta:

—Si en verdad estás aquí haz, por favor, que *Pampero* suspire una vez.

Pamperito dormía profundamente. Cuando terminé de formular en mi cerebro esa sugerencia, el perro exhaló una larga, profunda respiración. Y continuó durmiendo en el silencio.

Un único suspiro confirmaba, por primera vez, la presencia del Amado Fantasma, como yo había pedido.

Seguí mi conversación mental con una alegría imposible de contener, como si la vida que agonizaba dentro de mí hubiese vuelto con la fuerza de siempre, con el empuje de cien caballos salvajes. Pero las preguntas debían ser concisas, capaces de ser respondidas con un sí o un no.

—Hay algo que necesito saber, esa respuesta es más importante que ninguna otra cosa, levantaría las toneladas de hierro que pesan sobre mí. ¿Estás mejor allí, más feliz ahora, que cuando vivías? Si la respuesta es sí, que *Sonda* suspire tres veces y si es no, que lo haga dos.

Sonda suspiró profundamente. Una leve pausa. Una vez más. Con el corazón en vilo esperé su tercer respiro, que fue sonoro e interminablemente lento.

—Otra pregunta, no solo dura de formular sino que aliena la mente con apenas pensarla… En el momento en que disparaste, cuando estabas atravesando el confín que separa la vida de la muerte ¿te arrepentiste, quisiste volver atrás? Si ha sido sí, que *Clara* suspire una vez y si ha sido no, que las veces sean dos.

Desde el sillón de cuero negro en donde *Clara* también dormía, ignorando que estaba siendo el instrumento de mi comunicación con el Amado, dio dos suspiros y, cada uno, casi inacabable.

Tal vez el método pueda parecer infantil para alguien que deje caer los ojos en estos escritos, pero no se me ocurrió nada mejor y el sistema inventado en ese instante dio resultado.

Los leños crepitaron en la chimenea. El frío había desaparecido. ¿Cómo se puede explicar con palabras la paz imperecedera del alma, esa serenidad que está en armonía con todo lo que existe?

Apoyé la cabeza en la almohada y el sueño acudió de inmediato. Delante de mis ojos cerrados se presentó un punto de luz. Mientras caía en la nada, el punto se transformó en una estrella de una luminosidad cegadora que me obligó a cerrar los ojos. Nunca he visto nada igual en el cielo, ni tan cerca. Sentí una enorme paz en el corazón…

Si hubiese sabido entonces que todo era un espejismo, incluida yo misma, que no existen estrellas, ni planetas, ni objetos, ni árboles, no me habría importado un pimiento. Y si hubiera sabido entonces que veinte años más tarde habría de encontrarle vivo en Trípoli y del brazo de otra mujer… ¿seguiría pensando que el Amado había vuelto del más allá para consolarme?

No lo sé. ¿Cómo es posible emparejar el infinito cósmico con la escuálida e infinitesimal anécdota personal?

III

LA PROFECÍA

El suelo del comedor de diario, hecho en lajas de mármol colocadas en diagonal, blancas y negras, siempre captaba mi atención. Por el brillo deslumbrante de las mismas… 28 de marzo… que permitían reflejar mi imagen como si se tratase de una foto en color y su negativo. La tapicería seguía los mismos colores y las diagonales del suelo… 28 de marzo… Hasta los almohadones de las sillas llevaban un adorno de pasamanería idéntico.

28 de marzo. Esa fecha estuvo en la mente del Fantasma y en la mía durante meses. La esperábamos con temor. El espíritu lo había dictado, un domingo de septiembre, cuando el verano, sin darse prisa, estaba abandonando Madrid. Los árboles del parque y el césped habían empezado a amarillear.

Comimos como prisioneros de Mauthausen en su primer día de libertad, en el comedor de la bodega, más pequeño y recogido que el de las ocasiones importantes, como si existieran ocasiones más importantes que las de la buena compañía de un grupo de íntimos.

El motivo de la reunión era agasajar al Amado en el día de su cumpleaños. Uno de sus amigos propuso jugar a la «ouija» y él aceptó encantado. Tommy, el joven con el que le había confundido en Trípoli, se retrajo.

—No. Le tengo mucho miedo a ese juego desde que nos pronosticó el día antes la muerte de Kennedy. «Avisen a Kennedy, avisen a Kennedy» decía el mensaje y yo me reía. Sí, claro, ahora llamo a la Casa Blanca y le aviso, ¿o prefieres que me acerque allí personalmente? Al día siguiente le mataron y a mí se me heló la sangre en las venas. No es justo llamar a esas entidades desconocidas.

—Venga, no seas pesado. Es un juego muy entretenido —dijo el Amado para convencerlo dándole a entender que se jugaría con o sin él.

Fantasma cortó un cartón blanco. Era lo bastante grande como para que entrasen todas las letras del abecedario en círculo. Eligió una copa de cristal pequeña, encendió una vela y colocó un vaso de agua en el alféizar de la ventana, para que acudieran los espíritus. Nos sentamos alrededor de la mesa y la copa empezó a girar inmediatamente, nosotros apoyábamos apenas los dedos sobre la misma, mientras él, muy serio, interrogaba al mensajero del más allá.

—¿Estás ahí? ¿Estás ahí? ¿Quién eres? ¿Quién eres?

Tommy parecía ser el que llevaba la voz cantante, ya que tuve la impresión de que era él quien movía la copa. Por un momento creí que nos estaba tomando el pelo para impresionarnos.

Desde la ventana estilo inglés, con cristales no transparentes, se filtraba una luz mortecina en un atardecer seguramente soberbio como todos, que nos estábamos perdiendo. Es necesario contemplarlo siempre todos los días y en todo lugar, no, no es necesario, es obligatorio.

Tommy insistía:

—¿Quién eres? ¿Quién eres?

Escuchaba su voz, imaginando el sol que desaparecía del horizonte con nostalgia, yo no estaba presente para seguir con la vista esa ceremonia cotidiana y apabullante del megalómano del technicolor por estar ocupada en esa estupidez. Mientras la habitación se llenaba de sombras empecé a sentir cierta inquietud.

El espíritu se identificó con un nombre que sonaba antiguo y que ninguno de los presentes tuvo en cuenta.

—¿Cómo has muerto? —quiso saber Tommy.

—Ahorcado en Toledo.

—Pero ¿qué hiciste?

—Cometí un asesinato.

—¿Cómo?

—Al pasar por el arco de la puerta de piedra, la maté con un hacha.

Agregó algo que me dejó estupefacta. Llamando por su nombre al Amado dictó: «Equivocaste amor».

Exploté en una carcajada histérica. Era la primera vez que veía algo así y creí que era una venganza de Tommy, al que seguro había hecho algo de lo que no había sido consciente. Pero la inquietud que sentía demostraba que una presencia sobrenatural estaba entre nosotros. La percibí de forma infalible en cuanto se coló en nuestro espacio.

La entidad volvió a repetir, dirigiéndose al Amado y llamándolo una vez más por su nombre: «Equivocaste amor».

—¿Qué podemos hacer por ti?

—Ordenar misas, pues mi alma vaga desde entonces, porque nadie ha rezado por mí. Equivocaste amor.

Tommy continuaba preguntando como si fuese un médium profesional o el charlatán de turno en quien depositábamos nuestra confianza. Y no le preguntaba cuál era la causa por la que sostenía que el Amado había equivocado el amor. Nadie parecía darse cuenta de que si en verdad era así, algún defecto secreto y grave poseería la persona a la que ese amor iba dedicado, sin ir más lejos, yo.

—¿Quieres decirnos algo?

—Sí.

—Habla.

—Atención al 28 de marzo.

—¿Qué va a pasar el 28 de marzo?

—Fuego, fuego, salgan al jardín. Atención al 28 de marzo, siete, siete.

Intervine con sorna y suficiencia. La historia ya me estaba atacando los nervios.

—Espíritu ¿te quieres aclarar? ¿Cuándo tenemos que tener cuidado, el 28 de marzo o el 7 de julio?

La copa se movía frenéticamente en dirección al Fantasma y giraba en círculo a su lado.

—Fuego, fuego, salgan al jardín. Atención al 28 de marzo, siete, siete, porque va a morir…

Hay gestos, tal vez dictados por oscuros presentimientos, que no tienen una explicación lógica. Pensé que ¡ya estaba bien! Sin dar tiempo a que el nombre fuese pronunciado, alcé el cartón con copa y todo y los estrellé contra el suelo.

¿Quise con ese gesto rebelarme al destino? Sí. Porque yo ya sabía en mi corazón que él habría de morir prematuramente.

Los presentes me miraron con reproche, o sorprendidos.

Busqué los ojos del Amado en donde ya se había instalado una sospecha. Su mirada me decía: «Has querido protegerme, pero ¿y si no puedes? ¿De verdad, mi final estará ya escrito y el día al cual no sobreviviré es el 28 de marzo?».

Faltaban seis meses.

Seis meses y tal vez un abismo.

Desperté con angustia, era el día señalado. Pasé como pude las horas, el Amado estaba en el estudio de grabación preparando un nuevo disco y me invitó al cine y a cenar.

El Olivar se distinguía en lo alto de la colina, sobresalía en la oscuridad de una noche sin luna ni estrellas, dominando el parque. Mientras volvíamos hacia casa por la avenida de los Madroños en su Lamborghini verde, Fantasma bromeaba:

—¡Mira, los bomberos, las ambulancias, las llamas invadiendo la casa, el humo sale por las ventanas y lame las chimeneas, los aullidos de los perros! Parece la escena final de *Rebeca*.

Entramos por la cocina; el salón enorme tiraba para atrás.

Hoy, en el recuerdo, tengo que reconocer que El Olivar que tanto amé parecía en la oscuridad y con su bosquecillo de olivos descendiendo por la colina, la mansión de Drácula.

Fantasma miró el reloj y se echó a reír a carcajadas:

—¿Sabes qué hora es? Una y veintisiete, ya no es más el 28 de marzo sino el 29 de marzo. Vade retro fuego, que estás jodido, aquí no tienes nada que rascar.

Nos fuimos eufóricos a la cama pensando que el peligro anunciado había sido vencido.

Olvidé la profecía hasta el 28 de marzo de 1977; un año y seis meses más tarde, 28 de marzo, siete, siete, como repetía el espíritu del ahorcado. Fue ese el día en que el Amado Fantasma se voló la cabeza.

Genial, sublime, mágico; un plan soberbio. Lo que se habrán reído los creadores del mismo de esta pobre mujer. Me habían hecho una *Luz de gas*, española y magistral. Mientras yo, completamente convencida de que su muerte estaba escrita en los astros y de que era una muerte tan anunciada que hasta los espíritus condenados y errantes podían verla dieciocho meses antes de que sucediera.

Pero esa ficción no tiene mucho sentido, ya que al irse con la bella joven de Trípoli, el Amado se marchó desnudo, dejando aquí sus propiedades, instrumentos musicales, su colección de discos y sus aparatos electrónicos… su vida entera.

Debía de ser un amor tan grande que no quiso perder tiempo

siquiera en pedirme el divorcio ni en repartir los bienes. Es igual. No me convence, ¿por qué un hombre en la cumbre de su gloria abandona una carrera, un triunfo mundial? ¿Solo por una mujer? Imposible. Podía haber tenido ambas cosas.

IV

MARÍA GRACIA

María Gracia vino a despedirse. La miré con obstinación; sus ojos azules sin fronteras son traslúcidos y muestran una juventud inamovible. Su cabello largo, su cuerpo como los juncos y las cañas que están a lo largo del Anniene, el pequeño río imprevisible que inunda los campos sembrados de Maccarese, cerca de Fregene. Las malas lenguas afirman que tiene seiscientos cuarenta años y que es inmortal. Si eso es cierto, no hay un solo signo que la delate. Parece una mujer sin edad, como si el tiempo no pudiese erosionarla. Es obvio que con ella no puede. Tal vez, ambos suscribieron un pacto. En su pelo castaño, algo rizado, brilla alguna hebra blanca.

Se marcha a Verbania porque se ha comprado allí una casa. Ese gesto me ha dejado estupefacta.

Todo ser que viaje en el tren *Cien valles de Suiza* que parte de Milán no puede dejar de enamorarse de ese pueblo, uno de los últimos antes de la frontera. Los Alpes suizos encuadran Verbania y, por si eso no bastase, el lago Maggiore duerme a sus pies. Siempre he pensado que ese lugar era el recuerdo de una época que se pierde en la noche de los tiempos, cuando el Paraíso de los dioses y la Tierra de los hombres estaban unidos. Y los hombres y los dioses eran la misma cosa. La Edad de Oro.

«Algún día viviré allí», me dije, e inmediatamente me reí. Pero ¿qué estoy pensando? Vivir en Verbania, una ciudad que no es Roma, ni Milán, ni Madrid. Un lugar perdido entre dos fronteras; mi sentido práctico empeora día a día. Sin embargo María no pensaba así, era obvio que su lista de prioridades era diferente a la mía.

Ambas empezamos a trabajar la energía. Probamos cinco ejercicios físicos para atraer nuestra linfa. Después, me acercó las manos a la cabeza y tocó suavemente algunos puntos.

Seguía estando en casa, en el salón, y a la vez notaba que me encontraba inmersa en un elemento distinto al aire, ¿tal vez, en el agua? Me sentía a gusto, como si, fuese lo que fuese, se tratase de mi medio vital. Tampoco lograba verme a mí misma, a mi alrededor solo microorganismos pasaban delante y no había en ese fondo de agua clara ni peces, ni rocas, ni plantas submarinas.

¿Qué era yo, una parte consciente del todo?

¿Por qué solo microorganismos? ¿Estaba percibiendo el principio de los tiempos? ¿O el final?…

Eran las dos de la mañana, María y yo nos despedimos, legando al futuro la posibilidad de volver a vernos.

No sé si soy una persona o un recuerdo. Sobre todo desde que comprendí que mi punto de encaje con el cosmos, el lugar de unión entre lo humano y lo divino, ese donde ambos coinciden y se tocan, se penetran, se entrecruzan y se iluminan, ya no está en lo alto de mi omóplato derecho.

Lo descubrí por casualidad. Estaba atardeciendo, caminaba paseando a mi perro entre los pinos centenarios del pinar monumental de Fregene. *Blitz*, mi pastor alemán, tiene cuando sale conmigo muy mal carácter, quizá para hacerme comprender que es mi guardaespaldas feroz y para que olvide que las tres veces que los ladrones entraron en casa, él y los demás guardianes se escondieron debajo de la cama. Y bendigo a Dios por eso y a los ladrones, que pese a haberse llevado mi pasado me dejaron lo que más quiero.

Por si las moscas, siempre vuelvo la vista atrás, nunca sé si nos sigue algún perro con un carácter igualmente fiero como el suyo.

De repente, entorné los ojos dirigiéndolos a lo lejos, a algo que creía haber visto, insólito.

Ahí estaban, en el aire, y me rodeaban por todas partes: millones de filamentos luminosos, de colores conocidos y no, era una lluvia mágica de energía trasparente de color dorado, plateado, de textura como el cristal, que se hundía en la tierra o subía hacia ella. Mi atención quedó atrapada por un punto en especial, pequeño, redondo y más brillante que la aureola blanca que rodea cada planta, cada arbusto, cada árbol, como un envoltorio que lo supera. Atravesando los filamentos en ese punto, este se convertía en algo de una luminosidad imposible de describir y que no tenía nada en común con todo lo visto por mis ojos hasta ese momento. Sentí una vieja tristeza y una euforia total cuando dirigí la mirada hacia donde dos gaviotas se aprestaban al descanso, volando en medio de un cielo indescriptiblemente azul. Ellas también tenían la misma aureola que se recortaba contra el firmamento, como una niebla que acentuase sus contornos y donde la lluvia multicolor, deslumbrante, atravesaba sus cuerpos y volvía a salir, para hundirse en la tierra. Vi un punto rojo delante de mis ojos que los filamentos atravesaban.

Lo supe de inmediato y no sé por qué ni cómo lo supe: estaba contemplando mi alma, esa parte que era uno con el cosmos; volví mis ojos alrededor, hasta donde llegaba mi vista, todo estaba siendo atravesado por ese manantial luminoso. Había un mundo distinto que contemplar dentro del mundo en que vivíamos.

¡Qué ciegos estábamos, obsesionados por el coche a plazos, la casa con hipoteca, las vacaciones con la tarjeta de crédito, el Jardín del Edén de la Gran Nada Materialista! ¿Quién era el demonio que ocultaba a nuestros ojos el Paraíso prometido? Y sobre todo ¿cuál era la razón en cuyo nombre lo hacía?

En ese instante entendí que ese punto atravesado por la lluvia energética era mi conciencia de ser y parte del Uno infinito del que hablaban Castaneda y Richard Bach y Jung y sus predecesores. Lo que me estaba pasando me confirmaba el *Tao Te King* y el *Baghavag Ghita*, pero más que la evidencia de Dios, lo que me enloquecía de alegría era que yo había descubierto la puerta para la evasión de esa condena cruel que representaban el cuerpo físico y el tiempo.

El recuerdo es algo que en circunstancias especiales prevalece sobre todo lo demás. A veces tengo la sensación de ser un humano verdadero en un cuerpo verdadero, hasta con un cerebro propio; desde que contemplé la lluvia cósmica, sé que soy una entidad virtual entre sombras que juegan conmigo, en mundos paralelos. Para ser exactos, en la cantidad innumerable de mundos que existen a partir del punto de encaje, entre cada uno de nosotros y el cosmos. El punto no es otra cosa que la puerta de entrada al infinito.

Los cristianos se reconocían entre sí dibujando en el aire o en la arena un pez. Bastaba ese gesto y ellos comprendían que estaban delante de un igual. ¿Cómo podríamos reconocernos los brujos? ¿Los curiosos dominados por la fascinación del misterio? ¿Los que sabemos que hemos vivido muchas vidas porque tenemos recuerdos?

No existe un código secreto que yo sepa, si uno se encuentra con un símil es porque está decidido que así suceda. Antes de conocer a María Gracia había oído hablar mucho de ella. Durante nuestra amistad me reveló muchas cosas, pero nada sobre la lluvia cósmica.

—Pero, si ya lo has intuido todo —comentó con generosidad.

—Tal vez, pero todo no es el Todo.

Hay momentos en que me asalta, con la claridad de la luz del día, la memoria. La única capaz de devolverme la identidad individual, el ego, el peor enemigo.

La memoria conserva en sí misma el secreto de experiencias que me ayudaron a despertar y a contemplar lo que mis ojos no habían sido capaces de ver.

La mujer que me dio la vida hizo que me sentara en uno de los escalones de la entrada de la casa y dijo:

—Juega a la payana, Periquita.

Los escalones eran solo dos, y tres más una vez pasada la puerta de entrada hasta el zaguán, de un material parecido al mármol «travertino», pero como en cualquier casa humilde seguramente estarían hechos de un bloque de piedra rústica de color beige. El suelo de lo que se presentaba como un hall, estaba hecho con baldosas colocadas en forma diagonal también de color beige, con un dibujo geométrico que las encuadraba, y continuaba hasta mitad de la pared, en lajas sobresalientes. Ahora que lo pienso era muy elaborado. Pero ¿qué tenía que ver el verde musgo de la pintura al aceite con ese suelo?

Ella me miraba y yo la miraba. Sonreía; en su boca grande y bien dibujada brillaban sus dientes inmaculadamente blancos. Tenía la cara muy pálida, la piel sedosa sin ninguna imperfección, los ojos castaños, el cabello negro y ondulado. Su onda rebelde que le caía sobre la frente nunca dejaba de atraerme. Asociaba su olor a todo lo bueno que en ella se concentraba y que de ella venía.

Si aprieto fuerte las sienes que parece que explotaran estoy otra vez allí, mirando las hojas secas de los eucaliptos, en la puerta de esa casa en donde crecí; regreso allí, voy y vengo, vengo y voy, cuando y como quiero.

Ella hace la comida, me cuenta cuentos antes de dormirme, coloca su mano en mi frente, siempre temerosa, controlándola para ver si tengo fiebre. Me estoy encariñando con esa mujer, además es lo único que yo tengo…

—Mi nenita, mi Periquita, anda juega a la payana —repitió.

Miré las canicas de colores con pena, no sabía jugar a «eso». Mamá se marchó a hacer las camas y yo me quedé allí, alelada, sin que nadie notase un hecho extraordinario: despertaba de un largo sueño a la conciencia de ser.

Dentro de mí se produjo un huracán de sentimientos y la sorpresa, la casi incredulidad de lo que me estaba pasando, la visión de una certeza escalofriante me revolvió las tripas y el alma. ¿Qué era eso?, ¿por qué me estaba ocurriendo algo tan terrible o tan sublime?

Otros recuerdos me abrumaron, anteriores a mí: «yo» no era yo, este pequeño cuerpo no era el mío, había abandonado mi casa y a alguien que me tenía de la mano, alguien adorado que «yo», la otra, no esta niña infeliz que habían dejado en un escalón a jugar con las canicas, no quería de ninguna manera abandonar.

Sé que era una adulta y creo que joven, no sé por qué se me antoja que aún no había cumplido los treinta años. Llevaba en el postrer viaje un camisón de seda bordado a mano en el escote, con unas florecillas en hilo color ocre claro. Unos dedos corrían la cortina de muselina blanca mientras yo me estaba apagando en la flor de la vida y contra mi voluntad. Tan fuerte era el rechazo a marcharme, que ese recuerdo pudo más que la muerte.

Pasando ahora por el tamiz aquellas sensaciones, no sé si la mano representaba el amor de esa vida o me aferraba a ella simplemente por no querer abandonarla. No recordaba más que eso: un camisón de seda, una cortina que se cierra, la mano tendida y la no aceptación de un final injusto y ¿por qué no decirlo? prematuro.

Ahora estaba instalada dentro del cuerpo de una cría que empezaba a hablar, y en esa pequeña, yo, era una intrusa. Comencé a llorar a gritos. La mujer morena, delgada y pálida, me cogió en brazos:

—*No llores, Periquita. No llores más. ¿Qué te duele, mi amor? ¿La barriguita? ¿Los dientes?*

¿Cómo se puede explicar a quien te ha parido que ahí no pintas nada, que quieres volver a la casa, al lugar que has abandonado, al hombre que tal vez amabas, a la vida pasada que te hicieron dejar porque así estaba establecido en el proyecto de Dios?

—*Quiero ir a mi casa, quiero volver allí. Allí, de donde yo soy* —rogaba sollozando. Ella me acunaba, me besaba sin comprender ni una sola palabra de lo que decía, prometiéndome para calmar mi llanto que sí, que me llevaría allí, al sitio de donde yo era. En ese momeno entendí el mecanismo diabólico de la vida y la muerte. El engranaje de círculos concéntricos del cual nos era y nos es imposible escapar.

Esto es así; pero ¿es en verdad diabólico? ¿O solo es un camino, el único que existe, para el crecimiento interior, para el desarrollo espiritual, para ser una parte decidida a tomar partido en esa guerra entre la luz y las sombras? ¿Una manera de despertar a la conciencia de ser, que nos puede asegurar el ser para siempre?

Muchas veces, cuando el remordimiento por todas las cosas no correctas que hago me agobia, he pensado que solo mi propia conciencia me podría absolver, pero esta es incorruptible; por eso se abrió paso en mí una convicción: Dios y conciencia son lo mismo. Eso significaba que lo peor de cada vida estaba por venir.

Tal vez por esa certidumbre que sepulté en el inconsciente o por los recuerdos que me asediaban cuando niña, de noche, en mi catre, me dormía entre lágrimas; había vuelto y volvería mil veces aún, en persona, en árbol, en hormiga, en piedra, en todo lo que vive y en lo inanimado; era una partícula infinitesimal en el corazón de Dios, en la energía que compone la vida.

En el mecanismo del recuerdo, o mejor dicho, de la ensoñación, estoy obligada a cruzar el océano, lo hago por la noche y viajo impulsada por el viento con mi cuerpo como único vehículo, veo allá abajo las aguas oscuras; es una noche sin luna, aunque las estrellas presten una luminosidad plateada a las ondas de un océano en calma. Estoy viajando a una velocidad desconocida al lugar de mis orígenes.

48

Mi tía la Irma, que era tan flaca, tiene una barriga enorme. La abuela me dijo que está esperando a la cigüeña. Nunca vi ninguna surcando el cielo, camino de alguna casa de mi barrio con el encargo. Solo hay una en el zoológico, pero no vuela.

Salgo a cada rato a la azotea para verla venir, la espero llegando lentamente con las alas abiertas contra el cielo. Se parará sobre sus patas largas y depositará con cuidado el paquete con el niño que viene con un lazo de seda. Este sirve para que ella pueda cogerlo con el pico. Y a lo mejor, si tengo paciencia, hasta la puedo ver rascándose entre las plumas; su pico es enorme y de color naranja.

No entiendo por qué en casa no están atentos. Si ella viene y no hay nadie esperándola y se vuelve atrás sin que la vean, porque tiene que cumplir otros encargos, el envoltorio se quedará allí durante horas. Por eso no quiero abandonar mi lugar de observación. La abuela ha dicho que baje ya de la azotea, que el pájaro no viene de día, que solo lo hace de noche, cuando todos duermen.

Estoy muy preocupada, la cigüeña viene de noche, los reyes vienen de noche... ¿Por qué se tendrán que esconder tanto?

Hoy vino la cigüeña y trajo a la Rosa. Dicen que la Rosa es mi prima. Eso es lo bueno de la familia, que siempre aparece un miembro nuevo cuando menos te lo esperas.

La hermana del Cacho es mi amiguita, es oscurita de piel, le dicen la Parda, que quiere decir que está cruzada, negro con blanca, ¡qué horror! Está muy gorda. Pero no es culpa de ella, «es un defecto de familia».

—Pobre gente —dice mamá— parecen toneles.

La madre de la Parda se atranca en las puertas y no pasa; es un problema, tiene que entrar de canto y un poquito sesgada. El Cacho es mecánico y ya es viejo, tiene diecisiete años, anda con un «mono» azul, no sé lo que es exactamente eso, pero se trata, creo, de un uniforme que llevamos nosotros, los pobres. Está lleno de grasa negra porque se mete debajo de los coches, ¡qué asco!

He corrido a la calle Rivadavia, detrás de la Escuela Militar, hay una quinta con palmeras donde viven dos hermanitas que tienen un niño muy bien educado, la calle está cortada y como allí no pasan coches, mi mamá me deja ir a jugar.

Quise dejar muda con la noticia a la hermana del Cacho y se lo solté de sopetón:

—Anoche vino la cigüeña a mi casa y trajo a mi prima.

49

Se me empezó a reír en la cara:

—¡¡¡*La cigüeña, tú eres tonta!!! La cigüeña no existe.*

—*Sí, existe. Yo la vi cuando la trajo a la Rosa —dije empezando a llorar.*

La verdad es que yo no la vi traer a mi prima, pero la vi en el zoológico con MIS PROPIOS OJOS, mire si no va a existir… Me da rabia que ella crea saberlo todo y todo tan mal.

—*Bueno, vamos a ver, si la cigüeña no existe ¿quién nos trae a nosotros, si es que se puede saber? —para acentuar la contundencia de la pregunta me coloqué las manos en la cintura como hace mi tía, la Quica, cuando discute con alguien, sabiendo que la Parda no podría responderme a eso.*

—*Salimos por la barriga de las madres, todos los niños salen por la barriga.*

Me quedé sin habla. Pero ¡qué tontería! Mire si los nenes van a salir por la barriga. Ella siguió hablando con el tono de una «sabionda»:

—*Todo eso está producido por la «virginidad» —yo nunca había oído esa palabra pero no dije nada, no tenía ni idea de lo que era—. La virginidad es una cosa que tenemos las mujeres. Y es una telita que está adentro, entre las piernas, que te rompe tu novio la noche en que te casas.*

—*Entonces, yo no me caso —le dije—. No quiero que me rompan nada. Ni siquiera quiero que me vacunen. ¿Y por qué te la rompen y cómo?*

—*Porque es así cuando uno es mayor. Y te la rompen con una cosa que tienen los hombres, grande y dura como un palo…*

—*¡Qué barbaridad!*

—*Y si una se deja romper la virginidad por alguien que no es el marido, la noche de bodas finge con el hígado del pollo y grita y grita como si le doliese.*

—*¿Por qué, duele?*

—*Sí, duele, pero después te gusta. Y si te gusta mucho te quedas embarazada y te sale el nene por la barriga, además la virginidad se puede romper por casualidad andando en bicicleta o a caballo.*

¡Cuántas tonterías dice la hermana del Cacho, como si los caballos se pudieran montar…! Solo conozco el del lechero y viene con el carro. Solo sirven para eso. La bicicleta, a lo mejor… El otro día fui por primera vez al parque Rodó, que es un lugar para

que jueguen los niños y el Óscar me alquiló una hora la bicicleta, bueno no, me alquiló un triciclo, porque aún no conozco eso del
equilibrio, que es una cosa que te mantiene derecho andando en
dos ruedas.

El Óscar es el novio nuevo de la Quica. Es divino, me lleva en
brazos para que no me canse caminando. Pero volviendo al triciclo, no voy a andar nunca más. ¡Qué lástima! Con lo que me
gustó…

Porque si al final de todo, me caso, ¿cómo le voy a explicar a
mi marido que se me rompió con el triciclo la telita?

¡Qué nervios! ¿No la tendré ya rota?… ¡Qué pena! No quiero terminar como la Concu. Ella es rubia y gorda, me parece muy
buena; cuando paso a su lado me acaricia el pelo. Siempre está mirando algo que está más allá de mí, tiene los ojos como de vidrio,
brillantes, parece que está llorando. Ni se peina, ni se lava, los vestidos son harapos y va descalza. La Concubinita es la hija y también va descalza, es rubia como la madre y está llena de mocos.

La Concubina es una «perdida». Tuvo tres hombres y un hijo
con cada uno. Por eso está loca. Sufre de verse que es una perdida.
Como se quedó sin padre ni madre, un borracho entró en la casa
y la violó con fuerza. Y ella se quedó embarazada, se enloqueció
y se tiró a la bartola.

Cuando la gente se ríe de la Concu, o los chiquilines le tiran
piedras, a mí me dan ganas de llorar. ¿Qué culpa tiene la pobrecita de que el borracho haya entrado en su casa sin permiso y encima
la haya violado? No veo la hora de que el Miguelito crezca, él vendrá a caballo y salvará a las dos: a la Concu y a la Concubinita.

La Irma se metió en la cama con la Rosa envuelta en una
mantita. No sé por qué están en la cama las dos.

El cuarto de la Irma tiene una ventana que da a la calle, es
grande. Además hay un tocador con un espejo enorme y una camita rosa, con maderitas a los lados, en donde duerme mi prima
la Negra. En el cabezal tiene dibujitos celestes de cerditos, parece
una cajita. Creo que es la primera vez que entro en el cuarto de
mi tía.

La niña estuvo sin nombre una semana porque a la Irma no le
gustaba Rosa pero al Armando sí. El Armando es el hermano de
mi padre. Así que mi prima se llama Rosa. Es pequeñita y tiene
una mancha marrón en la nariz.

Han venido todas las vecinas a ver a la Irma y dicen:

—Felicitaciones, ¡qué niña más guapa!

No sé por qué dicen eso, no tiene nada de guapa. Dicen que se parece al padre, se parecerá. Yo no me doy cuenta.

A la Rosa se le fue la mancha de la nariz, está más gordita. La llevan a la farmacia todas las semanas. La pesan y dicen: aumentó cien gramos, aumentó doscientos gramos. Todos contentos si aumenta y todos preocupados si no. Ser gordo es muy importante, pero solo un poco, no como la familia del Cacho, que son toneles. Por eso mi mamá me da aceite de hígado de bacalao para que engorde. A ella le da vergüenza que a mí se me vean las costillas. Dice que parezco una niña de la guerra. La guerra es una cosa mala que pasa cuando la gente no se lleva bien. Hubo una antes de que yo naciera...

Un degenerado raptó al Aníbal, el hermano de la Elsa, mi vecina pelirroja, y lo tuvo un día entero encerrado en un garaje. Todos en casa hablan en voz baja de la desgracia, ahora no hay nada que hacer: el Aníbal es maricón. No tiene cura después de lo del garaje. Es una vergüenza ser así. También es muy grave ser judío. La Berta es judía y tiene cara de pecas judías y nariz de judía. Los judíos son unos roñosos, la palabra ya lo dice todo: son judíos. En casa también hay otra desgracia: la abuela es india, no tenía madre, ni padre, ni nada. Lo indios no nacen de una familia normal como la nuestra: nacen de las calabazas. He heredado la boca grande india de la abuela, Miguelito dice que parece un buzón, aunque tengo la piel blanca nadie creerá que no soy india: mis ojos son azules, pero también el indio Tabaré los tenía azules, porque era cruzado.

Además somos pobres, no solo tenemos la desgracia sino que es algo muy mal visto.

Mis tías la Quica y la Chola han cogido una sirvienta negra. Se llama Ramona. Su marido está en la cárcel porque mató al hermano de la Ramona.

—Cosas de negros... —comentan mis tías con cara de asco.

Tienen un hijo que se llama Pancho. Yo creía que ser negro era tan horrible como ser indio, pero parece que es lo peor de todo, porque ellos sueltan un olor insoportable.

La Quica dice: «Negros katingudos», «olor a katinga». (Que es un olor muy feo aunque yo no lo conozco.) «Negro atorrrante, negro de m...» (No puedo decir las malas palabras porque Dios se enfadará conmigo.)

Estuve oliendo al Pancho pero la «katinga» no se la huelo, tie-
ne la piel suavecita como un muñeco. Es tan guapo que parece un
angelito como el de la radio. Aunque el de la radio es una niña.
Angelitos negros es la historia de una muchacha guapa y rica que
tiene una sirvienta negra. Y la jovencita, que es muy orgullosa, se
enamora de un joven que tampoco tiene la desgracia y es rico. En-
cargan un niño a la cigüeña, y son felices porque se quieren mucho
pero el pequeño les sale negro. El marido la abandona y al negri-
to porque piensa que la muchacha lo engañó. Pero no fue así, se
descubre todo el pastel y resulta que la vieja negra sirvienta es la
madre de la muchachita blanca, y la hija la maldice por ser negra.
Y la pobre se muere de pena, gorda, negra y tirada en el suelo. Y
entonces, la hija se arrepiente y llora a gritos arrodillada y dice:
«¡Perdóname mamá! ¡Perdóname mamá! ¡Perdóname mamá!».
(Los grandes repiten dos o tres veces la misma cosa.)
    Es tristísimo. Yo también lloré. Pero la abuela más.
    La Irma dice: «Lágrimas de cocodrilo, esa vieja de mierda…».
¡¡¡Me salió la mala palabra!!! ¡¡¡Qué desgracia!!! Estoy otra vez
en pecado. ¿Qué voy a hacer ahora? Ya sé, me voy a arrepentir
para poder ir al Cielo cuando muera. Y si no, ¿para qué sirve el
arrepentimiento si nadie lo usa? Yo voy al Cielo seguro.
    Lo bueno es ser bueno. Buena como la Angelita, mi otra veci-
na. Ella va a misa a la casa de Dios todos los días y cuida a sus tías
viejas, ricas, distinguidas y católicas como ella.
    En realidad dicen en el barrio que la Angelita no es sobrina
auténtica, que es una recogida. Una «hija de soltera». También
eso es horrible. Las mujeres grandes pueden tener hijos de solteras.
Es lo peor que hay. Espantoso. Una desgracia más grande que mo-
rirse o ser negro o judío o maricón o indio o pobre.

Había regresado una vez más. Tengo que confesar que esos viajes
no eran suficientes, había momentos en que mi soledad necesitaba otros caminos, imposibles respuestas, pero al volver a aquellas
noches dentro del pequeño cuerpo, en el cuarto helado de una
casa humilde e intentar ir más atrás, para recuperar sensaciones y
percepciones prenatales, solo persistía el primer recuerdo, el de
los dedos en la cortina y la decisión inútil de no querer morir. Era
imprescindible que yo recuperase la memoria total porque si eso
sucedía, podría corregir mi rebeldía final, mi rechazo aterroriza-
do a la muerte, con una entrega laxa y sincera, pero sobre todas

las cosas, agradecería al universo los regalos recibidos. La sabiduría que otorga el sufrimiento, la percepción de ver más allá del tiempo y del espacio y la capacidad de leer en el corazón de los hombres y las bestias, aunque a veces resulte difícil comprender quiénes son en verdad unos y otros. Quería recuperar aquel convencimiento de que no solo había vivido millones de años, sino de que siempre estuve. Solo así habría sido posible vencer al miedo. El más grande pavor, la sensación del terror inevitable al pasaje de la vida a la muerte que me vería otra vez obligada a afrontar.

Llamé con el corazón a la mujer que era para mí un ejemplo para seguir y que se había marchado sin dejar rastro, María Gracia. Vuelve, le decía. Te necesito desesperadamente. Necesito que me aclares muchas cosas y sobre todo, una: se trata del Fantasma. Estoy segura de que él y yo nos conocemos desde siempre, si regresase, podría volver a encontrarlo y a partir de allí, corregir los errores. Y si eso no es posible, comprendería su gesto y lograría absolverlo. Sé que estás percibiendo mi llamada. Ayúdame. Investigar mi conciencia eterna es demasiado importante como para poder cejar en el empeño.

—María Gracia, te necesito, solo tú puedes ayudarme a regresar. Porque cada vez que intento volver y atravesar la frontera del tiempo, a través del punto de encaje, de repente ya no recuerdo nada, estoy instalada otra vez en la materia frágil que habrá de deshacerse. Como por arte de magia, salí por la ventana al infinito cósmico, donde estaba lo que habíamos sido y lo que seríamos.

Además del Miguelito, en casa vive mi prima Negra, es hermana de la Rosa y es la niña más guapa y más buena del barrio. Además es muy ordenada, mete las faldas tableadas debajo del colchón y a la mañana se las pone que parecen recién planchadas. Además usa zapatitos de charol negro que lleva con calcetines blancos inmaculados.

Tiene los ojos enormes azul oscuro, la piel blanca y rosadita, la nariz pequeña y respingona, el pelo negro azulado largo con ondas. El mío es lacio y castaño. Tres pelos locos que tengo. Cuando ella se mira en el espejo grande del dormitorio de la Irma, evito mirarme. Solo puedo ver su imagen. Si me detengo en la mía me vienen ganas de llorar. Dios, ¿por qué seré tan fea?

La Negra tiene la boca como dibujada con un lápiz y los dien-

tecillos pequeños como perlas. (Lo de las perlas lo escuché en un tango.) Antes yo también los tenía así. Los de leche. Ahora me cambiaron. Me crecieron dos paletas separadas en el medio. Todos dicen: ¡Ay! Tiene dientes de mentirosa. No soy mentirosa, pero estoy fastidiada desde el principio por los dientes. Nadie creerá lo que digo porque tengo la boca de una que no dice la verdad. No me gusta mentir. Me gusta exagerar.

La Negra además es muy dulce. Ni se enoja como yo ni dice jamás una mala palabra. Al Miguelito le dice: «Escúchame, Negrito». (Toda cariñosa.) También a él le llaman Negro, porque tiene la piel aceitunada.

El Negrito es un poco bestia. Me tira bolitas de pan a la cara mientras comemos para hacerme rabiar. Me busca, me provoca.

Hay días que estoy tan triste de vivir, tan triste… me pasa cuando recuerdo la casa, de donde yo vengo, y se me presenta él, el hombre que me tenía de la mano, al que no quiero abandonar pero no puedo hacer nada, sé que me estoy yendo, cierro los ojos y él que se abraza a mí llorando y me dice: Nooo, respóndeme, te lo suplico, no me dejes, respóndeme. Y yo quisiera hacerlo pero no puedo y de repente atravieso el aire a una velocidad enorme y fronteras casi invisibles como placas transparentes de colores, que se abren a mi paso y siento angustia por no tener un cuerpo. Entonces, ¿por qué se abren? Recuerdo y repito, yo tenía un cuerpo, yo tenía un cuerpo y de repente nada más. Pero ¿con qué pensaba, con qué repetía, si la materia que fui había desaparecido?

Después tengo la sensación de no haber sido nunca un humano encerrado en un organismo, sino un espíritu rodeado de otros, me asalta como un recuerdo de un mundo más amplio, donde eres libre de trasladarte en el espacio y esa libertad es embriagadora; es como ser feliz, no se puede explicar, solo se puede experimentar. Y una evidencia: la de no querer volver a nacer. Almas consolándome en lo que es, tal vez, una despedida. De repente, la oscuridad, una nada serena y me despierto otra vez aquí, otra vez, esclava de un cuerpo.

Los padres de la Negra no se pelean. Los míos, sí.

Mi papá nunca me habló. A lo mejor, cuando yo crezca… Las abuelas no me gustan ninguna de las dos. La madre de mi padre pasa todo el día empolvándose la cara. La Quica dice: «Se empolva con polvos de arroz para esconder su color de india charrúa».

Ella habla todo el día de su hija muerta. Tiene la fotografía en la habitación, dice que la pequeña está con Dios, ese señor tan importante que tiene tantas casas desparramadas. Y que la niña, además, es un angelito.

Será...

El cuarto donde la abuela duerme en una cama de bronce no tiene ventanas, a lo mejor por eso está siempre a oscuras. Su armario tiene un espejo grande y decorado con flores de madera marrón. Sobre la cómoda que está al lado de la cama, está la foto de «la finadita». Nunca supe su nombre, para todos ella es siempre «la finadita». Aunque la imagen es en colores están como gastados. A veces pienso que la abuela, de tanto llorar, le comió los colores a la foto, como si la hubiese lavado.

La otra abuela huele feo. Si me escuchan mis tías decir esto me pegan.

He cumplido seis años y voy a tomar la Primera Comunión, estoy muy contenta porque para ese día te hacen un vestido largo precioso. Por ahora voy al Catecismo. Me aburro muchísimo con lo que dice el cura, pero me enteré de algo fantástico con respecto a Dios, que él lo puede todo. Así que, a lo mejor, si le caigo simpática, de grande me convierte en tan guapa como la Negra.

Ya aprendí a rezar. Y por supuesto todas las noches le pido a Dios que cuando sea grande me convierta en Miss Universo. Vi en la televisión el concurso de Miss Universo. Se celebraba en un lugar muy lejos de aquí: Long Beach, en Estados Unidos. Todas las Misses eran altas, delgadas y en traje de baño y a la Miss Universo le pusieron una corona llena de piedras que brillaban y una banda. Nadie sabe que yo quiero ser Miss Universo cuando grande. Claro que para eso se tendría que producir un verdadero milagro. Pero Dios lo puede todo, ¿no? ¿Acaso las hadas, que son menos importantes que Dios, que son unas empleadas de él, no convierten en príncipe divino a un sapo repugnante y asqueroso? Creo que mi caso es menos desesperado que el suyo.

Ni siquiera a la Negra le conté que quiero ser Miss Universo. En realidad, ella no se llama Negra, sino Leonor. Pero en mi mente yo la llamo Eleonora (ese nombre lo escuché en una película italiana). A Eleonora solo la escucho, nunca hablo. La Negrita decide, ordena, porque es la reina. Y es reina, porque es la niña más guapa que conozco. Si fuera fea como yo, le hablaría de igual a igual.

Eleonora ha dicho que por qué no hacemos un jardín japonés. Con «macas» forradas en terciopelo rojo y plantas exóticas. Las «macas» las pintaremos de dorado y los almohadones tendrán hilos dorados. Y el Miguelito dibujará una corona dorada que será el escudo de nuestro reino.

No estoy segura de si ese trozo de tierra, con una parte embaldosada, es un jardín o un patio. Hemos limpiado bien las baldosas con jabón y un cepillo, primero lo habíamos barrido bien barrido. El Miguelito fue a robar plantitas a la Escuela Militar y antes de irse dijo que removamos la tierra del triángulo donde plantaremos las plantitas robadas. Como las gallinas molestan nuestro trabajo las hemos encerrado a todas en el gallinero, que está en un ángulo del jardín. Todo alrededor y antes del proyecto del jardín japonés de Eleonora-Negrita, mi mamá plantó hortensias, pero la reina ha dicho que nosotros plantaremos orquídeas, que es la planta más cara que existe.

Estoy cansada y sudando, lo de remover la tierra es muy duro.

La Negra tuvo una idea genial. Se acordó de donde había un trozo de terciopelo para hacer los almohadones y lo trajo. Claro que no es rojo sino verde y tiene bolitas amarillas; el amarillo es muy parecido al dorado. Tampoco es un trozo de terciopelo, es la manta de la cama de la abuela. La Negrita la cortó en pedazos cuadrados y después los llenaremos...

Mi papá vino borracho y se acostó a dormir debajo de las hortensias. ¡Menos mal! Así no grita ni pega a mi mamá. Mi hermano volvió con las plantitas. Las hemos plantado. Son rosas y hay otras de las cuales no sé el nombre.

La abuela se ha puesto a gritar:

—¿Quiénes son estos tres mocosos para encerrar a mis gallinas? Además, ¿qué es eso de plantar las rosas ahora, cuando se plantan en junio? No prenderán —agregó.

Prenderán.

La Negra, el Miguelito y yo nos sentamos a mirar el trabajo terminado. Todavía no se ve nada del jardín japonés, pero yo ya lo imagino.

El barrio entero vendrá a postrarse de rodillas ante mi prima. Dirán: ¿quiénes son esas dos princesas de belleza y gracia sin igual? Bueno, dirán: ¿quién es esa princesa y su dama de compañía? Yo no puedo ser princesa por el físico. Y del Miguelito: ¡qué gentil el escudero de ambas! pero ¿es el escudero o el príncipe prometido de la Reina?

La Negra estará vestida de encaje celeste con una sombrilla celeste de puntillas y festones y yo de rosa.

El Miguelito nos ha prometido que construirá un castillo con puente levadizo para llegar a donde están la princesa y su dama; el pueblo tendrá que atravesar el pedazo de patio y en las baldosas echaremos bastante agua para que puedan estar los cocodrilos.

El jardín, ha dicho el Negrito, tiene forma de triángulo y en el lugar de la punta, donde se unen dos paredes que se abren y en donde está ahora el gallinero, construirá los muros altísimos, para no dejar pasar a los enemigos.

Mi hermano nos ha mandado a pedir cajas de zapatos a todo el barrio para pegarlas con engrudo unas con otras y hacer un gigantesco cartón para levantar los muros del castillo. Él ya ha ido a la cocina a robar la harina para el engrudo.

Llaman para comer.

Mamá y la abuela se pelean, porque la «Vieja» le dio a mi madre una patata para que comiéramos los tres.

Mamá grita diciendo que con una patata no se pueden alimentar las criaturas. (Las criaturas somos mi hermano y yo.)

Mi papá se despertó de la borrachera y no interviene en la pelea.

De repente todo fue un drama. Un grito de la abuela desde el cuarto.

—¡Me han robado la colcha de terciopelo verde! ¡Ladrones! ¡La colcha antigua de mi madre! ¡Esos chiquilines maleducados y sinvergüenzas son unos ladrones y voy a denunciarlos a la policía que se los va a llevar a la cárcel!

El Miguelito se ríe pero la Negrita y yo nos ponemos a llorar a gritos.

—Cállese la boca, vieja de mierda, usted es una arpía, acusar a mis niñitos, ¿cómo osa? si mis criaturas son angelitos incapaces de tocar ni un alfiler.

Mi mamá nos defendió muy enfadada, tanto que hasta dijo ¡una mala palabra!

El corazón me late, al compás de un tango de Gardel que se escucha por la radio que está en un ángulo del patio en donde comemos y siento mucho miedo.

Mi papá le quiere pegar a mi mamá porque le gritó a la abuela, si él mata a mi mamá de una paliza, al Miguelito y mí nos sacarán de la cárcel por haber robado la colcha y nos meterán en el asilo por ser huérfanos. Lloro sin querer de pensar en lo sola que voy a estar en el asilo… y en lo mal que me voy a sentir en la cárcel. En fin, que voy a estar mal en los dos sitios.

La abuela soltó las gallinas, que se comieron las plantitas y se hicieron caca en las baldosas lavadas. Mi hermano las corría a patadas y decía:

—¡Fuera gallinas putas, gallinas putas!

¡¡¡Miguelito ha dicho la otra mala palabra!!! Se tendrá que confesar el viernes.

La Negrita está castigada por haber cortado la colcha, está encerrada con llave en el cuarto de la Irma y no la dejan jugar conmigo.

La echo mucho de menos. Pobrecita. Encerrada. Una princesa.

Mamá hizo la maleta y nos fuimos a casa de la otra abuela. El abuelo me dice «petroncina» y me habla todo el tiempo pero no le entiendo. No es uruguayo, es italiano. Siempre está serio. Es alto, flaco y con la cara llena de surcos. Mis tías, la Quica y la Chola, no nos quieren porque mamá se casó con «un mueeerto de hambre, ella que tenía un pretendiente profesor del Liceo Zorrilla», repiten a coro.

—¿No te casaste por amor? Y bueno, ahora jódete —el «amor» la Quica lo alarga, dice: ammmooor, alargado querrá decir que es un amor muy grande. La verdad es que no tengo ni idea de lo que es ese amor tan importante.

Cuando nos vieron llegar con la maleta gritaron:

—¡Ay! ¡Qué desgracia! ¡Qué vergüenza más grande! ¡Qué escándalo! Ahora nosotras no nos vamos a casar.

Son solteras las dos.

El abuelo dijo que nos podíamos quedar. Y agregó:

—Un plato de comida para las criaturas no te va a faltar. (Las criaturas somos siempre mi hermano y yo.)

La Quica cuenta que ella es la muchacha más linda del barrio porque tiene facciones delicadas, los labios finos y la piel blanca; que la Chola parece esas señoras de los cuadros antiguos, que tiene cara de camafeo de lo guapa. Y que mamá es muy elegante pero que nunca cuando era soltera les prestaba los vestidos para ir al baile, que es una egoísta.

Las tías dicen que los niños tienen que dormir la siesta; noso-tros nunca dormimos la siesta.

Nos encerraron en una habitación a oscuras, Miguelito, que salva a los perros, no puede hacer nada contra la oscuridad; grito y grito, atravieso las paredes con la voz, pero nadie viene.

Estoy sola otra vez; a oscuras, no. Por favor, por favor, a oscuras no. Tiemblo y el corazón me late fuerte como si se fuera a salir del pecho. Creo que voy a morir…

V

RENDIR CUENTAS

Los pasos en el silencio de la noche me han despertado. Enciendo la luz y miro el reloj: cuatro de la mañana. Aún estoy en ese limbo carente de la conciencia de ser.

De repente, aparece ella: LA CULPA, la que nunca me abandona me presenta factura. Intento no pensar pero aparece a traición. Eso lo sabe quien haya experimentado o haya sido responsable directo de algo así, seguramente le costará mucho revivir su propio crimen y estará como yo, siempre alerta. Ocultando con cuidado que no se perciba nada de lo que yace en el inconsciente, relegado, cubierto por miles de pequeños hechos que han llenado las horas que vivimos y que han desterrado y desalojado con prepotencia ese recuerdo aborrecible, al lugar más oscuro de la propia conciencia.

Otra vez el silencio, seguramente, me habrá parecido escuchar pasos y no era nada más que mi estado de alarma perenne.

De pronto, fuertes golpes en la puerta y una frase que hiela la sangre en las venas:

—¡Abran! ¡La policía! ¡Abran o tiraremos la puerta abajo!

Intento serenarme pero no puedo, es el fin...

Enciendo las luces del jardín, por una vez la belleza de los olivos iluminados desde abajo no me dice nada.

Es un ejército el que invade mi morada con violencia, mala educación e intentando de entrada amedrentar, mortificar. Llevan las armas en alto y me preguntan:

—¿Dónde está? ¿Dónde ha enterrado a su marido?

—El Maestro está de gira —respondo. Me doy cuenta de inmediato de que debería agregar frases tipo: pero ¿qué es esto?

¿Estáis locos, drogados o estoy soñando, o esto no es más que una pesadilla? Pero no puedo articular palabra, temo que cuanto más hable, más me delate. Es más, debo cambiar la estrategia, me digo, responder con monosílabos y basta.

—Tenemos todas las pruebas de su crimen. Ahórrenos tener que levantar todo el jardín. Ha sido vista por un testigo. Indíquenos de una vez por todas dónde ha enterrado su cadáver.

—No sé de qué me habla —respondo, tratando de conservar la calma aún sin comprender que la hora de la rendición de cuentas ha llegado. Al abrir la puerta a la policía era una periodista más o menos conocida, cuando esta se cierre detrás de mí, siguiendo esposada dócilmente a los guardias, seré una asesina detenida.

—Facilítenos de inmediato el mando electrónico para abrir el portal de la entrada, y que puedan entrar las excavadoras.

Sé que no me creerán pero es cierto, no sé dónde está. Busco desesperada en mi mente el posible sitio en donde lo puse. Es un pequeño artilugio negro, con dos botones, uno verde para abrir y uno rojo para cerrar, pero yo no lo uso nunca, temo que esa puerta cerrándose inexorable pueda coger a algún gato o a un perro. He leído en los periódicos noticias así. Hasta niños atrapados en sus garras… metálicas… Pero ¿qué ha dicho? Excavadoras… La palabra EXCAVADORAS ocupa toda mi atención. Mi parque de cuento de hadas destrozado por una máquina indiferente a las horas que en él hemos trabajado. Artilugio estúpido y ciego ante su armonía. Toneladas de hierro destructor. Mis jazmines del Paraíso que invaden con un aroma pacífico, embriagador, los atardeceres de primavera, momentos antes de la invasión de los mosquitos.

Entro en el salón corriendo, y casi tiro al suelo el efebo romano de mármol que en su columna preside la entrada. No me detengo a pensar en su secreto, todas las estatuas en casa cobran vida cuando Madrid duerme y vuelven a su sitio antes de que salga el sol. Me he acostumbrado a la desnudez del efebo, una noche salí a pasear con él bajo la nieve. Quiso ir al Palacio Real, a la plaza de Oriente para ser exactos. Allí se encontraba un rey que él había conocido mucho antes de ser una estatua. Paso delante de la segunda columna donde reposa una cabeza de soldado romano, le rozo apenas, poniendo en peligro su estabilidad, su belleza marmórea de ojos ciegos, por un instante imagino que cae. Paso la vida imaginando desastres menos que en el momento justo en que están frente a mí. Doy una rápida ojeada al yelmo del guerrero, siempre quise saber algo más de los uniformes de guerra romanos. La Venus de Dalí con sus cajones en el vientre y en la cabeza parece cobrar vida en ese salón interminable. Cuando haya llegado a la cuarta estatua, la de una dama patricia romana y bajado los cuatro escalones que separan el salón de la biblioteca y recupere el mando escondido detrás de la sección de clásicos italianos, entre Leopardi y Dante, en medio de esos dos, mi vida habrá llegado a su fin.

La soberbia crece en mí aun antes de ser arrestada por asesinato en primer grado, la escondo detrás de una fingida naturalidad, como si hubiese nacido en medio de obras de arte y no fuese una pobre chica, hija de una costurera sudamericana y de un inspector de autobuses; ambos novelista y poeta respectivamente fracasados.

El orgullo bestial, por la belleza que me rodea y que yo recreé con mis manos después de la desaparición del Amado Fantasma y con el dinero que heredé tuvieron un preciso objetivo: que la gente que viniera de visita se cayese sentada de culo, humillada en sus casas ordinarias, con su sueldo mediocre, a la vista de mi soberbia mansión. Yo ya no era una pobre con facciones indias que cualquiera podía humillar, era una millonaria, viuda, en plena juventud. Una operación costosísima había cancelado mi boca mestiza y enorme.

Por eso lo maté, para poder gastarme su dinero en plena libertad.

Recordé la generosidad inaudita del Fantasma y tuve un asomo de remordimiento en los segundos eternos mientras introduje la mano entre *La Divina Comedia* y la *Poesía* de Leopardi:

—Aquí está, inspector.

Le digo a uno de los hombres, que parece ser el jefe de los demás, mientras le alcanzo el instrumento pequeño y banal de mi condena.

Salimos por las cristaleras del salón a la terraza, bajamos hasta la piscina sin usar las escaleras. El terraplén de descenso es amable. Pasamos la primera explanada de la piscina y allí sí, usamos las escaleras para descender al olivar. Comienza a amanecer y los pájaros han enmudecido al ver la confusión. Les acompaño al último olivo que está a dos metros de la valla:

—Está allí, pero no necesitáis la excavadora, yo os daré las palas.

Empezaron a cavar el agujero, y allí estaba envuelto en una sábana sucia y raída, abrieron la tela...

Dos hombres me tenían por los brazos, uno me hizo girar la cabeza, cerré los ojos con fuerza, no quería ver los restos del Amado Fantasma.

—Contemple su obra, señora —dijo con sorna, mientras yo los cerraba con fuerza—. Tenga el coraje de mirar.

Entonces abrí los ojos...

Estaba sola en mi cama y era noche plena. No estaba en Madrid, sino en Fregene.

Miré el reloj, las cuatro de la mañana.

En los últimos días de su vida, en una de sus numerosas depresiones, el Amado me dijo:

—Un día de estos me vuelo la cabeza.

—Estupenda manera de empezar una conversación —respondí sin entrar en la cuestión. La conocía de sobra, era solo tristeza. Pero ella le nacía de las preguntas sin respuesta. Si hubiese esperado un poco más yo habría podido ayudarle: la felicidad existe y está en la paz. La paz se encuentra en el equilibrio. El equilibrio es indiferente al progreso y no es mejorable en sí mismo, representa la cumbre de la adaptación óptima a las circunstancias externas.

—¿Sabes lo que me da mucho asco? —insistió.

Respondí queriendo evadirme del tema:

—Supongo que muchas cosas...

—No muchas, una sobre todo. El proceso de descomposición cuando me muera. Prométeme que harás que me incineren cuando llegue el momento. Que no permitirás que me entierren.

—Te pido la misma promesa a cambio. Si me toca a mí hacerlo primero, tiraré tus cenizas a la orilla del mar.

—No —dijo riendo—, a la basura, a la puta mierda...

Era obvio que estaba en el punto más bajo de su autoestima.

¿Ese sueño era un reproche por mi falta de palabra? No había sido fácil decidir, pero bastó el llanto de su madre en el teléfono:

—Devuélveme el cadáver de mi hijo.

Y su marido, intercediendo:

—Debes mandarnos su cuerpo. Teniéndolo aquí su pobre madre podrá llevarle flores, visitarlo todos los días... —Por él no podía hacer nada ya, por esa mujer que era tan desgraciada como yo, sí.

Pero ¿por qué no habré mandado las cenizas? Hice embalsamar un cadáver que no vi. Y ahora me pregunto, ¿las cenizas de quién habría mandado, quién era ese muerto que habían hecho pasar por él? El remordimiento por no haber respetado su voluntad me acosó durante veinte años; hasta aquella mañana en Trípoli en que le vi vivito y coleando y no solo.

Alguien aporreaba la puerta:

—¡Abran! Policía.

Mynda, la joven filipina que me ayuda en las labores domésticas, aterrada por la sorpresa, les hizo entrar por la puerta de servicio, para neutralizar los perros. No se impresionaron nada de la armonía física de la muchacha. De su cuerpo de doncella aunque hubiese parido dos hijos. Ella musitó temblando:

—Señor, por favor, permítame que encierre a los perros.

—No, apártese que voy a entrar.

El policía abrió la puerta con la pistola en alto y no tuvo en cuenta lo mal que podía sentarle a los animales que maltratasen a la persona que los cuidaba, les daba de comer y paseaba con ellos. Cuando este vio la jauría abalanzándose en un conjunto de bocas que enseñaban dientes con calcio suficiente para hacerlo pedazos, retrocedió de un salto, olvidando que él era James Bond en persona, con «licencia para matar» eventuales pulgas. ¿Para qué si no había sacado la pistola del cinto? Cerró la puerta en una milésima de segundo.

—Enciérrelos —dijo muy serio, y dirigiéndose a una muchacha que venía con ellos—: Usted, acompáñela. ¿Dónde está esa mujer? —preguntó a Mynda.

Para ellos era tarde, yo ya me había fugado…

No quiero ir a la escuela, no quiero. ¿Y si me voy y cuando vuelva encuentro muerta a mi mamá? Cuando mi papá le pegaba, yo gritaba y lloraba y entonces él se quedaba quieto. Oí que ella le contaba a la abuela que cuando el Miguelito tenía dos años y estaba jugando en el suelo, vino él y le quiso pegar, esa vez era en broma; mi hermano se levantó y le dio una patada en el tobillo. Se quedó mudo y le dijo a mamá:

—Ya tienes quien te defienda.

Ya sé cuándo voy a ir a la escuela, cuando vaya la Rosa, dentro de cinco años, cuando ella cumpla seis.

Mamá dice que tengo que ir ahora. Que más tarde voy a ser grande entre todas las niñas pequeñitas y que va a ser una vergüenza. Yo no voy a tener la vergüenza porque todos estos años estuve defendiendo a mi mamá y por eso no he podido ir a la escuela.

Mi papá vino a vernos con una caja de pastas. Estuvo encerrado con el abuelo y la abuela, que le hablaron durante dos horas. Nos volvemos a casa de la abuela otra vez con la maleta. Dejamos la caja de pastas. ¡Qué pena!

Mamá compró un infiernillo y desde hoy nos trasladamos a la buhardilla. Ella como cose para afuera y gana dinero comprará cosas en el mercado y cocinará para nosotros.

Mi papá juega. Pierde siempre. Mamá llora.

Hay otra gente en mi barrio que no es pobre. Mi amiga la Cherié tiene el nombre francés, muñecas y un cuarto solo para ella.

Nosotros dormimos los cuatro en la misma habitación. En realidad nosotros dormimos los tres porque mi papá nunca viene, duerme siempre fuera. Es que el trabajo de él es así.

A la Cherié le hacen fiestas para el cumpleaños con pastas, sándwiches de varias clases y Coca-Cola y Naranjita. Estudia inglés, dice: mamán o papán, parece que así se les llama en inglés a la mamá y al papá.

El suyo es guapo, moreno con bigotes y cabellos rizados. Alto y serio. La mamá es pequeña y gordita y se pinta los labios de rojo como las amapolas. Barre todas las mañanas la acera con vestidos de pasear los domingos y se pone encima un delantal blanco inmaculado, con puntillas.

La acera de ellos está muy limpia, a veces hasta le echa jabón y baldes de agua, la deja casi brillante.

La nuestra no. La Irma ha dicho que las hojas de la quinta que está al lado de casa la ensucian y también las hojas de los eucaliptos. Pero la verdad es que si no la barremos nosotros, no lo hace nadie. Miguelito propuso que lo hagamos todos los días y que en vez de levantar las hojas para arrojarlas a la basura, que la metamos dentro de la alcantarilla, así cuando llueve se tapa e inunda toda la calle. Y sube el agua hasta los escalones. A mí me encanta. Miguelito y yo empezamos a mirar el cielo esperando la lluvia.

Comenzó a llover. El agua se empezó a juntar alrededor de la alcantarilla.

La Irma se puso nerviosa.

—¡Ay, Dios, hay que llamar a los plomeros del ayuntamiento para que liberen el desagüe!

El agua llega ya hasta el borde de la acera y, cuando pasan los autobuses, hace pequeñas olitas.

Miguelito dijo que nos preparáramos para salir de viaje. Nos hemos sentado en la cama. Mi hermano trajo el escobillón y una escoba, ha dicho que serán nuestros remos. Le he preguntado si nuestro viaje no es peligroso. Dice que no, que la cama, cuando salgamos navegando hasta el océano Atlántico (el Miguelito sabe mucha geografía y está seguro de que el océano tiene agua en cantidad) no puede hundirse, porque es de madera. Incluso se metió debajo de la cama, la revisó y volvió a subir:

—Toda de madera. Ningún problema.

Hemos ido con Miguelito a ver si el agua había subido. ¡Qué suerte! Ha llegado al segundo escalón, o sea que ahora pasará al zaguán, subirá otros tres escalones y el agua lo invadirá todo y podremos salir hacia el océano. Mi hermano sostiene que todos los ríos van allí, que lo dijo Jorge Manrique, un poeta. No sé cómo hace este chiquilín para saber tantas cosas.

—¿Y dónde dormiremos en el océano?

—En alguna isla. Y como nuestra barca es además una cama, la ponemos en la arena y dormimos como lirones.

—¡Qué plan más perfecto, Miguelito!

La Irma y mi mamá empezaron a gritar:

—Gracias a Dios, ya están aquí, menos mal, qué suerte, qué Dios los bendiga, etc.

Corrimos a la puerta y un camión con un tubo gigante que hacía mucho ruido aspiraba las hojas que con tanto trabajo de barrer habíamos tirado a la alcantarilla. A medida que aspiraba las hojas del eucalipto que estaba delante de la puerta de casa, el agua desaparecía en el agujero haciendo gorgoritos. Nos pusimos a llorar. La Negrita, mamá y la Irma corrieron a consolarnos.

—Pobrecitas criaturas, se asustaron. No os preocupéis, que estáis a salvo. No va a haber ninguna inundación. No hay peligro…

Quiero huir de aquí, de este sitio donde nada funciona como debe.

Pese a haber notado que los perros no habían agradecido la visita, la joven de uniforme obedeció la orden.

Mientras tanto, yo estaba en mi dormitorio intentando por todos los medios calmarme, con ganas de esconderme debajo de la cama, como cuando en mis misiones de trabajo me tocaba el mal trago de un bombardeo. Siempre temí a la justicia italiana, donde se hacían procesos estalinistas que tenían como objetivo crucificar al chivo expiatorio de turno, uno que seguramente era menos listo que los demás, pero igualmente ambicioso, o mucho más listo que los demás pero con menos poder. La soberbia intelectual pasa siempre factura.

Había estado trabajando en un tema político, si política puede llamarse a la bancarrota del Banco del Vaticano. Llevaba años en realidad tocando ese tema. Un hombre que había sido consejero del banco se pudría en una cárcel desde hacía años; él era la víctima designada. Para no despertar suspicacias con nuevos asesinatos intentaban, hasta el momento sin éxito, volverle loco en la cárcel. Él, esperando de mí alguna ayuda, me había mandado un manuscrito con sus memorias, esa podía ser la razón de la intempestiva e inoportuna redada policial.

O podía ser cualquier otro tema, de los tantos que investigaba: terrorismo común y terrorismo de Estado, los actos de este último eran más numerosos que los del primero, quedaban impunes y se cometían cínicamente a la luz del día, por las dos naciones más fuertes del mundo que masacraban a las poblaciones civiles de los desheredados de la tierra.

Golpearon a mi puerta gritando:

—¡Salga con las manos en alto! —abrí.

—Buenos días —dije, usando mi tono más ingenuo—. Seguramente estáis buscando el manuscrito de F. P. Está en el escritorio, encima de la mesa.

En el estudio fueron minuciosos y revisaron uno por uno cada papel de mi archivo. Se llevaron un documento catalogado *Top Secret* del FBI, que tenía que ver con cierta información acerca de un escándalo de tipo sexual que había envuelto al presidente de ese país que era más bien un imperio.

Se lo llevaron todo y me invitaron a pasar por la Central de Policía. Pasaría...

Otra vez problemas más grandes que yo misma, la melancolía de una libertad sin cuerpo; este era una prisión demasiado angosta, y duraba toda la vida que me había sido asignada. No podía hacer nada para evitarlo, solo jugar a la marioneta y Dios.

Sentí un viejo cansancio, una melancolía imposible, una impotencia vieja como la historia del planeta. Pero eso formaba parte del Mal, y definiría el Mal como la rebeldía a las reglas. Si se consiguiese la paz interior, si uno se dejase ir y se entregase a la voluntad de Dios, a la veta más alta de la propia conciencia, al fuego divino que arde en cada uno de nosotros... ¿de qué servirían todas las redadas del mundo? El fuego acabaría para siempre con la nostalgia, anularía la hostilidad del entorno, porque cada cosa ocuparía su lugar en el cosmos, un lugar ínfimo. Pero ¿se puede separar el bien del mal, el enemigo del amigo, la luz de las sombras? No.

Me arrebujé debajo de las mantas, me gustaba hacerlo en invierno, un gesto que me producía bienestar.

—Soy yo, ábreme —dijo mi madre a través de la puerta.

Desde la desaparición del Fantasma ella pasaba temporadas conmigo en El Olivar.

Me sentí perdida, ¿para qué la había hecho venir desde Uruguay? Estaba claro que era imposible mantenerla lejos de mi dormitorio. Miré hacia el vestidor con espanto, una puerta de espejos separaba las dos habitaciones.

Él estaba allí desde siempre, no sabía bien por qué se encontraba en ese sitio, ni quién había colocado al Fantasma en un lugar tan expuesto. No recordaba nada, solo la sensación de culpa. ¿Había yo cometido un asesinato? Sí, sin duda lo que no lograba evocar era el porqué y sobre todo el cómo.

—¿Abres o no? Periquita, despierta. ¿Te encuentras bien?

No podía levantar sospechas o provocar la alarma. Me levanté descalza y abrí la puerta.

Ella entró:

—¿Estabas dormida?

—Sí —dije bostezando para que se marchara cuanto antes. De repente, sin mediar palabra se dirigió al vestidor.

—Sabes, he pensado que para la boda de Mary Lis podrías dejarme un vestido de los tuyos...

—Nooo —grité.

—Pero ¿mi Periquita se ha vuelto egoísta? —dijo ella, con un tono de sorpresa divertida.

—No abras ninguna de esas puertas.

El vestidor de El Olivar tenía más de cien metros de superficie, completamente recubiertos de espejos. La moqueta era blanca de pelos largos y sedosos. Me coloqué delante de las puertas, cubriendo las que podía con mi cuerpo. Y ella, mientras, las abría y las dejaba abiertas de par en par, violando los secretos que yo pudiera custodiar en su interior.

De repente dio un grito de espanto. Allí estaba el esqueleto aterrador del Amado Fantasma.

Gritaba tanto y tan fuerte que me desperté.

Un maestro zen escribió: «En el budismo cada cosa es Uno, cada persona es Uno. No existe el enemigo. Si tú piensas que existe el enemigo, se trata solo de una aparición temporal de la figura del enemigo. Aquel que aparece delante de ti como un enemigo no es el enemigo sino tú mismo. Tú y tu enemigo sois la misma cosa y sois Uno. Cuando tú y tu enemigo os convirtáis en Uno, no existirá más algún enemigo».

¿Y qué pasa cuando el peor enemigo eres tú mismo? ¿Cuándo eres tú la que continuamente se destruye? ¿Por qué yo no era capaz de convivir con el recuerdo del Fantasma? ¿Por qué su espíritu me perseguía y torturaba?

VI

REMORDIMIENTOS, EL BIG BANG, DIOS Y LA FÓRMULA DE LA INMORTALIDAD

Al principio pensaba que era mi complejo de culpa por haberle engañado, por haberle vendido la imagen de una mujer interesada sobre todo en los libros y, después, solapadamente revelarme en su propia casa como lo que de verdad era: una ninfómana, ávida de sensaciones y de aventuras. Una cínica, capaz de cualquier cosa con tal de obtener lo que quería.

No, no era eso. Lo que impide obtener la paz a cualquier viuda del mundo después de la pérdida no es el hecho de que haya sido una buena esposa o infame, no, ella es rea del peor de los delitos. Ella vive.

Haber sobrevivido al amado es una culpa abyecta, enquistada en la oscuridad de la conciencia y que sobrevive todo el tiempo que puede.

Es ese delito de continuar aún lo que me impide formar parte del corazón de Dios, aunque soy también un fragmento luminoso del Creador y tengo derecho a ello, por el mero hecho de haber nacido.

Intenté hacer las paces con el Amado Fantasma diciéndole: «¿Por qué no logramos convivir en armonía, tú en el más allá que has elegido y yo en el mundo en que vivo y aún no quiero abandonar? ¿Es posible fundir todo el bien y todo el mal que nos hemos brindado, para que mi esclavitud y la tuya desaparezcan?».

Es demasiado complicado o tal vez no… Cada uno lleva sus propias cadenas, que no son más que remordimiento y culpa. Y yo, en el fondo de mi corazón, no logro perdonarte.

También la Tierra yace prisionera, pero sus cárceles son ilusorias. El dominio del Sol y los otros planetas la tiene encadenada en sus órbitas gravitacionales, tampoco ella puede escapar… Tal vez le aburra hacer siempre lo mismo e intente rebelarse. Una vez cada veintiseismil años, durante el retroceso del equinoccio de Primavera.

Aunque si estamos condenados a permanecer en el mismo lugar para siempre, podríamos defendernos con la fantasía, creando hasta el infinito. Y en ese pequeño espacio, copiar a Dios.

Piensa, querido Fantasma, que nuestra historia comenzó con el Big Bang, llevamos mucho tiempo amándonos y peleando.

«Según el sabio francés Laplace todo tuvo origen en una explosión cósmica…»

Hasta el momento en que descubrí el nombre de Laplace en el libro no sabía nada de él. Adolescente ya, habiéndome caído simpático, y en la búsqueda de cultura (arma con la que seducir a un hombre veintiocho años mayor que yo), leí y me asombré por una anécdota que había protagonizado con el rey de Francia, Luis XVI. Ambos habían vivido en el siglo XVIII. Cuando Laplace terminó de exponer su teoría sobre el principio de la creación, el rey le dijo en tono severo: «No veo en su exposición a Dios por ninguna parte», y este le respondió: «Dios es una hipótesis que no me es necesaria».

El presente se está creando a cada instante, según sostienen los que saben más. El tiempo en el espacio no existe, como Einstein descubrió con su teoría de la relatividad, es todo un eterno presente; las profecías no sirven y los augurios catastróficos, menos. Nuestra mente puede crear el futuro que sueña, cuando y como quiera. Y si no fuera así, puede ser sublime consumir la propia existencia en la búsqueda de esa certeza.

Fue ineludible recomenzar desde el principio con las clases de catecismo; no me dejaban demasiado convencida, a causa de un detalle que no lograba asimilar. Dios, hasta el momento un completo desconocido, no solo apareció en mi vida como una figura completamente nueva, sino que él era el dueño del Cielo, la Tierra y de todo lo que vive. Y según el sacerdote era necesario amarle sobre todas las cosas. Pero un razonamiento elemental me confundía; si no le conocía de nada ¿cómo habría de quererlo más que a mi madre o a mi perra *Chachita*? ¿Solo porque era el dueño de todo? Eso estaba bien en cuanto a autoridad y poder, pero no en cuanto al amor. Para amar a alguien las prerrogativas son otras. Mis prioridades afectivas estaban colocadas en el orden siguiente: madre y perra al mismo nivel, también habría colocado a mi hermano, pero él era el culpable de atacarme con bolitas de pan a la cara, en cuanto mi madre se daba la vuelta. No solo eso, sino que el culpable de la provocación asumía una expresión angelical haciéndome pasar por mentirosa. Pero dado el grado de parentesco, mi hermano ocupaba un segundo lugar que cambié al primero en cuanto crecimos, es decir, cuando la historia de las bolitas de pan se acabó.

Era absurdo que te enunciasen, así, de repente, al principio de la vida, el final del camino espiritual, como si fuese un anuncio de Coca-Cola. Una orden directa al cerebro y al corazón de amar por decreto. Tal vez ese debe de ser el acercamiento al misterio, pero el camino de la verdadera conversión es un proceso interior difícil y sembrado de dudas. Lo más impactante era que Dios sabía todo lo que pensábamos y veía todo lo que hacíamos *Todos*. Como decía Alan Watts: «Una persona incómoda a la que no invitaría a cenar». Y otra cosa, no había huellas de su paso por el mundo más que el rastro apabullante de la naturaleza.

En esos balbuceos del descubrimiento de Dios, lo que más me atraía era la historia del ángel de la guarda. Saber que contaba siempre con él, que me vigilaba incluso cuando dormía, se me antojaba algo increíble.

Aprendí rápido la oración porque era muy corta: *Ángel de la guarda, dulce compañía, no me desampares ni de noche ni de día, si me desamparas qué será de mí, ángel de la guarda, ruega a Dios por mí.*

La decía cada noche, y mientras, me entraba sueño y me quedaba dormida. Antes rezaba el Padre Nuestro, el Ave María y el Gloria, intentaba el Credo pero a veces me dormía en mitad del mismo porque es muy largo; decidí invertir el orden de los rezos, primero el ángel, que es el que trabajaba para mí sin horario y después los otros. Con él a mis espaldas, *sabía* que no podía pasarme nada malo.

Me equivocaba. Tuve una sorpresa desagradable el día en que mi hermano jugaba a la guerra con un hermano de mi madre. Mi tío me cogió como escudo escondiéndose detrás de mí, que no levantaba dos palmos del suelo. En el fragor de la batalla, Miguel arrojó al enemigo un cepillo de madera de lavar la ropa, directo a la cabeza del pariente, pero apuntó mal, me dio en toda la cara y me rompió la nariz.

Mi madre acudió despavorida ante mis gritos desesperados y aún recuerdo nítidamente que me cogió en brazos y me puso la cara debajo del agua, para parar la hemorragia. Cuando ya no me dolía, seguía gritando igual para subrayar la tragedia de mi nariz rota y para que mi madre le diese una paliza a mi hermano, no ya por la ruptura de mi tabique nasal, sino para que hiciese justicia de una vez por todas con lo del pan.

La sangre llenó la bañera y mamá lloraba:

—¡Ay, mi nena! Pobrecita, va a quedar desfigurada para toda la vida, criaturita de Dios, qué tragedia, mi muñequita, mi biscuit, mi obra maestra...

Yo gritaba como loca, no me paré ni un minuto. Fue muy bonito verlos a todos tan agitados a mi alrededor, prometiéndome cosas. Me llevaron al médico, tengo la nariz astillada y hay que operar. En el catecismo dicen que los niños tienen un ángel de la guarda que nos protege siempre de todos los peligros. ¿Cómo es que a mí el cepillazo me rompió la nariz?

¿Estaría distraído el mío? Como es un empleado de Dios, ¿no tendrá miedo de que su Jefe lo quite de mi espalda? Ese ángel es tonto de remate ¿cómo le puede hacer eso a una niña que va a tomar la Primera Comunión?

Empezamos mal. ¿De qué me sirve arrepentirme de decir alguna mala palabra o de orinar encima del hormiguero para mostrar a las hormigas la experiencia del diluvio universal?

Me había aprendido todas las oraciones de memoria. Está bien que tenía el alma negra, como todas las personas, pero es que me iba a cambiar de color enseguida. El cura nos prometió que se iba a poner blanca inmaculada, en cuanto entrase la hostia en mi cuerpo.

No quiero operarme. Le rogué y lloré tanto a mi mamá que ella ha dicho que cuando sea grande, si quiero, me operaré.

Cuando sea grande...

Tengo miedo de las inyecciones. Cuando me tuvieron que dar la vacuna para entrar en la escuela, creí que me iba a desmayar.

Y también cuando me hicieron los agujeros en las orejas, sufrí mucho pero por lo menos era para ponerme pendientes. La Quica me regaló unas bolitas de oro. El oro cuesta mucho. Es para ricos. Mi tía ahora es rica, si no no me habría regalado los pendientes.

Miguelito me ha mirado a la cara muy serio:

—Antes no tenías nariz, eras igual a Porky, el cerdito amigo del Pato Donald, con esos dos agujeros y nada más. Ahora con el hueso roto estás mucho mejor. Todo gracias a mí.

Ah, no sé si Dios va a castigar a mi ángel, pero yo ya le eché de mi espalda. No solo lo destituí sino que hice evidente mi enfado no rezándole más.

Hoy tomé la Primera Comunión. Estoy muy contenta, porque ya tengo el Cielo asegurado. Mi vestido era de organza y broderie, precioso. Pensé que mi mamá no me lo iba a comprar mas cosió y cosió para afuera y al final, lo hizo.

La casa de Dios estaba adornada con flores y llena de gente. Las niñas, en fila, cantábamos una canción muy bonita, bueno, yo hacía el gesto con la boca pero no cantaba, porque desafino: «Y la Virgen concebidaaa sin pecado oooriginaaal».

Yo iba la tercera por ser de las más pequeñas. Abrí la boca para que el cura me metiese la hostia. Me la metió y me hizo una cruz con las manos. Después volví al asiento y me arrodillé. Dije ligeritos un Padre Nuestro y un Ave María. Me volví muy sonriente a mi mamá y le dije:

—Ya la tomé. Ya está.

Me clavó los ojos muy seria, se puso un dedo en la boca y me hizo: «Shhh». Entonces recé el Credo, que es más largo. Y volví a mirar a mi mamá para ver si estaba contenta de que yo ya era un angelito con el alma blanca, pero me dio un pellizco y dijo:

—¿Te quieres quedar quieta de una vez?

Entonces decidí quedarme con la cabeza baja hasta el final de la misa, que no terminaba. El Miguelito también tomó la comunión con un traje nuevo y una cortina con flecos blancos en la manga. Quería ver dónde estaba, pero lo pude ver solo cuando le tocó acercarse al cura, para que le blanqueasen el alma.

Yo no rezaba porque ya había rezado bastante y me confesé y todo.

Cuando salimos del lugar en donde vive Dios, le pregunté a Miguelito que lo sabe todo cómo se llamaban las personas que se comían a otras personas y él me dijo: caníbales.

—Entonces nosotros somos nenes caníbales.

—¿Por qué? —preguntó interesado.

—Porque nos hemos comido a Jesús, el hijo de Dios.

—Pero no, nena, eso es un rito simbólico —tampoco sabía lo

que quería decir simbólico pero me dio vergüenza reconocerlo.

Después mamá, Miguelito y yo fuimos casa por casa a regalar estampitas y la gente nos daba dinero a cambio, que colocábamos en una bolsita de organza preciosa que me cosió mi mamá. Entre parientes y vecinos junté veinte pesos, parece que casi tanto como costó el vestido.

Tomamos cantidad de ómnibus, de arriba para abajo, todo el día. También tuvimos que caminar para ir al barrio de los Pocitos, que está al lado de la playa, porque los ómnibus nos dejaban lejos de la casa de las Solteronas, unas señoritas a las que mi mamá les cose para afuera. Nos dieron té con pastas.

Hasta a los tíos abuelos fuimos a ver.

El tío Humberto me compró un helado de veinte céntimos. (Era el más caro.) De crema, chocolate y frutilla. Y además me dio un peso, que es una barbaridad. Después que me lo comí, como yo tenía dinero propio, le pedí al tío que me acompañase a comprar otro helado y se cayó por la escalera, pero yo me fui igual, sola. Mi mamá se enojó horrible. No sé si porque dejé caído al tío Humberto al pie de la escalera o si porque me iba a gastar el dinero de la bolsa de la comunión.

La cosa es que está enojada.

La Negra no tomó la comunión. La Irma dice que eso son tonterías y que la Negra, cuando sea grande, decidirá si tomarla o no. Para entonces no va a tener gracia.

Hoy en casa de la abuela, la que huele, fuimos a robar picotas a lo de doña Bernardina. Estábamos robando las que daban a la calle pero el Miguelito para hacerse el gracioso saltó el alambrado y la doña nos corrió con un palo y se lo fue a contar a la Chola.

La Chola se enfermó de la barriga. Vino el médico a revisarla y dijo:

—No la puedo tocar, es «señorita».

Es de noche, escucho sus pasos, viene caminando lentamente por el corredor, trae la cabeza vendada. La sangre se me hiela en las venas. ¿Qué quiere de mí el Amado? ¿Por qué vuelve si está muerto, y si no está muerto pero desea volver a casa, por qué no lo hace como una persona normal, por qué intenta aterrorizarme? Si yo no le he hecho nada malo… Bueno, eso no es exactamente así…

Hice del engaño un deporte, donde siempre había nuevas horas y nuevos maestros para entrenar, de la traición una asignatura, una estrategia, una filosofía de vida, una obra de arte de magnas proporciones, de la infidelidad una religión cuyos ritos observaba con devoción maligna.

Pero él tampoco ha jugado limpiamente, su burla ha sido mil veces más cruel y se ha vengado con creces de mi doblez.

Ante la evidencia de su traición, una vez, al verse descubierto, se enfadó y preguntó acusador:

—¿Quién ha engañado el primero?

Y yo de atacante pasé a la defensiva:

—¿Y qué importancia tiene quién haya sido el primero?

Es duro, casi imposible, dar explicaciones de todo lo que ha pasado. Pero ¿qué más da? Si todo está ya perdonado, por su parte y por la mía, lo importante es que está vivo. Pero si está vivo, por qué lleva la cabeza vendada. ¿Es que en verdad se disparó pero lo salvaron in extremis?

Tengo miedo… ¿y si hubiese salido de su tumba y viniese a pedirme cuentas? Que alguien me ayude, veo a través de las paredes, su mirada es aterradora.

Lo sé, viene a por mí. Quiere matarme.

Regresar, una vez más. Aprieto los dedos en las sienes, oh, cielos ¡que funcione, Dios, que funcione! Está detenido delante de la puerta, el Fantasma va a abrir…

—No. ¡No lo hagas!

Se acerca… está mucho más delgado y parece más alto…

Estoy otra vez en el sillón y el hombre con la cabeza vendada ha desaparecido.

Es obvio que no era el Fantasma. Pero si lo era, he decidido que no entrará más en mi vida, vivo o muerto, si no es con amor.

Una de las cosas más anacrónicas que tengo en casa, sobre todo cuando suena, es el teléfono, elemento extraño y perturbador. Me trae una buena nueva. María Gracia está en Madrid.

Doy una última mirada al salón del piso de Monte Esquinza, he perdido la cuenta ya de las casas que he cambiado desde que dejé El Olivar. No parece una pocilga como antes de emprender el «operativo Orden e Higiene». Parece que allí viviese una persona normal.

María trae su té verde en una bolsita y su cacharro de barro para hervir el agua sin hervirla, ella sabe cómo se hace eso, quiero decir que hacerle un té a María es mucho más difícil que el operativo anterior.

Empiezo egoístamente un monólogo sin preguntarle absolutamente nada acerca de su vida en Verbania:

—Te he necesitado mucho, María. He regresado muchas veces al albor de esta vida, donde la rebelión se intensificaba por la noche, la angustia de estar otra vez aquí, con todo lo que eso significaba: repetir sentimientos ya vividos, las mismas sensaciones de miedo, desconcierto. Viejas y nuevas enfermedades, antiguas humillaciones, ilusiones imposibles como las del amor o la felicidad y la más difícil y ansiada: la paz.

María me miraba de forma penetrante. ¿Por qué no lleva gafas con cristales de culo de botella como yo? ¿Qué hay en ella que le impide al tiempo hacer su labor de zapa? Con casi seiscientos cuarenta años, una edad respetable, ve perfectamente, oye sin aparatos acústicos, ¿quién y qué cosa preservan a María Gracia de la vejez? ¿Qué fuerza la tiene en vida a través de los siglos? Su mirada me impulsaba a seguir…

—¿Comprendes que yo era demasiado pequeña para una sabiduría tan vieja? He vivido en la muerte millones de años, con pausas de vida o lo que es lo mismo, un relámpago de luz en la oscuridad cósmica. En duermevela tenía la sensación de haber vagado sin cuerpo en el espacio, siendo un pensamiento perdido en la soledad del universo. Aún hoy siento nostalgia de esos vuelos pindáricos en el espacio, siendo libre. La beatitud sublime de pasearme por el cosmos y formar parte de un todo, con la revelación total del misterio. No quería regresar. Yo era un quasar y estaba en el ojo de observación de un telescopio gigante, orgullosa de asombrar a los científicos que desde la Tierra seguían mis evoluciones, mi fuente cuasi estelar viajaba a la mitad de la velocidad de la luz, situándome cerca del límite mismo del universo, mientras irradiaba energía en cantidades superiores a las que podían explicarse por fenómenos nucleares u otros conocidos. No pasaba el límite del universo por miedo a ser reducida y volver a ser encerrada en un punto ínfimo que ni siquiera era un punto…

No cesaba de hablar para que María no me interrumpiese, pero ella no tenía la menor intención de hacerlo, seguía penetrándome con sus dos bolas azules transparentes, casi hipnóticas.

—Pero ¿cuál era la diferencia entre volver a ser una millonésima parte del punto, que era la semilla del Todo, y ser una persona con un cuerpo que habría de convertirse en polvo?

No esperé de María ninguna respuesta, yo era una sabelotodo, que todo lo había entendido, masticado y deglutido, sin darme cuenta de que estaba empezando a comprender la letra a del alfabeto cósmico. Así que solté una aseveración que me parecía evidente:

—La gran diferencia es la sabiduría que pierdes en el momento de nacer. La capacidad de apreciación de la belleza, el contemplar los astros y las estrellas de cerca, esas que nunca existieron. Su luminosidad cegadora, el nacimiento de nuevos luminares producidos por choques entre astros, los incendios estelares en un espectáculo celestial sin comparaciones. No se trata de una pequeña diferencia.

—Creo que mi té verde estará pronto —dijo María, interrumpiendo mi soliloquio.

Se alzó dirigiéndose a la cocina, seguí admirada esa figura de mimbre, su caminar soberbio acariciando la tierra en un diálogo secreto. Ellas dos sí que tenían muchas cosas que decirse. Fui detrás para no perder comba:

—Con el pasar de los meses y los años me resigné a ser esta nueva persona sabiendo, como si lo hubiese elegido yo, o como si me hubiese sido mostrado antes de volver aquí, mi destino en esta tierra. Aunque esto de la tierra no sea más que un sueño dentro de otro sueño, como las *matrioskas* rusas, a veces uno se convence de ser real y no la imagen nítida del sueño del Gigante. Sueño, realidad virtual o persona, olvidé todo lo que había recordado jugando a las canicas. ¿Te acuerdas de aquel primer recuerdo de otra vida?

Se sentó y bebiendo con pequeños sorbos su té dijo que tenía que enseñarme algo.

—He consultado a las brujas, están de acuerdo. Podrás practicarla, seguirla o divulgarla. Ella puede ayudarte a encontrar a tu Amado Fantasma.

—¿De qué se trata?

—De la fórmula de la inmortalidad.

SEGUNDA PARTE

VII

LA ESPERA

Siempre se consigue algo cuando se intenta con el corazón; no solo logré que el Amado volviese a mí, sino que lo hiciese con amor. Si hubo algo que perdonar por ambas partes eso sucedió, es tan fácil… Lo arduo de verdad es odiar.

Cada encuentro fue un rito romántico y conmovedor en donde cada uno puso lo mejor de sí.

Buscar incansablemente el contacto con el más allá, concentrarte mirando el cielo e intentar descubrir en qué estrella, de los millones de estrellas que pueblan el firmamento, se esconde el Amado Fantasma. Llamarle con el corazón noche y día, intentar establecer con él un diálogo continuo, confiando en que se producirá, es una forma como otra de sobrevivir, después de la desaparición del amor de tu vida. Y un día cualquiera, si insistes, reclamas, suplicas, persistes, importunas, instas, clamas, machacas, perseveras, solicitas, en un lugar inesperado él vuelve.

Tengo la suerte o la desgracia de vivir a caballo entre dos países; suerte y desgracia porque no se pertenece a ninguna parte, ni se echan raíces, todo es un pasar. Pero ¿qué otra cosa es la vida más que eso?

En Madrid, sobrevivo en un minúsculo ático a un paso de la Castellana; me encanta pasear bajo sus árboles y contemplar los cambios de colores de las estaciones, que marcan el ritmo, casi imperceptible, de nuestras vidas. En Roma habito en una casa cerca del mar. Me encanta el invierno allí, los paseos por la playa desierta y el Pinar Monumental; busqué a propósito un lugar solitario.

Soy una libroadicta y adoro leer al lado de la chimenea encendida. He pasado toda mi vida leyendo, y en las pausas que la lectura me deja, muchas veces me he preguntado cómo he logrado sobrevivir a mi pena. Porque más allá de intuiciones prenatales, del dolor infinito por lo que creía la muerte del Amado Fantasma, más allá de aquella desconcertante primera visita donde conectamos casi por telepatía, he resistido su ausencia y he escapado a la locura porque, él, el ingrato de Trípoli, se hacía presente a diario cuando yo me encontraba en Roma, en Madrid o en cualquier otro lugar del mundo.

Debo confesar que después de la angustia de la infancia, he asumido esta existencia actual, he aceptado mi devenir vital entre dos siglos. Y por fin he recibido el regalo de la serenidad.

En cuanto abro los ojos por la mañana, con la felicidad consciente del misterio que hace que yo los abra, con el entusiasmo de un nuevo día para reflexionar, para hablar con Dios, y conmigo misma, me levanto a toda velocidad y camino hasta la orilla del mar. Escucho el piar incipiente de los pájaros, que presienten la luz; el sonido del mar me da los buenos días, esa voz que él cambia continuamente, de amable a furiosa y que, a veces, hace concierto con el viento.

Y a la noche, dentro de la casa, cuando ambos se unen, prevalece solo el lamento de un gigante líquido que penetra las paredes y acompaña tu sueño.

Adoro esa fuerza que viene de la naturaleza y que es igual a una canción de cuna.

Cuando me encuentro al aire libre, respiro hondo, con la vista en el infinito, donde el mar se une con el cielo y recibo de él la energía más pura de la creación.

Espero… A veces la espera se hace larga…

Estoy convencida de que el mar y yo tenemos una relación sentimental. Él es un coqueto y su alma es más femenina que la mía. Me tiene absolutamente muerta con sus cambios de imagen. Un día se viste de gris plomizo y me impresiona con sus rugidos superficiales. Tiempo atrás dejó escapar en la orilla un lamento de agonía. Uno solo, agudo, desesperado. Pensé si no sería el eco de la voz de alguien que estaba dejando la vida en ese instante, en algún lugar del enorme Mediterráneo. ¿O, tal vez, era el alma del turista alemán que murió ahogado este verano? La voz no me inquietó. Ya no le temo a nada. Si logro vencer el miedo para siempre, seré inmortal o de acero, como un kamikaze. Palabra emblemática, la más peligrosa de las tentaciones y la más grande provocación.

Algunas veces se viste de azul oscuro y amplifica el lamento de las gaviotas…

Continúo esperando…

Pero volviendo a esa relación íntima con él y destacando la maravilla de su vestuario, que cambia de hora en hora, he descubierto que juega con ventaja porque tiene un aliado, un cómplice importante: el Sol. Según este lo ilumine, Mediterráneo (bueno, en realidad Mediterráneo es su padre, él se llama Tirreno), hace alarde de colores que abarcan las tonalidades del azul y del verde, de la plata y el oro. La verdad es que mi admirador es imbatible. También yo le cortejo, le tiro besos desde la orilla y le digo: ni una sola gota de tu masa enorme me desconoce.

Esta es una confesión muy íntima; en el verano nos hemos amado. Cuando me arrojo en sus brazos, siento que somos uno solo. Un todo líquido de ternura, húmedo y sublime. La verdad es que evoco estos detalles absolutamente privados para engañar la espera.

Hoy, el cielo sobre mi cabeza parece que estuviera menos alto, da la impresión de que quisiera acercarse un poco más a los que no volamos. La sensación de estar allí debajo es indescriptible, jirones de nubes grises, blancas, bajas y altas, caminan y forman dibujos, que ningún pintor sería capaz de copiar. El firmamento aún está tocado por la noche, es de un azul oscuro, profundo, se llena de estrías rosa claro, melocotón, rojo, ciclamen y lenguas naranjas. El sol, recién aparecido detrás de las barracas miserables de los pescadores y entre las ostentosas mansiones de los millonarios, empieza la ceremonia de vestir a Tirreno, y él, hasta el momento una esmeralda oscura sin confines visibles, se convierte en una lámina de plata enceguecida, de un turquesa que se define como tal en el horizonte; la belleza del amanecer te crea un nudo de emoción en la garganta y los ojos se llenan de estupor ante el espectáculo. La playa salvaje parece desmesurada, un desierto confinado a la derecha por montañas azules, tal vez, lilas, y a veces caprichosamente rojizo-doradas.

Lo siento llegar cuando el corazón me estalla de emoción y cierro los ojos, el viento me entra en las orejas y las congela, pero yo con los brazos abiertos, completamente concentrada en el beso que estoy por recibir, lo espero.

Siempre lo preceden las gaviotas, ellas pasan sobre mi cabeza, con sus panzas y sus alas blancas, soberbias en sus evoluciones, van a la búsqueda de comida. De sus picos sale una algarada de sonidos guturales. Cuando las miro pienso en Juan Salvador Gaviota, en Ícaro; sostiene la leyenda que por soberbia quiso acercarse al sol y se quemó las alas, tal vez no fue soberbia, sino curiosidad.

En la bandada hay una solitaria, se separa de las otras y sigue los aviones que despegan del aeropuerto cercano de Fiumicino; compite con ellos y al final renuncia. Los aviones desaparecen en el horizonte, se queda sola; es una gaviota individualista.

Cuando se alejan comprendo que Dios ha querido darles un toque distinto y por encima las alas son grises. Parecen una bandada de pájaros diferentes.

Me pregunto dónde dormirán, ¿en los escollos, al aire libre, a merced de la lluvia y el viento?

Mynda, que sabe mucho de la naturaleza, sostiene que duermen en leños… Pero no estoy segura.

No quiero distraerme de la espera del beso. Comienzo a rezar para favorecer la conexión: mantras tibetanos *nammm, miojo, renghe, kiò*, oraciones budistas, después del rosario cristiano. Cierro los ojos y espero…

Alguien ha dicho que a fuerza de esperar, uno se convierte en lo que espera, y siento el contacto, en mis labios entreabiertos, suave como si me rozase el pétalo de una rosa o la pluma de un cisne, y una paz infinita me invade: es el nirvana.

Ya no le temo al futuro, ni a la muerte, ni a la enfermedad… he vencido, por lo tanto, mi más grande batalla.

El Amado Fantasma me ha besado y se ha marchado, levemente, con paso imperceptible. Pero ha dejado en mí una fuerza capaz de levantar el mundo con el dedo meñique, en el rito renovado del amanecer.

Pero ¿cómo es posible? ¿Por qué el Amado Fantasma continúa visitándome como un espíritu, si está vivo y convive en Trípoli con otra mujer? Mas lo amo demasiado como para no aceptar sus besos matinales, junto a mi amante Tirreno. Mi amor por el Fantasma es demasiado grande para ser vencido por el odio, o los celos o el sentimiento de venganza.

No, esos besos no me bastan, ahora que lo sé vivo, quiero que volvamos a estar juntos, que elija entre ella y yo. Pero ¿qué estoy pensando? Si su elección es obvia…

VIII

EL ENCUENTRO

El sonido del teléfono nos despertó. Miré con asombro la suite más bella del hotel más bello de Roma. El hombre incorporó su contundente humanidad, un flotador enorme de grasa circundaba lo que alguna vez había sido una cintura. Alzó el aparato y dijo: «Diga» con su tono cabreado habitual, para intimidar de entrada al importuno interlocutor. Lo miré detenidamente y aunque el cuadro de mi amante desnudo era para desanimar a cualquiera, lo analicé sin animosidad. Tenía poco pelo en la cabeza y algunos negros y rizados en la espalda blanca lechosa, también invadida por la gordura que le había hecho perder toda referencia con un cuerpo humano; parecía una vasija, pequeña por arriba, para ir ensanchándose a mitad, donde alcanzaba el máximo de su volumen, y disminuía, por fin, abajo.

Él estaba hablando con su jefe de producción, aunque más bien habría que escribir ladrándole; imponía su autoridad a gritos, mientras yo repasaba una por una la belleza y suntuosidad de los muebles que me rodeaban. Había comenzado a diferenciar que los muebles viejos podían ser antiguos y que no era lo mismo, sino todo lo contrario.

En realidad, hasta el momento me habían sido donadas muchas cosas en lo que podría llamarse un período afortunado; no bien llegada a Europa, en el transcurso de una fiesta, había conocido a un productor cinematográfico, extranjero y de primera fila, que alabó mis ojos y me propuso un papel de importancia en una película futura. Nunca había hecho cine, había soñado con él cuando pequeña, con el convencimiento de estar soñando una utopía. Después, el periodismo emprendido por voluntad propia había ocupado toda mi atención. Pero cuando uno es pobre de solemnidad lo prueba todo, mi única pretensión tenía que ver con la gastronomía, no en cuanto a comer exquisiteces, pero sí a comer todos los días.

Y esta era una oportunidad de hacer algo nuevo y fascinante, por lo tanto, agradeciendo al Cielo mi suerte descarada hice la película y una vez terminada acepté el cortejo de mi descubridor.

Fue esa la unión de dos soledades. Él vislumbraba ya, sin yo saberlo, el fin de su imperio cinematográfico, también el ocaso de su matrimonio con la mujer que amaba y que le había dado dos hijos. Fue duro para ella soportar la rivalidad con toda fémina joven, actriz o aspirante, que su marido se llevaba a la cama y a los viajes de trabajo. Pero yo había llegado al final de la debacle, con la ceguera e inconsciencia de los dieciocho años, sin darme cuenta de casi nada.

Volví a la cruda realidad del célebre gordo, histérico perdido, gritándole a su esclavo favorito:

—¡Pues llama a otro! Es más, hazlo ahora mismo, telefonea a Los Ángeles y diles que se muevan por Leonard Bernstein. ¡Yo le enseñaré modales a ese mocoso soberbio! No quiero que me vuelvas a llamar hasta haberlo sustituido.

Empezó a sudar, y usando un tono de enorme dulzura se dirigió a mí:

—Tráeme un whisky, por favor.

Él escuchaba en silencio a su interlocutor:

—¡Pues me cago en el contrato! —explotó, cortando la comunicación.

—¿El whisky no te agravará la gota?, después no podrás caminar… —agregué.

—¡Pues me cago también en la gota!

—¿A quién hay que sustituir? —pregunté sin sentirme ofendida por el exabrupto.

—Al niño prodigio que, por cierto, ya no es tan niño.

—Pero ¿de quién hablas? —insistí ante la información incompleta.

Fue esa la primera vez que oí su nombre, aunque me sonaba mucho, no lograba identificar su rostro. El nombre que Ted pronunció me trajo a la memoria una historia triunfalista de esas que tanto amamos los sudamericanos; un adolescente argentino, hijo de una cantante mítica del mismo país, había sido descubierto por una compañía discográfica americana. Trasladado a Nueva York para componer, lanzó en ese país un poema sinfónico inspirado en sus raíces: *Suite Sudamericana*. Grabado por la Sinfónica de Columbia, a los dieciocho años el joven fue inmediatamente conocido en todo el mundo. Había empezado a componer a los cuatro años (cosas que él calificaría de adulto como abominables).

Ted, subyugado por el talento del joven, le había contratado en exclusiva para componer la música de sus películas. Pero el músico, tal vez a causa de su juventud, era tímido, antisocial y no respetaba otra jerarquía que no fuese la del arte y la sensibilidad. Y por lo que parecía, Ted, que era sobre todas las cosas un hombre de negocios, loado, condecorado y potente, no lograba despertar en el muchacho el temor sacrosanto y el respeto devoto que cuantos trabajaban para él le dispensaban.

El músico no fue sustituido; aunque no respondiese al teléfono, ni abriese la puerta de su casa, aporreada por los enviados de Ted. Este le mandó un telegrama que rescindía su contrato en exclusiva y el joven respondió: «Vale».

Ted se quedó un poco descolocado, en toda su vida, a lo largo de toda su carrera, nunca se había encontrado con alguien así.

Por fin el Deseado apareció por los estudios, cuando le dio la gana. Traía bajo el brazo el trabajo terminado.

La escena de la *Mazurca* se había comenzado a preparar a las seis de la mañana, después de un día intenso de rodaje. Era mi segunda película para la productora de Ted. Subí a buscarle a su despacho, para ir juntos a cenar. Su secretaria me dijo que estaba en la sala de proyección.

La música invadía el corredor, llenaba el aire, dignificaba ese pasillo con las fotos de las celebridades que uno miraba solo una vez, la primera que ponía el pie en él. Continué avanzando sobre la alfombra roja, dentro de esa sublime melodía que anulaba el pensamiento, que le hacía perder sentido a la palabra, que te golpeaba directo al corazón con un puño hecho de mariposas de colores insólitos y vírgenes, de campos de girasoles doblando su cabeza dorada ante las sombras que avanzaban, mientras el sol se ponía. ¡Cielos! yo estaba dentro de esa orgía de sonidos que me había embestido con la fuerza de un carro armado y la dulzura de una caricia de mi madre, y ese «estar» en ella me era familiar, como si volviese al líquido amniótico. Esa música me había raptado el alma, era un mensaje cifrado y subliminal, un código antiguo, algo que venía desde el fondo de los tiempos, atravesando siglos hasta llegar al hoy, y en él al punto más escondido de mi conciencia. Ese concierto me estaba devolviendo a mi yo inicial, era un canto de sirenas imposible de desoír, la sangre se aglomeró en las venas, desbocando en prados fértiles el corazón. Una por una las vértebras se acomodaron y se encontraron cómodas, absorbí en un único suspiro raudales de vida y supe sin dudarlo que el destino había entrado para bien y para mal en mi camino, con la certeza de las cosas que son inevitables.

Permanecí en las sombras de la cabina de proyección, viendo en la película mi propia imagen que moría en ella. Pero todo estaba engrandecido, sublimado por la orquesta y los coros de alguien que no conocía pero que, seguro, no era de este mundo. En la oscuridad, con los ojos llenos de lágrimas, seguí la trama, mi personaje había sido asesinado y un hombre que me había amado con locura llevaba mi cuerpo muerto entre sus brazos... Esto en la pantalla, en la vida real, cuando la proyección terminó, un aplauso cerrado de los presentes confirmó el perdón general dispensado al autor de la música, que tanto les había hecho padecer. El sufrimiento había valido la pena.

El músico era alto, delgado y tenía el pelo cortado a cepillo. Solo tuve ojos para él, que salió estrechando manos, satisfecho, entre las felicitaciones de los presentes. Había en toda su persona una distinción innata, la mirada irónica anticipaba un humor salvaje, del cual no se salvaban nada ni nadie. Sus manos eran blancas, de dedos largos.

Pensé, y no sé por qué: «Este es el hombre con el que me voy a casar».

Ted y yo íbamos a más de cien kilómetros por hora por la carretera de la playa o del mar, no logro recordarlo ahora. Buscaba desesperadamente algo que decir, pero sabía que cualquier cosa que dijese lo haría sufrir, así que fue mejor el silencio.

«El músico tímido, el del mal carácter, me está esperando», recordé. Había pasado el día con él y le dejé prometiendo volver enseguida. Que iba a cenar con Ted, para hablar de trabajo y que regresaría una vez terminada la cena.

Me miró con esa mirada suya de buena gente, que va más allá de todo, que atraviesa las cosas y los seres, la mirada de quien está ya de vuelta... Lo sabe, pensé.

Me sobresaltó su voz.

—Nos vamos a dormir a Aranjuez, pasaremos el fin de semana en el albergue a orillas del Tajo.

¡Oh!, no, pensé. Eso no. Pero no tuve el coraje de decir nada.

Solo se veía una línea blanca y fluorescente, en medio de la oscuridad más total. Parecía que viajábamos fuera de la vida, a un infinito señalizado por esa línea cándida, que partía en dos un camino, del cual no se divisaba la segunda parte, como si su existencia fuese un misterio por resolver.

¡Qué tristeza!… ¡Dios, qué tristeza!

El silencio entre nosotros pesaba toneladas, algo se interponía para siempre haciendo imposible cualquier diálogo.

De repente, ese hombre, del cual no había entendido nada nunca, hizo una maniobra brusca en mitad de la carretera y volvimos hacia Madrid en el mismo deprimente silencio.

Fue como volver a la vida, recuperar el cuerpo, pisar el suelo del planeta.

Ted me dejó en la puerta del apartamento donde vivía el músico. Se despidió con una frase que me dejó alelada:

—Espero que me llaméis como padrino en la boda, me lo merezco.

Pero ¿qué sabía él de nosotros? No me detuve a analizar nada, bajé corriendo sin volver la vista atrás. Subí ebria al ascensor, contenta y desolada, culpable y virgen. Él me esperaba, él me esperaba. Esa piel, ¡Dios! El pelo negro corto y brillante, esa nuca perfecta, ese olor a joven, me eché en sus brazos llorando.

—Pero ¿qué pasa? —me preguntaba sonriendo.

—Nada. No pasa nada. Nunca pasa nada.

«Pude amar esa noche / con piedad infinita / pude amar al primero / que acertase a pasar.» Solo esta poesía de Delmira Agustín puede definir aquella noche. Siempre he considerado un milagro el hecho de vislumbrar el infinito en compañía, lo creía imposible.

Esa fue la primera y única vez que tuve acceso a él. Esa noche el Amado Fantasma y yo engendramos al Innacido.

IX

EL INNACIDO

—Estoy embarazada.

—No, por Dios, no. No puede ser. No quiero un hijo. No quiero una familia. Ni obligaciones. Ni reglas que cumplir. Hijo, mujer, lo que sea que se interponga entre la música y yo, son enemigos a quienes abatir.

—Es algo que hemos hecho juntos, mirando el infinito… —musité, sabiendo ya cuál iba a ser el destino de la criatura que llevaba en el vientre.

Era tal el amor, la necesidad, la adicción, la locura, la dependencia que tenía del Amado Fantasma que no defendí al más débil, ni un solo minuto. Nada. Acepté ser la semilla de la vida primero y de la muerte, después.

¡Cuántas veces en la iglesia mirando al Crucificado, con el corazón a punto de explotar y los ojos llenos de lágrimas pedí perdón por el Innacido! Pocas veces recé por él y sus hermanos, intenté olvidarlos y lo logré, como si eso fuera posible… Como si uno pudiese escapar del remordimiento y de las cadenas perpetuas de la culpa.

Quise ser eternamente amada y eternamente joven, sin pagar el tributo que la naturaleza impone. Miraba con horror en el espejo mi cintura agrandándose, ¿quién era ese intruso detestable que deformaba mi cuerpo? Yo no lo quería o sí lo quería. Al pensar en una nueva vida, la ternura me hacía balbucear esa palabra primogénita: hijo. La única verdadera creación.

Alguien introdujo en la mente del Fantasma la sospecha. Los amigos lo rodearon protegiéndolo de una sudamericana advenediza, arribista, que lo quería enganchar con un hijo no deseado por él y seguramente no suyo.

Si tú has mirado a los ojos a alguien mientras concebías un hijo y comprendes, de repente, que fue solo un espejismo, cuando despiertas de tu delirio de amor ves que no existe en el mundo una soledad más grande y definitiva que la tuya.

Vivir sola en un universo poblado de todo tipo de seres es un castigo grande aunque seguramente merecido.

El metro de Madrid era un lugar sucio y maloliente. Machos que no se lavaban y a quienes el desodorante había abandonado a media tarde, te manoseaban el trasero. Por pocas cosas creo que mataría y esta es una de ellas. Me volví y le di una bofetada con toda la fuerza y la rabia de una adolescencia salvaje y humillada en ese gesto.

El soldadito iba con un compañero y comenzaron a insultarme. Y a ellos se unió todo el pasaje: «Puta, vete a tu país».

Había sido rea de diferentes delitos: ser extranjera y haber provocado sexualmente, sin saberlo, a los futuros defensores de la patria. Yo era joven y con una apariencia más o menos agradable. La congoja se hizo insoportable, llevaba la tragedia conmigo, el insulto gratuito era ya demasiado. Recordé a un anárquico que había intentado matar al rey de Francia, lo descuartizaron lentamente cuatro caballos y en sus heridas sus verdugos vertían aceite hirviendo. Así me sentía.

Había ido al metro para arrojarme bajo sus vías, no sé si habría tenido el valor de hacerlo, eso nunca se sabe hasta que se pone en práctica. Pero no quería irme entre insultos del populacho, no sea cosa que creyesen que ofende quien quiere.

Mi drama era otro; un joven de cabellos cortos, de manos blancas y dedos finos, distinguido a despecho de su origen y nacimiento, que no creía en mí. El amor al que nos habíamos entregado existía solo en uno de nosotros dos.

Los «presuntos integristas islámicos» habían sido cercados en Zeboudja. Era un privilegio acompañar a la policía y al ejército en el operativo de arresto y captura de los hombres que asolaban la región, pero para ser sinceros mi trabajo de persuasión me había costado. Y de regalos, que la escuálida cifra convenida con la televisión italiana, ¡ay de mí!, no cubría.

Habíamos dormido en la comisaría con una impresionante escolta y no sabíamos si los que nos escoltaban podrían ser los que nos cortaran el cuello, sobre todo porque una semana atrás habían decapitado a siete marinos italianos. Y no había quedado claro si los integristas fundamentalistas eran los asesinos o fuerzas paramilitares a la orden del poder.

Acompañamos con las cámaras a los soldados en las primeras escaramuzas. Después, no nos permitieron subir con ellos, en la ofensiva final contra el «maquis». Me sentí como un fanático del fútbol al cual le hacen ver todos los partidos excepto la final del campeonato.

Acepté; los desafíos a los acuerdos previos o el incumplimiento de los mismos no es ético, por lo tanto, no puede dar jamás buenos resultados.

Pudimos subir después de un ensordecedor tiroteo y de lamentos de agonía. Algunos hombres habían sido reducidos, los que no lo habían sido yacían muertos en la tierra, rodeados de un líquido rojo oscuro en un último abrazo de nostalgia, un postrer conato de pertenencia. La sangre, al escaparse de esos cuerpos, mil veces agujereados, con la garganta abierta en una segunda sonrisa como una mueca, guardaba aún una relación de lealtad hacia el cuerpo que la había albergado, por eso no se alejaba de allí. Y era absorbida de inmediato por la madre de todos nosotros.

Habían vivido en casas blancas de piedra encaladas. Armas de todo tipo, granadas, bombonas de gas, metralletas en cada habitación y bolsas y más bolsas de clavos, que aumentarían el daño de los atentados.

Con los soldados venían ellas, adolescentes recién salidas de la niñez con la primera violación. Descalzas como la injusticia, como la libertad, como la Virgen María, madre de Jesús. Vestidas con harapos y cubriendo con el «chador» su rostro.

¡Cielos! Tuve la suerte de encontrarla, ella, esa criatura virginal con su impresionante barriga y a punto de dar a luz. No sé por qué al parir se le llama de una manera tan poética. ¿Se da siempre a luz o en algunas circunstancias se da a sombra?

Mirándola y escuchándola, supe que a la fuerza Dios tenía que estar de su parte y que no podía, ni debía abandonarla.

Tenía los ojos negros como el azabache y grandes como platos.

Hablamos en una comisaría distinta a la que nos albergaba; ella parecía serena, otra cría bellísima, se encontraba fuera de sí.

94

Otras jóvenes resignadas se introducían los dedos para sacarse los mocos de la nariz y los contemplaban. Cuando se ha escapado de un largo secuestro, tal vez esa sea una actividad liberadora.

Dirigimos la cámara hacia la joven y comencé una entrevista que no era de rutina.

—¿Cómo te secuestraron?

—Mi hermano vino a buscarme, fue él quien me entregó. Primero mataron a mi padre y huyeron… a la noche vinieron a por mí. Y uno de ellos «se casó conmigo».

Existe en la religión chiita una fórmula llamada *jaués el mutà*, el matrimonio de placer, con una duración establecida por el principal interesado: una hora, un día, un año, ella depende solo del deseo del hombre.

Ninguna muchacha árabe que haya sido obligada a esa práctica usa jamás las palabras secuestro y violación, siempre cuando aluden al hecho hablan de matrimonio. La mujer no puede rechazar el *jaués*, para el degüello.

En su monólogo evocativo la muchacha de los ojos como luceros dijo:

—Desde la primera noche supe que estaba embarazada… Ahora sé que mi vida ha terminado.

Decía esa frase lapidaria con gran serenidad. Solo tenía catorce años…

Me avergoncé de indagar en su territorio más privado para hacer mi crónica, pero seguí:

—A veces se establece un vínculo entre el verdugo y la víctima, entre el torturador y el torturado, ¿sientes algo por el padre de tu hijo?

—No —dijo con serenidad—. No siento nada.

—¿Él sabe que esperas un hijo?

—Sí. Y está contento.

—¿Ha sido arrestado?

—No. No estaba cuando entraron los guardias.

—¿Podrás amar alguna vez a un hijo fruto de una violencia tan grande?

La Virgen argelina me miró con reproche y dijo una frase que no olvidaré nunca, que cambió la impostación moral de mi vida, que me hizo avergonzar como un gusano de todos mis errores pasados y de los que habría de cometer en el futuro. Un niña de catorce años, violada, esperando un hijo, descalza y en harapos, me enseñó con esa frase, el amor a la vida y el sentido de la palabra solidaridad con el indefenso:

—Pero señora, el pequeño no tiene la culpa.

Y una lágrima, dos, tres, empezaron a caer y a dejar su reguero húmedo en el rostro de esa niña humilde, infeliz y donde ya no cabían más humillaciones.

La policía desenterró los cuerpos de las jóvenes que no habían accedido al *jaués el mutà*, o que una vez consumado, los terroristas consideraron que no merecían vivir. Los cuerpos de las mártires que habían sido torturadas en modo salvaje, estaban envueltos en sudarios que alguna vez habían sido blancos, los mismos se deshacían en el aire, pero eso lo recuerdo como un mal sueño. A ella, la joven que esperaba un hijo y ya lo amaba, la llevaría pegada al corazón como algo bello, muy vivo, que Dios me había dado el privilegio de poder encontrar. No se podía seguir siendo igual después de conocerla.

¡Qué lección, Dios, qué lección de vida más bella!

Pero para mí ya era tarde para aprender de ella...

El Amado Fantasma se sintió estafado. Me pidió en nombre del amor que según yo sentía por él, que abortase. Nos citamos para hablar de eso y no asistió. ¿Temía, tal vez, cambiar de idea?

Deambulé sonámbula por Madrid, después de salir del metro. Terminé en el Viaducto.

Al llegar a Madrid un cicerone me dijo: «Este es el último salto de los enamorados suicidas». Miré la enorme distancia que separaba el puente del suelo y sentí pavor de saltar y estrellarme contra el cemento.

Seguí por la calle de Bailén hasta la plaza de España. Era un día de sol, los niños corrían con las palomas, mientras una anciana les daba de comer en las manos. ¡No había edad más atroz que la de la juventud, cuando el dolor te embiste con la fuerza de cien caballos salvajes! Aún habría de aprender que este es demoledor a cualquier edad y peor aún, en la madurez, cuando quedan cientos de heridas sin cicatrizar.

Todo estaba en su sitio, solo yo estorbaba. Es más, ni siquiera eso, era igual que estuviese o no. Nadie me necesitaba, ni me quería. Y esperando un hijo, pero si apenas podía comer yo todos los días, ¿cómo podría tener un hijo? ¿Con qué dinero lo mantendría, lo daría a luz?

Quería desaparecer y crearle al Amado Fantasma el complejo de culpa perenne por no haberme amado. Pero si lo había hecho, aunque fuese una centésima parte de lo que yo, lamentaría mi ausencia.

¿Valía la pena ofrecer la propia vida en aras de una venganza? ¿Qué clase de amor es el que se impone, por cojones? ¿El que es capaz de usar el chantaje afectivo de la culpa, dejando al otro inmerso en la desesperación sin paliativos? Más que amor debería llamarse odio salvaje.

Entré en una farmacia y compré somníferos. Cuando tenía en mis manos tres frascos volví a la habitación de la pensión donde habitaba.

Estaba jugando a la ruleta rusa, podía morir o no, no era como arrojarse del Viaducto. Con las pastillas quedaba la esperanza de sobrevivir, pero en cualquier caso habría llamado la atención de forma clamorosa. Y también, ¿por qué no?, mi historia podía tener un final feliz.

Me quedé dormida y en el sueño, un hombre moreno me decía cosas lindas mientras me acariciaba la cara. Parecía triste, estaba vestido de blanco. ¿Era un ángel?

—Con lo guapa que eres, ¿por qué, por qué lo has hecho? —me preguntaba, casi no lograba ver las facciones de su cara. Solo oía su voz. ¿Dónde estaba yo? Sí, no era un sueño sino una horrible pesadilla.

Un embudo gigantesco llenó de alquitrán mi garganta. Cuatro hombres me tenían sujeta. Me debatía inútilmente, me faltaban las fuerzas, di una patada que me pareció que había dado en el blanco: entre las piernas de uno de mis torturadores. El latón del embudo clavado en mi garganta me hacía un daño atroz, me cortaba la carne y me impedía respirar, la sensación de asfixia me hacía explotar…

Una voz muy a lo lejos dijo:

—¡El corazón, se nos va, falla el corazón, coramina!

Un dolor muy fuerte en la vena y la oscuridad, por fin.

En ella, una voz familiar, era Tommy, el Alter Ego del Fantasma, pero no sé por qué, no lograba abrir los ojos.

—Estamos aquí, él te ha venido a ver.

Hice un esfuerzo sobrehumano para abrir los ojos y no pude. Había olvidado ya el motivo por el cual estaba allí.

Intuí, en las sombras que me rodeaban, la figura del Amado Fantasma y dije: «No le conozco».

Volví a la vida… es un decir. Volví, para morir mil veces.

Pasé un mes en un psiquiátrico y no habría salido de allí nunca más si la dueña de la pensión en donde vivía no se hubiese movido para sacarme.

El Amado y yo nos reencontramos. Teníamos un problema que resolver…

¡Pobre Innacido! Las dos personas que se habían unido con lo mejor de sí lo consideraban un problema. Si uno pudiese volver atrás… seguramente esa habría sido nuestra obra maestra, pero le negamos sin paliativos ni apelaciones el derecho a la vida.

El aborto tendría lugar en el extrarradio de Madrid. El Amado Fantasma me acompañaría hasta la puerta del domicilio del abortista y una amiga suya, vedette de revista que había recomendado al «especialista», lo haría en el trance.

Este era simpático, para generar confianza, imagino. El apartamento era modesto tirando a hortera. Increíble, pero cierto, «la intervención» se haría en la cocina. Para más datos en la mesa donde el partero y su esposa consumaban la comida diaria y que tenía un hule a rayas amarillas, verdes y blancas.

A través de la ventana se oía la voz de una mujer que cantaba dejando de lado preocupaciones aparentes. Gritos de niños, juegos y risas.

El abortista me puso una inyección en la nalga, dijo que era anestesia, mintió.

¡Qué bella voz!, pensé, intentando olvidar lo que me esperaba. ¿Por qué habré nacido con un oído enfrente del otro? ¿Por qué no afinaré? Con el Amado Fantasma podría tener un futuro por delante…

La cara del Amado era blanca como la nieve y tensa como el músculo del corredor antes de la orden de salida.

El hombre lo hizo salir y él cruzó al negocio de enfrente a comprarse un par de zapatos. Todo era rigurosamente banal, cotidiano, casi inocuo, pero no.

Empezaron a tirar de mis vísceras, sentía una herida dentro en carne viva… En ese momento aún no sabía que nunca más, en el transcurso de toda mi vida, habría de cerrarse.

El Amado volvió con tres pares de zapatos y me vio, incorporada en la mesa de la cocina, con la sangre que se colaba entre mis piernas, ennegreciendo un cubo de plástico azul. En sus ojos vi el arrepentimiento del último minuto.

Cuando me acompañaba a casa se echó a llorar y me pidió perdón.

Después, empezó a llevar en el tiempo, con la mente, la cuenta de los años que podría tener el Innacido. Lo imaginaba a su lado en el coche, conjeturaba que lo habría llevado a todos sus conciertos y grabaciones y fantaseaba con que el pequeño habría amado la música. A veces miraba a su derecha y quedaba sorprendido de lo guapo que era su pequeño hijo, tenía el pelo muy negro y los ojos azules y grandes y era despierto y con sentido del humor...

Lástima, ya solo podía imaginárselo.

X

LA FÓRMULA

María Gracia había logrado captar mi atención al doscientos por cien. Jamás había estado particularmente interesada en la inmortalidad. Mis proyectos cuando niña habían sido mucho más ambiciosos: caerle simpática a Dios y tal vez con esa prerrogativa, que este me permitiese administrar con Él el universo. Sentada a la izquierda de Dios padre, ya que la derecha estaba ocupada. Lo que en lenguaje popular podría resumirse en: «Arrimarse al sol que más calienta».

—Sabes que el cerebro consta de dos hemisferios, el derecho y el izquierdo —comenzó su disertación María Gracia.

A pesar del interés inicial estaba por bostezar y quedarme dormida, frente a la amenaza de una explicación científica, lo más probable aburrida, que parecía, parecía no, ERA inevitable. ¡HORROR!

—El derecho rige las funciones de la mitad izquierda del cuerpo: la lógica, el razonamiento, el cálculo, la matemática, la racionalidad, en fin, la parte masculina. El izquierdo controla la mitad derecha, la femenina: la intuición, la poesía, los sueños, las percepciones, la imaginación, la creación, etc. Ambas porciones cerebrales están separadas por la cisura de Rolando, un profundo surco que debe su nombre al científico del siglo XIX Luigi Rolando, que lo descubrió; la hendidura separa los dos hemisferios. Y esa unión anómala de ambos dio lugar a una estructura callosa llamada «cuerpo calloso». Al principio de los tiempos, ni el surco ni el cuerpo calloso existían, los fuimos formando nosotros, en un mecanismo suicida que rechazaba horrorizado la inmortalidad. Eso no nos devolvió al Paraíso inicial, ni muchísimo menos, por lo tanto, es necesario que volvamos a nuestra característica de la Edad de Oro, cuando construimos la esfinge y las pirámides de Egipto, alzando toneladas de piedra solo con la voz. No sé si tu generación puede conseguir la inmortalidad que fue nuestra en un lejanísimo pasado, pero sería bueno intentarlo.

—¿Qué hay que hacer? —pregunté con auténtica, sincera pasión de cumplir mi cometido. A fin de cuentas la explicación no había sido tan terrible.

—Meditar.

—¿Cómo?

—Debes colocarte en una posición cómoda, escuchar tu silencio interior que será el que te conecte con tu yo inmortal y a partir de allí, debes mirar con los ojos cerrados el hemisferio derecho. De arriba abajo, lentamente, tienes que visualizar cada pliegue, cada lóbulo, pedúnculo o tallo, cada fibra nerviosa, cada glándula. Después es necesario que te concentres en el hemisferio izquierdo, y por último debes recorrer la vista, pasearla por el cuerpo calloso para, al final de la meditación, intentar elevar la mente a esa corona de luz que has visto en las pinturas de los santos de la antigüedad y que es el chakra del espíritu, la parte divina que nos une al cosmos. Llegará un momento en que a fuerza de pasar tus ojos mentalmente por el cerebro lo verás de verdad, eliminarás el cuerpo calloso y los dos hemisferios se entrecruzarán en armonía, como al principio de los tiempos. Te fundirás con la luz que te llega del cosmos y la muerte no podrá nada contra ti. Si ni tú ni tu generación lo lográis seguro que la que te siga, lo hará.

—Siendo sincera debo confesarte que no tengo especial interés en ser inmortal, sé que el alma lo es, lo que quisiera es corregir una conducta del pasado: mi rebelión ante la muerte. Necesitaría regresar a la mujer que fui, a esa que murió prematuramente. Quiero saber quién era el hombre que la/me tenía de la mano, en el momento del pasaje, necesito saber si se amaban... me urge verle la cara. Preciso volver allí, pero unos minutos antes de mi recuerdo. ¿Lo comprendes?

—Cada cosa a su tiempo —dijo.

María y yo trabajamos intensamente, cuando volví al mundo cotidiano todo a mi alrededor parecía distinto.

Pasaron siete años; en ese tiempo el Amado se convirtió en un músico reconocido, vendió millones de discos en mercados tan difíciles como el anglosajón o el francés. Trabajó y produjo incansablemente, se casó conmigo bajo presión y se instaló en una mansión que a él le asustaba y a mí me enamoraba.

Un día cualquiera recibimos una llamada de Ted; estaba en Europa, y el Fantasma se apresuró a invitarlo a ser nuestro huésped.

La vida había sido dura con él, le había quitado poco a poco todo lo que anteriormente le había «prestado». Su última película se había estrenado en cuarenta cines de EE.UU. y había sido un soberano fracaso. El hombre que podía haberle salvado de la ruina, un americano dueño de la firma más importante de encendedores de EE.UU., y que había prometido entregarle cinco millones de dólares para sanear la empresa, no pudo cumplir su palabra.

La biblioteca de El Olivar tenía grandes ventanales desde los cuales se divisaba Madrid. Delante de la piscina, un sauce llorón arrastraba sus ramas por el suelo, como una cortina verde claro, su visión desde lo alto de la colina me embelesaba, era mi árbol. Le escribía poesías infames y decadentes, para devolverle con escaso talento poético una mínima parte de lo que su silencio en los días sin viento, me trasmitía.

Entré y Ted estaba casi a oscuras, en el jardín pululaban las sombras. Encendí la luz y vi su cara pálida, tanto, que me impresionó.

—¿Qué tienes? ¿Te sientes bien? —pregunté, oliendo ya en el aire el acre olor de la desgracia.

—Una mala noticia. El señor D. apareció muerto esta mañana en su apartamento de Nueva York.

Pronuncié un «lo siento», que era a todas luces insuficiente.

—Ahora tendré que tratar con los herederos… habrá que ver si están dispuestos a respetar los acuerdos…

—¿Y el rey de Marruecos? —la pregunta podía sonar a cachondeo, pero de repente recordé que en la época de nuestra relación, no solo el señor D. había prometido ayudarle, sino también el soberano alauita. Ted me había presentado a un mensajero de Su Majestad, que esperaba a cambio de su contribución económica la fundación de unos estudios fastuosos como los que Ted poseía en Hollywood.

No tuvo tiempo de responder qué había pasado con el citado

rey y con los proyectos en común; de repente, empezó a temblar… a llevarse la mano al pecho, a desabrocharse la camisa…

—Corre, por favor, las pastillas que están al lado de la mesa, las de nitroglicerina.

¿Nitroglicerina? Pero ¿eso no es un explosivo?… Pensaba mientras subía como loca las escaleras por la parte de servicio, dando un rodeo inútil, ya que la escalera de caracol, al lado de la biblioteca, también llevaba al piso superior y la tenía delante de los ojos. En el segundo piso se encontraban las habitaciones de huéspedes. Entré en su dormitorio, cogí todos los frascos de pastillas que estaban al alcance de mi mano y bajé a la carrera. Ted se había recostado en el diván y estaba peor.

De repente recordé que nos encontrábamos solos, el Amado pasaría la mañana grabando en el estudio de su discográfica, las personas que ayudaban en casa se iban a las seis. ¡Dios mío! ¿Cómo se hace para llamar a un médico? Me agaché para masajearle el pecho. Leyéndome el pensamiento, Ted me rogó:

—En la guía… busca urgencias… no pierdas tiempo… —dijo con voz ronca, irreconocible. Y aún tuvo la fuerza de ponerse debajo de la lengua la pastilla con nombre explosivo. No busqué nada en la guía, como mujer no autosuficiente llamé al Amado, que se precipitó en casa con una ambulancia. Tenía terror de volver a la biblioteca y encontrarlo muerto. Si él se moría… Dios mío, sí, se estaba muriendo de infarto.

Volví, le cogí la mano y se la acaricié.

El Amado entró con los camilleros, Ted lloraba como un niño mientras yo le arreglaba sus pocos cabellos y le limpiaba el sudor de la frente. Salimos al jardín y antes de ser instalado en la ambulancia, me dijo:

—Adiós, princesa, no nos volveremos a ver.

Ted fue ingresado en la UCI; en una delicada intervención quirúrgica le pusieron un marcapasos. Envejeció de golpe. Su esposa (o ex) no viajó para estar a su lado, aunque la hubiésemos avisado. Tal vez la situación era tan mala que no pudo encontrar el dinero para el pasaje.

Él se recuperó lentamente en nuestra casa. No podía hacer ningún esfuerzo ni llevarse disgustos.

Su viaje a Europa había tenido por objetivo encargarle al Amado la música de su última película, que logró filmar entre millones de dificultades. América no le había perdonado que levantase otro Hollywood en tierra española, más barato, en un país con clima privilegiado, y poniendo con ello en peligro la supremacía del lugar sacrosanto, donde la industria había nacido.

Ted se marchó casi recuperado. El Amado pagó su billete de regreso y en el momento de despedirnos en el aeropuerto, sacó algo de debajo del brazo. Era una grabación con la música completa de la película que se había llevado por delante su salud.

—He convocado a la orquesta para podértela terminar mientras estabas en la clínica —dijo, casi avergonzándose el Fantasma.

A Ted se le llenaron los ojos de lágrimas y lo abrazó. Después, abrazándome, me musitó al oído:

—Cuídalo. No hagas de las tuyas. Él no se lo merece.

La película de Ted nunca vio la luz, ya que falleció en una tierra anónima, antes de ultimarla. La maravillosa música del Amado tampoco. Permaneció inédita y aún conservo una copia, una prueba más de la sensibilidad del Fantasma, que preparó todo su trabajo en secreto, mientras el productor que nos había unido, sin quererlo o sin saberlo, yacía abandonado por todos los que habían formado su corte en un hospital de Madrid.

Querida María Gracia:

No sé dónde estás, tal vez en Verbania, o en el Tíbet o en California, pero quiero compartir contigo algunas cosas y tal vez este sea el mejor modo de hacerlo.

En el cerebro humano se encuentra la capacidad de soñar imposibles, un hombre idealizó que podríamos llegar a volar, se llamaba Leonardo da Vinci y su intuición se confirmó, pero no en la forma que él esperaba. (Aunque hoy existe un entretenimiento en cualquier playa del mundo, que se parece mucho a la máquina de Leonardo y que cuenta con la ayuda del viento para elevarse, partiendo de un promontorio.)

Dos hombres quisieron atravesar con su voz continentes y océanos, zanjar las distancias, anular la separación logrando hablar con el ser querido lejano. Se llamaban Alexander Graham Bell y Guglielmo Marconi (Alexander patentó el invento pero Marconi fue quien lo inventó); así se introdujo el teléfono en nuestras vidas.

Otro hombre, más delirante aún, ansiaba ver lo que sucedía al otro lado del mundo, en tiempo real. Nació la televisión, un invento que tiene mucho de magia, *Spiritus flat ubi vult*. No existen problemas de espacio o de tiempo.

Tú pensarás ¿a qué viene esta introducción tan detallada de cosas sabidas? Quisiera plantearte algunas preguntas importantes: ¿es posible que la muerte pueda acabar con una idea? ¿O con la fuerza de un sentimiento que proviene del alma? No, no lo es.

Por lo tanto, si el Amado Fantasma me ha amado de verdad, volverá, ¿no lo crees? Yo no cesaré de esperarlo mientras viva. Así como si cada uno de nosotros sueña con vencer a la muerte, la vencerá. El sentimiento del amor se crea en la parte divina que existe en cada uno de nosotros; el amor se aloja, vive y crece en el corazón de Dios.

¡Dios!

Al pensar en él me entra la tristeza, alguien que lleva sobre sus hombros la totalidad de la vida en el universo, la fuente de energía y de amor, se sentirá a veces muy solo, no tendrá amigos… con quien compartir responsabilidades. Intentando imaginar cómo es él, he leído un análisis apasionante en *Las nueve revelaciones,* de James Redfield, sobre la teoría de la relatividad de Einstein, en donde empezó casi todo: «Einstein habría demostrado que lo que percibimos como materia sólida, consiste principalmente en un espacio vacío, atravesado por un flujo de energía del cual formamos parte. La física cuántica ha observado modelos de energía en niveles paulatinamente más pequeños, y ha notado que cuando se observan las partículas elementales para descubrir cómo actúan, se alteran los resultados, como si su comportamiento cambiase ante las expectativas de quien está cumpliendo el experimento… su mismo centro se presenta como una especie de energía pura, que se pliega ante las intenciones y expectativas humanas, esto es un desafío al antiguo modelo mecánico del cosmos, como si nuestras esperanzas proyectasen en el mundo nuestra energía, influyendo sobre otros sistemas energéticos».

¿No te parece un descubrimiento sobrecogedor, mágico, impactante? Si el ser humano puede influir sobre la energía del cosmos, está claro que puede cambiar en cada instante su destino. Ya no existe el gran diseño universal, con la fecha del comienzo y el fin prefijada. Dios se autoinventa constantemente y puede cambiar las reglas.

Se confirmaría así lo del «libre albedrío». El hombre puede elegir. Pero también se dice: «No se cae una hoja del árbol sin el permiso de Dios». Lo que es una contradicción, pero este es un concepto religioso y no científico.

Tu teoría sobre la inmortalidad continúa apasionándome, sé que llegará de verdad el momento en que veré mi cerebro, y que esa será la señal. Sigo trabajando en ello todos los días.

Pero volviendo al experimento, sobre el que escribe Redfield, en ese proyecto de omnipotencia, donde el hombre puede influir en la energía universal, tendrían un sentido claro las palabras de Cristo: «Haréis lo que yo hago y mejor que yo».

El hombre puede cumplir hazañas inimaginables solo con la fuerza de la mente, usando la energía exterior para potenciar la propia. Identificando nuestro yo eterno a través de la meditación, elevando la propia conciencia se puede lograr la conexión con la energía que nos alienta. Redfield sostiene que en la última fragmentación de la energía queda solo un punto de luz que no se extingue.

Identifico a Dios con ese punto. Todo lo que vive y lo inanimado somos Uno. Nuestra esencia inicial es la misma.

Concentrarse en ese punto de luz será el mecanismo vencedor que haga realidad todos nuestros sueños, incluidos los más descabellados.

Aunque parezca mentira, cada uno de nosotros tiene una misión o una meta en la vida. Yo tengo dos, divulgar la fórmula y recuperar al Amado Fantasma, para reiniciar nuestro diálogo de siglos. Aunque, en realidad, la segunda sería consecuencia de la primera.

María Gracia, debo confesarte algo que he hecho y que no aprobarás.

He regresado una vez más a Trípoli, en busca del Amado y su querida. Tengo la mente tan confusa…

Recorrí Libia desde la capital al golfo de Sirte. La Jamairia no me reveló su secreto. Estuve en una pequeña aldea en medio del desierto, en la frontera con el Chad, lugar ideal para esconderse. Llegué tarde, esa aldea hecha con barro, que dejaba ver las cúpulas de sus mezquitas que enrojecían en los atardeceres sublimes del desierto, que se erguía de sorpresa en él, como un espejismo, había sido arrasada en la guerra con el Chad. Solo encontré chatarra negra de tanques de combate y restos humanos sin enterrar. Era una ciudad fantasma. Utilicé todos mis contactos como periodista pero me estrellé contra el misterio. No era ese un país donde dos occidentales podían pasar inadvertidos. Pero mi búsqueda tenía algo de delirio y de locura. ¿Cómo se llamaba ahora el Fantasma? ¿A qué se dedicaba? Tal vez tocaba el piano en algún hotel de lujo... Asistí a fiestas en hoteles de cinco estrellas de Bengasi, de menos estrellas en Nigat al Homs, en Gebel el Gharbi, en Cufra caminando por una calle de tierra me pareció verles, corrí y nada, él era más fantasma que nunca.

Pensé que estaba enloqueciendo, había dejado de meditar, tenía los nervios destrozados, había perdido la fuerza que me daba tu fórmula, retrocedía a pasos agigantados hacia el animal que fui, irascible, colérica, intratable, yo era una sombra desesperada buscando a un vivo, que se había hecho pasar por muerto.

Al fin volví, dicen que cuando se toca fondo se logra volver a la superficie, mi fondo parecía no tener fin.

Ahora, el agotamiento me ha llevado de nuevo al único camino que tengo, el de la reflexión.

Si consigo en esta vida, en este tiempo y espacio precisos, lograr abrir el archivo del misterio que yace en el ordenador gigante del Creador, corrigiendo el error de la división craneal, encontraré al Amado y empezaremos juntos una nueva aventura. Sin miedo ni errores en el trayecto. Pero si no logro acceder a él, volveré y continuaré buscando, no solo en esta Tierra, sino en el espacio infinito, en la eternidad del tiempo que no es.

Más tarde o más temprano el Amado Fantasma y yo seremos, otra vez, Uno.

Para siempre.

Estoy delirando una vez más, así pensaba antes de la sorprendente revelación de Trípoli, del engaño, de la trágica burla de que él no había muerto, sino que todo había sido una ficción; estaba vivo y se había largado con otra. Pero ¿por qué me menospreciaba tanto?

Querida amiga, yo lo hubiese preferido con diez mil mujeres distintas, enamorado locamente de una sola, antes que muerto. Aun cuando fuera feliz y yo desgraciada, abandonada, olvidada, todo, cualquier cosa, menos muerto. Y menos aún un muerto suicida. Un suicida es un egoísta incapaz de soportar por amor o por piedad, hacia los que quedan, la pesadumbre de vivir, un suicida es alguien que te quita para siempre, para la eternidad, el derecho de réplica.

María Gracia, ¿debería tal vez dudar de lo que vi?...

Esperé su respuesta a mi carta entregada a Tirreno, que se hizo esperar. La busqué en los sueños, en vigilia y en duermevela, cuando ya me estaba olvidando del tema y de su opinión sobre él, la encontré por fin. Tenía una expresión entre irónica y severa:

—Nunca he leído a Redfield. Yo voy a la fuente.

Me desconcertó. ¿Cuál era la fuente? ¿Castaneda? ¿El budismo zen, el tao? ¿Cuál? ¿Tal vez, vivir y ver?

¿Existirá, al final, la rendición de cuentas? Sí, no puede ser de otra manera.

Además estoy dejando de lado a alguien importante en la Administración del Cielo, otro personaje de primera magnitud, emblemático es decir poco: se trata del Diablo. Un ángel que habían echado del Paraíso por desobediente (como se hubiera merecido que le echasen el mío, por dejar que me rompieran la nariz) y se había hecho fuerte, tan fuerte casi… como Dios. Y eso parecía ser un gran problema. ¿Había perdido Dios su poder absoluto?

Lo más grave es que había gente mala que invocaba al Diablo y este acudía.

XI

LA MALDAD

Hoy cumplo catorce años, eso quiere decir que soy grande. Me gusta mirarme en el espejo y controlar minuciosamente mis medidas. Tengo cincuenta y ocho centímetros de cintura, ochenta y ocho de caderas, noventa y tres de circunferencia torácica. Sobre todo esta última, es una proporción respetable; estoy segura de que estos centímetros son decisivos para el buen funcionamiento de mi vida, en todos los órdenes.

La verdad es que tengo admiradores desde los once años, pero todo cambió desde que conozco al Gabriel. Él sí que es «grande» de verdad, tiene VEINTISIETE AÑOS. Un día me abordó y no sé cómo se resolvió la cosa pero yo ahora soy su novia. También le planteó el tema a mi padre cuando salía del bar de don Andrés, al pobre casi le da un infarto cuando el Gabriel le «pidió mi mano». Mi papá le dio una respuesta vaga tipo:

—Ah, yo no sé nada de esas cuestiones, hable con la madre.

Pero mi admirador, como es lógico con su edad, tiene amantes y según dice la gente: malas mujeres, que trabajan... Y ahí se acaba la información y yo me quedo sin saber dónde trabajan las mujeres del Gabriel, lo que sí sé es que viven ¡solas! Lo que ya es de por sí gravísimo.

Mi madre salió a barrer la acera y volvió a entrar toda agitada:

—No salgas, Periquita, por favor... Espera a que limpie la macumba que alguna bruja malvada ha puesto en los escalones.

Salimos mi hermano y yo, muy interesados a ver el hechizo, mientras mi madre calentó el agua para echarla hirviendo sobre el aceite y la sal, que ocupa toda la entrada de la casa. Miguel se puso a pisar el potingue, le bailó encima riendo y le dijo:

—¡Brujería, brujería, te estoy pisando! ¡Hazme mal, déjame cojo, paralítico!

Cuando mi madre lo vio, arrastrando los pies sobre el mejunje dio un grito:

—¡No, Negrito querido, no, por favor!

Ha venido el Tin, nuestro tío, aquel que me ponía delante cuando peleaba con el Miguelito y que hizo distraer a mi ángel de la guarda. Se llevó a mi hermano a dar una vuelta en su moto. Miguel se ha caído y tiene una herida en una pierna que no cicatriza.

Ha sido la macumba, sé que piensa mi mamá sin decirlo.

Pero por lo que veo si el ángel de la guarda cada tanto falla, el Diablo, no.

Después de ese hecho, leí en una colección de libros sobre las santas una historia que me partió el corazón, se trataba de Juana de Arco. Ella oía las voces de los ángeles, que le daban órdenes sobre lo que tenía que hacer. Formó un ejército y salió a defender a su delfín, que no se lo merecía. Cuando fue apresada, los ángeles se le aparecieron en la mazmorra en donde estaba recluida, y la tranquilizaron diciéndole que habría de ser liberada.

¿Qué habrá sentido la pequeña doncella de Orléans cuando fue llevada a la hoguera? ¿Se habrá reprochado su fe ciega en las «voces celestiales»? ¿O habrá creído que no fueron los ángeles, sino el demonio, el que la impulsó en sus hazañas militares, para al final recibir la muerte ella misma en la pira de su martirio? ¿Qué delirio de horror y de vergüenza habrá padecido en su inmolación cuando tras habérsele incendiado el vestido, el verdugo de Ruán apagó las llamas para que los espectadores pudieran ver «todos los secretos que puede o debe haber en una mujer»?

El fuego convirtió en cenizas su osada juventud, solo una única parte de su cuerpo no ardió, su corazón.

Muchas veces pienso en un corazón rojo y sangrante, en medio del humo y las cenizas, en un pueblo del medioevo y me pregunto ¿mintieron de verdad los ángeles a Juana, jugaron con el sentido de las palabras? ¿La «liberación» se refería a la del alma?

Ellos sabían perfectamente lo que la muchacha preguntaba. ¿Necesitan los ángeles nuestro perdón? Pero, si el perdón el hombre lo concede a cualquiera en cualquier circunstancia (todos los días hay algo que absolver), ¿cómo no habríamos de condonar la mentira de los ángeles? ¿Habrá sido así o Dios, el Todopoderoso, se incendió a sí mismo en el cuerpo de una doncella, para cumplir con un designio todo suyo?

Jesús dijo a una mística alemana: «Quítate tu corazón y ponte el mío».

¿Era ese corazón, el de Jesús, que vino a auxiliar a la campesina de Orléans? Cuando pienso en ella, me identifico con Juana en el momento del martirio, alejo la cabeza para evitar la asfixia y siento mis pies quemarse y la piel hacerse tiras, dejándolos en carne viva. Siento horror y quisiera escapar…

No me explico por qué siento tal horror y me late el corazón enloquecido al pensar en la muerte por fuego.

Hoy he decidido, como ya soy grande, porque tengo novio y catorce años, ir sola al diario El Día *de Montevideo cogiendo el autobús 187. Mi viaje hasta el centro es una aventura. Dura quince o veinte minutos, me han dicho, pero estoy muy nerviosa porque tengo miedo a pasarme de la parada…*

No es posible hacerlo, el periódico tiene un enorme cartel luminoso de color rojo.

Me apeo asombrada de mi capacidad de orientación.

Me dirijo al portero, muy segura y dueña de mí, aunque las piernas me tiemblen:

—Quiero ver al director.

El hombre me habló de tú de inmediato y con acento rioplatense me dijo:

—¿Y qué querés de él?

—Quiero ser periodista y trabajar aquí.

Él, con una sonrisa, se dirigió al teléfono interno y me hizo subir.

Al ascensor se llegaba pasando el hall del edificio, que era gigantesco en mármol rosa y beige, con columnas jónicas. Desde que con las compañeras del Liceo nos llevaron a una visita guiada en el Palacio Legislativo no he vuelto a ver nada igual; este hall me lo recuerda mucho. La magnificencia de las columnas te hace sentir pequeñita como una hormiga.

Estoy avergonzada delante de la señora mayor que está sentada detrás de un escritorio enorme y muy antiguo; es algo gorda y no se da aires. Intento parecer acostumbrada a este tipo de trances.

—Tendrá usted que esperar, al no haber pedido cita.

Me siento en una silla larga de madera con almohadones rojos de terciopelo gastados. ¡Si los viera la Negrita! Seguro que los robaba para las «macas». Me miro los zapatos, son blancos y se me deforman en la punta. Creo que si alguien me mira los pies se dará cuenta enseguida de que soy pobre.

Por fin entro en la redacción, tengo que pasar delante de todas las mesas donde hombres y mujeres escriben a máquina. Yo sigo caminando con la cabeza baja, los ojos fijos en la alfombra roja y siguiendo a la gorda.

Aquí todo es viejo y muy grande. El director, afable, lo es de una sección, «Figuras populares». Se llama José Luis Vera.

José Luis tiene la cara picada de viruela, es un periodista de raza. Ríe con una sonrisa abierta, de treinta y seis dientes blancos y yo siento ya que es mi amigo.

Me pregunta sobre qué querría escribir.

—Cine, teatro, música y pintura —dije.

—Muy bien, te contrato. Vas a ganar...

Palidecí. ¡Me iban a pagar! Eso sí que no estaba en mis cálculos.

Mi sueldo es equivalente al precio de un bono bus. Subo y bajo de los autobuses sintiéndome una potencia económica, más aun, soy Onassis en persona. José Luis me ha hecho hacer una tarjeta con mi foto y donde se pide «a quien sea menester» que el director del periódico solicita que me ayuden en mi trabajo, etc.

He empezado a formar parte de una categoría verdaderamente desprestigiada: las tres P., como dicen en España: puta, periodista y policía.

XII

LA PERLA

Hace mucho que perdí la perla. Su desaparición marcó el principio de la etapa más dura de mi vida. Su historia es una prueba palpable de la presencia de lo sobrenatural, casi podría decir del milagro, en mi vida. Pero ¿qué es un milagro? Una prueba de poder que atraviesa la zona de transición entre el mundo material y el mental espiritual. Una plegaria que parte del espíritu y es escuchada, que pone de manifiesto las limitaciones del universo material.

La perla no me la había regalado el Amado Fantasma voluntariamente, la había pagado, que es casi lo mismo. Fue un regalo inducido ya que llegué a casa con un libro de horóscopos que ponía que las mujeres del signo de Cáncer, el mío, debían llevar siempre al cuello una perla o una esmeralda, la perla por las fases de la luna y no sé que más y la esmeralda por igual razón. Para que mi vida transcurriese por los carriles justos, era necesario llevar las dos cosas. Me dirigí a una joyería de Serrano, donde un empleado encantador desenrolló ante mis ojos, abiertos como el desierto, un cilindro de antílope negro en donde yacían las lágrimas de perlas más bellas que hubiese visto en mi vida, y justo es decir que había visto muy pocas. Elegí una imperfecta y retorcida, parafraseando a Freud: «Cada uno de nosotros ama su yo íntimo».

Pedí que me la montaran con esmeraldas pequeñas y brillantitos. El resultado fue espléndido; un colgante delicado para llevar fuera o dentro de las camisas; ya no corría el peligro de ser una desgraciada en este mundo, porque tenía un amuleto de la suerte.

Puede parecer estúpido optimismo pero a la perla debo el haber salido indemne de situaciones críticas.

El tifón Alicia y yo tuvimos la desgracia de encontrarnos cara a cara. Viajaba dentro de un boeing 707 y el huracán se había cogido al avión como una garrapata de mal carácter. Ambos cruzábamos el Pacífico, miré el reloj antes de rezar, con la perla entre las manos, todas las oraciones conocidas y otras inventadas para que Dios (si debía morir en ese maldito viaje) me concediera el privilegio de hacerlo con dignidad y no como un cerdo, en el infame matadero a manos del infame matarife. Eran las tres y dos minutos de la mañana.

Cuando terminé la retahíla de rezos volví a mirar el reloj y eran las tres y diecisiete. Después de una noche en el cielo, prisionera en un avión casi a la deriva, donde nuestras vidas se encontraban en manos de la voluntad divina y sin saber si el tifón era el instrumento de nuestra vida o nuestra muerte, desembarqué en Buenos Aires, ilesa. Allí intenté inútilmente encontrar a uno de los terroristas más buscados del mundo, para entrevistarlo.

El golpe de Estado en Paraguay hizo que los golpistas cerraran el aeropuerto y se interrumpiesen todos los vuelos. Llegar a Asunción era difícil. La fotógrafa (mi cuñada Ana María) y yo tomamos una decisión, decidimos entrar por el norte, por la selva, ese confín ilimitado que une tres países: Paraguay, Bolivia y Brasil.

La atravesamos en un autobús destartalado que se averiaba cada cinco minutos. Pasada la frontera, alquilamos un Renault, el mismo con el que el hombre de Cromañón recorrería Altamira o Lascoux, cuando iba a visitar a sus parientes, el mismo que heredarían más tarde los magdalenienses.

Para llegar hasta Asunción atravesamos a ciegas (había perdido mis gafas de miope total) ciudades fantasmas por el toque de queda, sembradas de muertos. Yo apretaba entre mis manos la perla, tanto, que al alba Ana María que era más ciega que yo, dio un grito al descubrir un cartel que ponía: Asunción 10 km.

Estaba durmiendo profundamente cuando escuché entre sueños la voz del Amado que decía: «¡Rápido, despierta! ¡Un terremoto!». Me sacudía angustiado y cuando abrí los ojos sentí la cama balancearse, como si navegase, ¡por fin! en el océano con Miguelito. Era aterrador. Los pájaros habían empezado a piar en plena noche, los perros a aullar, los gatos a esconderse... De repente al intentar levantarme comprendí que había estado soñando como siempre y me había despertado en medio de un ruido ensordecedor, amenazante.

Tardé en tomar conciencia de que no estaba en casa, sino en un lugar desconocido que me costó identificar, era el hotel Al Rasheed en Bagdad. Y tampoco era un terremoto, sino un bombardeo de misiles. En dos minutos ya estaba vestida y en la sala de prensa.

Bagdad, iluminada por los reflectores gigantes y los equipos sofisticados de la CNN se llenó de angustia, sangre, gritos, explosiones y muerte. Yo, aterrada, en la sala de prensa rezaba el Ave María, cogida a mi perla. Me encontraba en la antesala de mi final; solo la intervención divina podía salvarme. A través del pequeño objeto en forma de lágrima establecía el contacto con ese manantial de vida que era la energía de donde había salido.

Los *tomahawk cruiser* lanzados desde el *Kitty Hawk* parecían ciegos y sordos a mis ansias de supervivencia. El portaaviones tenía nombre de bailarina y con él disimulaba su cometido criminal. El mecanismo de eliminación había sido puesto en marcha y solo se podía decir: *Insallah!*

Ese objeto mágico que reflejaba la superficie lunar, podía servir de chaleco antibalas, de pantalla invisible y blindada contra la carnicera de la muerte, que representaba el viaje de retorno, el estado de cuentas del alma. El momento de dos grandes regalos: el descanso y el olvido. De nuevo una tela en blanco donde el Creador, es decir nosotros, volvíamos a pintar los diseños de una nueva vida.

Pensaba entonces, y pienso aún, en que cada uno de nosotros tiene una misión que cumplir en este mundo; identifico en cada rayo de luz, que se cuela entre la copa de los árboles, la presencia de los ángeles y arcángeles, que vigilan para protegernos (casi olvidado el incidente de mi nariz rota y el malentendido de los ángeles con Juana de Arco) y ayudarnos para que cada uno logre llevar a cabo lo que en la vigilia metafísica ha elegido.

Hacía tiempo que había retrocedido en los recuerdos, antes de mi rebelión del principio, cuando jugaba a las canicas... No sabría establecer si se trató de un sueño o de un viaje astral.

Sucedió en la eternidad, antes aun de elegir mi próximo destino en esta tierra; cuando se nos muestra la vida entera que habremos de vivir y que en ese instante nos parece fácil. Pero después comienza lo arduo, eso que se llama desesperación, sentimientos de rebeldía y graves enfados con Dios, que no son más que rabias autobiográficas. En el fondo estaba segura de que la muerte era un lugar acogedor, color violeta como el espacio que rodea a los planetas, allí había una gran paz, no más miedo, ni necesidades, ni hambre, ni frío, ni dolor físico, ni envidia, ni desolación, ni celos, ni impuestos, ni reglas, obligaciones y deberes o derechos pisoteados. ¿Es que existe algo mejor que la nada, que el no ser? Pero en ese momento, cuando arreciaban los mísiles con estruendo aterrador, yo rezaba con toda el alma por seguir viviendo...

El impacto del misil que cayó en el hotel segó la vida de tres muchachas («daños colaterales», como les llaman los cínicos del Pentágono), rompió los cristales de la sala de prensa e hirió a varios corresponsales (Peter Brickman de la televisión alemana perdió un ojo). En el suelo, adonde me había arrastrado un periodista japonés, comprendí, con la adrenalina a tope, que yo, sí, yo, privilegiada, me encontraba ilesa; toqué mi Perla, agradeciéndole el hecho de seguir viva.

No era una casualidad, si no hubiese sido advertida por el Fantasma, seguramente no habría sobrevivido. Él me había salvado la vida por partida doble, despertándome y haciéndome escapar de la habitación. ¿Cómo lo había logrado? ¿La advertencia había venido del cosmos y se había valido de él para avisarme de algo que no había sido capaz de percibir sola?

Los asesinados eran más de un centenar: hombres, mujeres y niños. Todo empezó por una manifestación.

Los garimpeiros de la Sierra Pelada avanzaban con su líder, la joven Alzira Damazeno, que había estudiado Políticas en la Sorbona. La bella Alzira a la entrada del puente Tocantins dio la orden de entonar el himno nacional, lo que para la policía fue el equivalente a una declaración de guerra. Dispararon sobre los manifestantes, a quemarropa. Los heridos fueron pisoteados por los que huían, las «fuerzas del orden» cogieron a los caídos, muertos, agonizantes o simplemente heridos y los tiraron al río.

El Tocantins recibe agua del Itacayunas, lo que lo convierte en un río caudaloso, con grandes corrientes subterráneas y superficiales. Los cuerpos desaparecieron en él. El río devolvió algunos de ellos, como si no quisiese tener complicidad alguna en la matanza.

El gobernador de Pará dijo que él era como Cristo, un crucificado sin mancha. Los cuerpos recuperados fueron velados y enterrados casi en secreto, en humildes cajas de madera. Pero sabíamos que antes del sepelio todos habían sido fotografiados, era necesario conseguir las fotos para mostrar al mundo la matanza negada.

Esta vez, mi fotógrafa era Velia, compañera de distintas aventuras, estaba decidida como yo a hacerse con esas pruebas. Ambas convivimos varios días con los garimpeiros en un paisaje que no tiene que ver con nada de lo visto y conocido en cuanto a pobreza. Ni siquiera el devastado Irak, que padecía los ataques injustificados de Gran Bretaña y EE.UU., se podía comparar con la Sierra Pelada; la miseria allí empieza por el paisaje desolador.

Las excavaciones forman montañas invertidas, con senderos angostos para seguir descendiendo y continuar arrancándole a la tierra su tesoro aurífero. Senderos débiles que se deshacen con las lluvias donde esos hombres cubiertos de lodo se despeñan y arrastran a otros, al final del precipicio de la codicia humana.

Los garimpeiros compartieron con nosotras su pan, su agua, su fuego y sus canciones. Ambas echábamos de menos una ducha y atravesábamos cien kilómetros en la selva, hasta Marabá, para dormir en una cama presuntamente limpia. Una noche, cuando llegamos allí a las cuatro de la mañana, Velia se puso a gritar enardecida:

—¡Un cocodrilo en mi cama, un cocodrilo en mi cama!

En realidad no era ese animal prehistórico que actualmente usamos para hacer bolsos y zapatos, sino un pacífico escorpión, que caminando por su hábitat salvaje, por Su Jungla, se encontró con un hotel y un camino vecinal, entró en el jardín del mismo y desde allí, por la ventana a la habitación, subió a la cama.

Las intrusas éramos nosotras, no el pobre arácnido con su abdomen de siete anillos, solo y perdido en un hotel anacrónico en medio de la selva. Lo quité con un papel y lo coloqué fuera, en el alféizar de la ventana, para que recuperase su territorio y libertad. Traté de convencer a Velia con un:

—No es para tanto, habrás tenido animales peores en la cama.

Pero ella no cejó en su empeño, se sentó y dijo:

—Pienso vigilar, por si vuelve.

Por la mañana, desde mi lecho, la contemplé con ternura, continuaba en la misma posición de la noche anterior; una guardia distraída, un vigía sin condiciones.

Regresamos a la sierra siguiendo el rastro del homicidio de más de cien personas y allí conocimos a Ulrich, un holandés bello como el sol y con sus colores en el pelo y en la cara, que convivía con los garimpeiros. Su corazón sangraba con el sufrimiento de esos hombres, mujeres y niños, que en la búsqueda del oro, caían en el abismo artificial creado por el hombre.

Empezaban a morir con las primeras lluvias, y allí se quedaban, rotos, en el fondo de la tierra negra, muertos para siempre. Compartir la miseria con esa gente que carecía de todos los «dones» de la civilización le parecía la única cosa digna de hacer.

Nosotras estábamos en tensión ya que el cometido que nos habíamos autoimpuesto era delicado. El «Cristo» de Pará, o sea el gobernador, que presuntamente había dado la orden de disparar sobre los manifestantes, no se alegraría de que saliésemos con las pruebas de un asesinato múltiple cometido de modo «institucional».

Cuando (con Arístides, nuestro chófer brasileño) nos dirigíamos hacia Marabá, en medio de la selva nos pararon dos hombres. «Acelera», gritamos al unísono, al mismo tiempo que él se detenía en la oscuridad más tenebrosa.

En segundos evoqué los consejos que me habían dado algunos periodistas brasileros, que estaban al tanto de la situación en la Pelada, al emprender el viaje:

—La selva amazónica es el lugar de más alta peligrosidad de Brasil, en torno a la sierra se matan tres hombres por noche. Imagínate dos mujeres solas, sí, ya lo sé que sois autosuficientes pero en Europa es distinto, hay más respeto por la vida de la gente…

Mi interlocutor se equivocaba pero no era el caso de discutir. Europa es un pobre continente, viejo y enfermo, que no obedece otras órdenes que no sean las que le dicta el Fondo Monetario Internacional. Algún Estado, cada tanto, levantaba un poco la cabeza como Francia, pero solo lo hace para subrayar su *grandeur*, esa que le hizo explotar bombas nucleares en el Pacífico, cien veces más potentes que las de Hiroshima y Nagasaki, que fue el golpe de gracia a un planeta agonizante. La Tierra, harta ya, responde aún con terremotos, tifones y catástrofes donde mueren todos juntos. Como decía Nicolás Guillén: «Negros y blancos, todos mezclados, todos mezclados, ricos y pobres, todos mezclados, todos mezclados...».

No se podía dejar a esos dos desgraciados al pie del camino y el alma buena de Arístides se detuvo a recogerlos. Desde el momento en que subieron, nosotras comenzamos interiormente a rezar. Yo apretaba la perla entre mis manos, rogándole a la Virgen María (siempre consideré que la máxima autoridad celestial era femenina), que esos hombres tuviesen la amabilidad y la delicadeza de no cortarnos el cuello.

Se bajaron en plena selva, media hora más tarde. Llegamos a Marabá y al día siguiente salía el vuelo semanal que habría de llevarnos a la capital, Brasilia, ese trozo de majestuosa ciudad robado a la selva que esta no se resignaba a perder. Invadía al coloso arquitectónico por todos los frentes y quien osó construir la ciudad hubo de admitir que el cemento no podía nada contra la selva, a esta le bastaba minarlo con las raíces de su vegetación incontenible.

Apenas subimos al avión una tempestad tropical me precipitó en un terror absoluto y total.

Velia reía atrás, a carcajadas, con un compañero de viaje fascinante y yo la miraba espantada, despidiéndome. Habíamos conseguido viajar con mi método infalible: por cojones. No tuvimos otra opción. El vuelo desde Pará a Brasilia salía una vez a la semana y no podíamos perder tiempo porque la noticia que perseguíamos perdía actualidad por minutos.

Encontrarme prisionera dentro de esa máquina de hierro, en medio de rayos y relámpagos se me antojaba que era como jugar a la ruleta rusa después de que la pistola hubiese disparado cinco veces.

—Amor mío, ayúdame. Acepto morir pero no en este estado de pánico. Dame el coraje que no tengo, Amado Fantasma.

El silencio del pasaje era sepulcral, cada uno le estaba rezando a su propio dios, o encomendándose a sus propios muertos. El rumor ensordecedor venía de fuera, del declarado cabreo de la naturaleza y de la estructura del avión, que gemía como si estuviese a punto de romperse.

En ese instante un coro de voces salió con dificultad de los altavoces.

Era una música conocida, sí, no había dudas, era la *Suite Sudamericana*, la obra sinfónica que había consagrado internacionalmente al Amado Fantasma.

Me estiré en el asiento relajada, disponiéndome a dormir la siesta en medio del huracán y esperando soñar al Amado.

Volvimos de Brasilia con las fotos que probaban la matanza, decenas de cuerpos recuperados del río en sus humildes cajas. ¡Qué más daba que fueran humildes, ya no necesitarían nada!

Encontramos en su refugio secreto a Alzira Damazeno, que huía de los paramilitares que intentaban a toda costa asesinarla. Aún resuena en mis oídos su voz de muchacha apasionada: «Las máquinas no nos echarán de la Sierra Pelada, estoy dispuesta a morir por eso».

Era anacrónica su belleza y su cultura en ese lugar, pero la vida no detiene nunca su mecanismo de sorpresas.

Volvimos a Río en otro avión y en medio de otra tormenta, Velia reía detrás de mí, había hecho otra conquista. Regresó sola a Europa mientras yo me tomé unos días de vacaciones en Montevideo, el lugar donde había nacido, para visitar a la familia.

De repente, la perla que no me quitaba ni siquiera para ducharme, había desaparecido de mi cuello. Pensé que la podían haber robado, el mundo se me cayó encima, había perdido el amuleto de la suerte, eso quería decir que no existiría ya para mí más protección. Ni blindaje, ni conexión directa con lo mágico, con el territorio de transición, la frontera del mundo material donde el hombre y Dios se encuentran.

Mi buena suerte se había marchado con el amuleto, yo ya no era invulnerable en las guerras, inmune a las enfermedades en medio de lugares inhóspitos y pestilentes, acababa de convertirme en un miserable ser mortal, como todos los que poblaban esta Tierra imaginaria; estaba indefensa ante la ira de Dios.

Mientras buscaba por todos los rincones de la habitación del hotel en Montevideo, hacía promesas a la Virgen, promesas que se incumplían siempre, una vez concedida la gracia. Amplié mi súplica yendo a una iglesia, me acompañaron Ana María y mi sobrina Claudia, de cuatro años. Un ángel rubio inadaptado que añoraba el paraíso que había perdido en el momento de nacer y no pudo resignarse. Por eso estaba siempre en actitud de rebeldía. No se debería tratar así a los ángeles.

Existen momentos en el devenir de la gente que se graban a fuego en la conciencia, y en el corazón, y para mí han sido los de las grandes alegrías y sufrimientos. Y los que tienen que ver con el misterio. He sentido en contadas ocasiones el aliento de Dios o de alguien que no pertenece a esta realidad cotidiana, donde el tiempo se desgrana en horas y minutos y segundos y días y noches y estaciones de la naturaleza. En donde el hilo de la supervivencia se alarga hasta que alguien lo corta…

Estaba en las primeras filas de la iglesia y empecé a hablar con Ella, con ese espíritu de luz, que me escuchaba. Me concentré hacia dentro, hacia mi corazón. Cuando las sienes comenzaban a latir y el dolor de cabeza se insinuaba primero y después se hacía dueño y señor de la parte superior de mi cuerpo, en ese instante, tuve la impresión de haber establecido el contacto. Percibí a mi lado una presencia que emanaba un calor no natural, me envolvía, pero ni quemaba, ni era incómodo, no producía temor, solo paz. Con lágrimas en los ojos, le decía:

—Virgencita, tú sabes que solo yo puedo tenerla, que me pertenece. En su superficie están grabados los dientes de mi perro adorado que ya no existe. Con ella en el cuello atravesé cientos de veces todo tipo de tempestades, es el recuerdo imborrable de mi marido. ¿Cuál es tu mensaje? ¿Que he perdido para siempre tu ayuda? ¿Que he pecado monstruosamente? ¿Que ya no te merezco? Haz que la encuentre, por favor.

El monólogo era confuso, pero la destinataria del mismo me escuchó.

Sentí una profunda emoción y me acuné en ese calor de beatitud y en su promesa.

—¿Qué? —dijo mi cuñada—, ¿te ha respondido la Virgen? —la pregunta podía parecer irónica, pero Ana María era una persona demasiado buena para hacer ironía con algo en lo que yo creía.

—Me ha dicho que la encontraré.

Para ayudar a la enviada del Cielo en la búsqueda pensé en poner anuncios en los periódicos y en las paradas de los taxis.

—Aquí la gente no tiene dinero ni para comer, imagínate si compra periódicos —dijo Miguel, contundente.

Se acercaba el momento de volver a Europa, había pasado una

semana y el milagro no se había producido. Camino del aeropuerto Ana María observó:

—La Virgen no te ha devuelto la perla…

El desconcierto me invadió durante solo un instante, yo había recibido un mensaje preciso, ella me había respondido a través del alma, de ese más allá al que no tenemos acceso más que en rarísimas ocasiones. Había interpretado su respuesta, desde el momento en que su cercanía se manifestó como un sí. Pero aun cuando me sentía desilusionada, la justifiqué como lo hago con todos los que amo.

—Ella estará muy ocupada con las catástrofes del mundo como para ocuparse ahora de mi perla.

De regreso en Madrid mi amiga Pilar se puso en movimiento para conseguirme una que se pareciese a la que había perdido. Nunca iba a ser igual pero si colocaba otra en mi cuello no me sentiría tan desprotegida.

—Mi joyero tiene dos perlas iguales en forma de lágrima y te hace un precio buenísimo…

Me caí redonda ante una cifra al alcance de Rockefeller y pocos más.

Mi vida siempre estuvo marcada por dos grandes escollos o por mi incapacidad de enfrentarme a ellos: los amores imposibles y el dinero. Pasaba de ser una millonaria al estilo de Barbara Hutton, a no tener que comer. Es difícil de explicar pero era así.

—¿De dónde voy a sacar ese dinero? Podría pagar quinientas mil pesetas en cómodos plazos mensuales durante cincuenta años, olvídame —dije con un dejo de tristeza.

Seguí viviendo sin perla, abandonada para siempre de una protección superior, tal vez a causa de mis pecados o tal vez no. Carecer de ella significaba sufrir exactamente lo contrario de la ayuda celestial, algo igualmente devastador: la indiferencia.

El Creador tenía razón, como siempre, no se puede pertenecer a él con el alma, y al Diablo con lo peor de nosotros; era necesario elegir. Solo que las dos opciones son igualmente atractivas: la piedad cristiana, la santidad por un lado, la armonía con el entorno, la revelación del espíritu del cosmos dentro de nosotros. Lo excitante de la transgresión, la eliminación de los tabúes por el otro, el abatimiento de todos los principios éticos. En la segunda opción el alma siempre está en vilo y al final he comprendido que la paz es la única cosa por la que vale la pena vivir.

Dos años después, me encontraba en estado catatónico, con el encefalograma casi plano en la redacción del periódico. No, no es exagerado sostener que la mayoría de mis ondas Alfa cerebrales señalaban un estado de reposo apenas vigilante cuando apareció La Noticia.

Estaba en el teletipo, sorprendente: «El repetidas veces campeón del mundo, fulanito de tal, tiró a su mujer por la ventana». El titular, era en sí, una condena.

La voz de Pino Aprile, el subdirector, tenía el tono desencantado de siempre:

—Sales para Buenos Aires esta noche.

Aunque estaba haciendo la digestión, entendí que eso quería decir que había que mover el culo. Como combinaba el trabajo en la prensa escrita con la televisión, recibí la llamada por partida doble.

Mi cometido era el de conseguir la entrevista con el acusado, cosa harto difícil, porque estaba aún sin procesar y se encontraba en prisión. Después de haber conocido la gloria, amado a las mujeres más guapas del mundo, el Destino le deparaba un final terrible: ser condenado por haber matado a la madre de su hijo. Perdió a las dos personas que más amaba en el mundo en el mismo momento.

«No se cae una hoja del árbol sin el permiso de Dios»… Si eso es así, el asesino se convierte en víctima, pues el Proyecto Divino le ha adjudicado el papel más injusto. He imaginado, a veces, el encuentro entre el criminal y Dios, cuando este le llama a cuentas y en ese momento, el hombre, con culpa prefijada se rebela y le reprocha su Destino.

En dieciséis horas llegué de Roma a Buenos Aires. Mi fotógrafa era otra vez Ana María, y me esperaba en el aeropuerto. Ambas viajamos en otro avión a Mar del Plata, donde habían sucedido los hechos.

El juez Smith llevaba el caso. Delante del Tribunal se encontraban decenas de periodistas y cámaras de televisión de todo el mundo. Pero yo les llevaba ventaja, conocía desde dentro el lenguaje sudamericano de la *coima*. Hablé con alguien de su equipo de abogados, un hombre encantador y una mujer de la cual conservo un recuerdo imborrable, tanto físico como profesional. Estaba hecho, el púgil daría una entrevista en exclusiva al canal para el cual trabajaba y a mi periódico. En cambio, nosotros les daríamos un «reembolso para gastos».

La prensa y las cámaras asediaban al juez a la entrada del juzgado. Me acerqué entre el enjambre de informadores y le susurré:

—Quiero hablarle a solas.

—A las trece treinta, en el bar de enfrente —dijo, aceptando la cita.

Eran las diez de la mañana y Ana María y yo no sabíamos qué hacer para llenar el tiempo, pero allí esperamos, como unas santas, acabando con todos los bocadillos, sándwiches, pastas, Coca-Colas y cervezas de la cafetería, a la espera del hombre que debía autorizar la entrevista en la cárcel y, sobre todo, la entrada del equipo en ella. Se necesitaban varios permisos: el de Smith, el del boxeador, el del juez instructor, el del Ministerio del Interior y el del director de la cárcel. Una sola negativa impediría la entrevista.

Ana María se marchaba cada cinco minutos a vomitar al baño, el color de su cara era verde amarillento y se sentía francamente mal por los nervios. La prensa me asediaba orquestando un ataque feroz. Habría que analizar el porqué de eso, aunque tal vez mi actitud soberbia de entonces, provocada por la falta de experiencia y la juventud, despertaba algo peligroso y de lo que es necesario cuidarse: la envidia y sus lastres.

Existe en España un dicho muy sabio: «No irritéis al ciervo». Uno no debería jamás andar por el mundo dejando detrás de sí un ejército de enemigos.

Ana miró el reloj, eran las dos y media de la tarde y del juez ni rastro. Nos dirigimos al Tribunal donde un ujier nos comunicó que el hombre se había marchado por la puerta de atrás a la una y cuarto. Pregunté por su teléfono y dirección, el hombre sostenía que eso era imposible. Me arriesgué:

—Esta es una ciudad muy pequeña y el juez Smith seguramente estará en la guía, ahórreme el trámite de buscar en ella.

En unos diez minutos nos presentamos en casa del mismo, que acudió a abrir la puerta personalmente.

—¿Por qué me citó si no pensaba acudir? —le espeté antes de saludar.

—No… es que… había mucha prensa y no puedo darle el gusto a todos —dijo, con una punta de incomodidad.

Sabía que en esa conversación en la puerta de la calle, de una pequeña ciudad de provincias de Argentina, se jugaba mi gran baza profesional. Durante una hora esgrimí argumento tras argumento, que no lograban arrancarle al juez el permiso para entrar en la cárcel.

Saqué de la manga un convenio inexistente.

—¿Conoce el Convenio de Viena de 1968 sobre los encarcelados en espera de proceso?

—Sí, lo conozco —respondió el juez, mintiendo como yo.

—Bien, si lo conoce, sabrá que puedo poner una denuncia por secuestro, porque el presunto asesino no ha sido aún condenado ni procesado y ustedes se adjudican la prerrogativa de prohibirle y negarle el derecho de explicarse y defenderse ante la opinión pública. Me voy a dirigir al Tribunal de Derechos Humanos de Estrasburgo.

El juez era un caballero, podía haberme dicho, diríjase a donde mejor le parezca. Pero no respondió y tampoco se despedía de nosotras, es más, parecía clavado en la puerta.

Ya me estaba dando por vencida cuando pronuncié la frase que era la constatación de un hecho. Lo dije más para mí misma que para él, sin saber que eso me abriría las puertas del sí del magistrado:

—Es la primera vez en mi vida que un hombre me dice que no. Y eso se explica por una única razón, que no me conoce. Quiero decir, en sentido bíblico…

Ante la reacción del juez comprendí que *gliela aveva sbattuto in faccia*.

Traducir el dicho italiano es levemente incómodo, se trata de una insinuación sexual, en fin, para qué vamos a perder tiempo: le estaba golpeando la cara con el…

El resultado fue inmediato:

—¿Si le concedo la autorización vendrá a mi casa, esta noche, después de las veinticuatro horas? Puedo mostrarle la película con la reconstrucción del delito.

La respuesta probaba que la mayoría de los hombres se convierten en unos estúpidos en cuanto se les insinúa el tema sexo.

—Por supuesto —respondí—, no veo la hora de que llegue la medianoche.

Usé mi tono más putanesco y con asombro comprobé que no solo no se me reía en la cara, sino que se fiaba de lo que le estaba diciendo.

A las veintitrés me caía de sueño en el hotel, demasiadas emociones juntas, era imprescindible resistir despierta hasta la hora de la cita, pero los ojos se me cerraban, mientras Ana María escuchaba con paciencia mi lamento.

Elaboré un plan, bajé a las doce menos cinco al hall del hotel y esperé dentro de la cabina telefónica de la entrada. Desde allí divisaba la calle sin ser vista. A las veinticuatro horas en punto vi pasar lentamente el coche del magistrado por delante de la puerta. Presumí que había aparcado cerca. Estaba fuera de mi radio de visión, esperándome. Me armé de paciencia haciendo como que llamaba, enfrente del mostrador de atención a los clientes, durante veinticinco minutos. Esperaba que el juez se acercase a la mesa de entrada para preguntar por mí, quería tener testigos de la conversación ya que él se había convertido en un hombre popular de la noche a la mañana y su imagen abría todos los telediarios.

Cuando lo vi entrar me acerqué a saludarle casi a gritos:

—Señor juez, ¡qué alegría verle!, ¿me ha traído el permiso?

Sacó del bolsillo interior de su chaqueta una carta firmada y sellada por diferentes instituciones gubernamentales, la cogí en el aire:

—Gracias, muchísimas gracias… —dije mientras controlaba los sellos.

Había llevado personalmente la carta, de oficina en oficina, para conseguir de inmediato la aprobación de los permisos y por eso había tardado hasta esa hora.

—¿No vas a venir a mi casa? Tengo la película con la reconstrucción del delito… —me dijo en voz casi inaudible y ya tuteándome.

—¿Me la puede dar?

—No, solo puedes verla, es material confidencial…

—Entonces, lo siento, no puedo ir, estoy demasiado cansada.

Me despedí del hombre sin esperar su réplica y pensaba alejándome: «Esto le enseñará a no fiarse jamás de la palabra de una sudamericana».

Volví a ver al juez cuando la historia del permiso que me había concedido le trajo graves consecuencias. Lo noté hundido y al verlo esa segunda vez me pareció muy atractivo. ¿Por qué me había hecho tanto la santa María Goretti con él, si en peores garitas había hecho yo guardia?

—Oye —le dije. Se volvió.

—¿Qué?

—¿Cómo eres tú en la cama?

—Estás condenada a no saberlo nunca —dijo, siguiendo su camino.

Por lo menos mi pregunta le había devuelto la sonrisa.

Cuando conté la aventura a Pino Aprile, enorgulleciéndome de algo que era para avergonzar a cualquiera y llorar a gritos, este dijo:

—Yo te habría anulado el permiso.

Más allá del éxito de la entrevista sabía que mi fortuna se basaba en la desgracia del boxeador y la tragedia de su esposa, que había perdido la vida por amor. ¿Por amor o por error? Ambas palabras son sinónimos.

El dineral que costó a la televisión mi exclusiva había sido también el responsable de haber dejado al juez Smith en la calle.

Pero como en toda falta está la expiación, volatilicé en el viento, no solo ese dinero, sino todo lo que poseía. Mi conciencia no pudo esperar al juicio que sigue a la muerte y fui yo misma la que me labré la ruina y su posterior infierno.

En esos momentos me sentía justamente mal, como si toda esa historia hubiese sido una falta de respeto a la muerta y a la víctima más indefensa de todas, su hijo pequeño. Intentaba acallar las voces disidentes de mi corazón, que estaban en total desacuerdo con mi ego y su avidez, la dureza de mi cerebro no me había hecho comprender aún que solo lo que es justo para los demás, puede permitirnos vivir en paz.

Pero, aunque no olvidé nunca mi comportamiento de chacal, seguí viviendo con mi culpa sin mayores problemas, más que el de enrojecer de vergüenza y asco cuando lo recuerdo.

Acompañé a Ana María a Montevideo y pasé mi última noche en tierra uruguaya. Caminábamos por la parte antigua de la ciudad con Ana y Claudia, mi adorada, que era prácticamente muda por su melancolía del Paraíso. Si le hablabas te contestaba con monosílabos o no te contestaba. Pero de repente la pequeña comenzó a gritar:

—¡La perla de la tía, la perla de la tía! —me volví como el

rayo, retrocedí hacia el escaparate y allí estaba... La olí, antes de verla.

Colocada en un expositor de antílope rojo, justo en medio, ella sola, majestuosa, más mía que nunca.

Entré, la cogí en mis manos... con emoción... la marca de los dientes de *Pampero*. La adquirí de nuevo por mil dólares, no era ese su precio, ellos la habían comprado por mil pesos, el equivalente a mil pesetas. Hasta los propios joyeros ignoraban que era una perla natural.

La Virgen María, quienquiera que fuese ese espíritu de luz, había mantenido su palabra.

Cuando me detengo a pensar en eso me conmuevo hasta las lágrimas. ¿Cuál era el mensaje en ese momento? ¿Que Ella estaba cerca de mí? ¿Que de verdad aquel día establecí contacto con otra dimensión, potente, capaz de devolverme algo perdido en un continente, que está a quince mil kilómetros de donde yo vivo?

El Misterio se justifica con la Fe, pero siempre queda el interrogante de la esencia del Misterio.

De vuelta a casa, la perla colgaba otra vez de mi cuello; todo estaba en orden. Me había sido devuelta la inmortalidad.

Desperté feliz, como casi siempre; abrir los ojos es el momento más mágico de la jornada porque digo con convencimiento: hoy me sucederá sin duda algo extraordinario.

Miré el tableado de moaré que se unía en el techo de mi cama. Las cortinas de muselina me hacían sentir como una Barbie en su casa de muñecas. Estiré las piernas para controlar una vez más las grandes dimensiones del lecho; me encantaba dormir despatarrada.

Me levanté como siempre a las seis, abrí la puerta y entré en el baño; no parecía el mismo, estaba completamente cambiado, era pequeño, sin lujos, ni estridencias, con azulejos blancos, el Amado Fantasma estaba allí, sentado en un taburete, vivo. Lo abracé llorando, sentí su olor a Winston y a su perfume Tabac, acaricié sus cabellos cortos. ¡Qué sorpresa inesperada y maravillosa! Empecé a asediarlo con preguntas, las que me hacía desde que él se había ido, pero no me escuchaba, solo estaba allí, mudo y presente para que yo supiera que no había muerto. Me angustié pensando que había dado toda su ropa y vendido todos sus aparatos magnetofónicos, que se enfadaría, pero mi desazón era insignificante frente a mi ciega, enloquecida, exultante felicidad. Mi primer pensamiento fue dar la buena nueva a su madre, la llamaría por teléfono para decírselo.

—¿Ha visto, doña Marta? ¿Usted que me hacía responsable del suicidio de su hijo, qué me dice ahora que está vivo?

No podría jurar que le caía bien a mi familia política. Es más, cuando el Amado me pidió que me casara con él y fuimos a su tierra para conocer a mi futura familia, su madre me trató con desprecio al primer contacto. En líneas generales soy persona de paz, intenté inútilmente ser aceptada por mi suegra. Entre otras cosas porque la admiraba con toda el alma. Fascinada por su arte, era una cantante mítica en toda Sudamérica, yo escuchaba sus discos tardes enteras, mientras las lágrimas emprendían su camino descendente y conocido de memoria.

A la patria del Amado llegaron mis padres y Miguel, que también estaba por casarse con una joven alumna suya (Ana María); mi hermano se había convertido en profesor de matemáticas y física.

En una mesa con muchos comensales, mi futura suegra preguntó a bocajarro a mi madre por la dote. No la oí, si no me habría reído de esa tentativa de humillación a mi familia que venía de parte de un mito popular, sí, sin lugar a dudas, pero también, de una paisana casi analfabeta. Mi progenitora respondió que dinero no tenía y con amor de madre enumeró «mis virtudes» por las cuales era digna de casarme con su hijo y con Carlos de Inglaterra, si se terciaba.

Mis padres dejaron la casa mortificados. Entonces, mi suegra jugó fuerte y lo hizo con trampa. Apareció en el patio con una pistola cargada en la mano, amenazó:

—Si te casas con esa mujer, yo me disparo un tiro en la cabeza.

Me quedé sin palabras, sin poder reaccionar ni entender por qué me odiaba tanto.

El Fantasma me había contado muchas historias sobre las peleas con su madre, pero yo, subyugada por su personalidad, había perdido las bragas en el momento mismo en que le di la mano por primera vez.

Pero mi compañero del camino no se inmutó. Se ve que estaba acostumbrado a los «números» de su progenitora.

—¿Has visto qué bien están estos geranios? —me preguntó y

antes de que yo respondiese nada, dijo, como quien no quiere la cosa—: Ah… dispare mamá. De algo hay que morir…

Lenguas rosadas de luz aclaraban un cielo celeste, más oscuro sobre las cúpulas de San Pedro y más claro en dirección al cielo. El alba me anunciaba que él se había vuelto a marchar, una vez más, en silencio.

Pero ¿por qué el baño era distinto, quién de los dos se había fugado a un mundo paralelo, él o yo?

XIII

EN LAS GARRAS DEL MALIGNO

Tenía cabellos rubios. Ojos azules (una amiga descubrió más tarde que eran marrones y usaba lentillas), y su deporte favorito era fornicar. Lo había hecho con buenos resultados con los hombres y mujeres de toda Italia y del extranjero, pero yo no lo sabía. No había leído ningún libro escrito por él pero había visto dos películas basadas en sus obras y por supuesto no lo consideraba a la altura de los maestros del cine italiano.

Cuando coincidíamos en estrenos teatrales o cinematográficos no me tomaba el trabajo de enmascarar mi antipatía. No había nada que hacer, me caía gordo. Y siempre, siempre, SIEMPRE es necesario fiarse de la primera impresión.

Siete años más tarde de la desaparición del Amado Fantasma entré en relación con él, aún no me había dado cuenta de quién era en realidad. Era, ni más ni menos, el Maligno. Puede parecer un desvarío, pero no lo es. Era la reencarnación de Lucifer en la Tierra o él en persona, que se escondía bajo el nombre de un escritor célebre. Vivía entre nosotros con apariencia humana, se hacía pasar además de escritor por director de cine con fama internacional, y por eso era tan malo. El Diablo seguro que no frecuentó nunca una escuela de cinematografía. Además, Lucifer, tenía una misión, al ser un representante del infierno depositado en la tierra, sus objetivos eran sembrar el odio, la desolación y la muerte.

Sospecho que hay varios ejemplares como él en el planeta y estoy segura, incluso, de que engendran hijos… aunque en este caso Dios había sido más fuerte, él no podía, ¡menos mal!

Al principio me repugnaba físicamente. Me cortejaba y yo

tenía la impresión de que si ese asqueroso personaje me ponía una mano encima, no lo podría soportar, solo al imaginarlo me venían ganas de vomitar. Creía ver una baba verde de putrefacción y amarillenta de pus, que le caía por la comisura de los labios. No logro explicarme cómo hizo para borrar de mi mente su verdadera imagen, que percibí con la intuición desde el primer encuentro. Pero la intuición es una cosa y la cotidianidad otra. Además, si el mismo diablo no hubiese sido capaz de acallar la voz de alerta de una pobre mujer, no sería digno de su nombre y misión. También era lógico que después del presunto suicidio del Fantasma yo me castigase. Había por lo tanto una razón en esa ceguera consciente que me ocultaba la auténtica cara del Maligno, que yo ya había visto con el alma, y que era igual al retrato de Dorian Gray.

El Amado Fantasma me había dejado en herencia un complejo de culpa que no se acabaría jamás y yo expiaba la misma adoptando la técnica del castigo perenne. El resto de la vida que me quedaba aún por vivir se componía de un único elemento: la reparación.

Con el Maligno la guerra fue a última sangre, pero él no se esperaba un enemigo que asimilaría rápidamente el arte de la mentira, el engaño y la falsedad. Se ve que estaba dotada para ello. Le di a beber durante un año entero su propia pócima.

«Llamé al cielo y no me oyó, / pues que las puertas me cierra / de mis pasos en la tierra / responda el cielo y no yo.» Clamar al cielo no fue solo el lamento de don Juan Tenorio, sino de todos los abandonados y con las puertas del cielo blindadas.

Cuando Dios te ha abandonado y es sordo y ciego a tus alaridos de piedad, cuando no haces más que cubrirte la cabeza para atenuar los bastonazos y miras hacia arriba y le dices:

—Oye, ¡basta ya! ¿Me oyes? ¡Basta ya!

Y cuando llegas a gritarle sollozando:

—Maldigo una y mil veces la vida que me has dado y no te temo, porque no habrá nada peor que esto.

En el instante en que en el límite de los padecimientos, esa frontera intangible pero infranqueable del «no puedo más», exhortas y suplicas en el vacío al Amado Fantasma hasta quedarte ronca:

—¡Vuelve, vuelve, vuelve!

Es en ese momento cuando comprendes que ha llegado la

hora de cambiar de bando. El camino espiritual es demasiado duro. Es justo intentar escapar del sufrimiento. ¿Es justo?

Pagué muy caro mi error.

Hoy, como a menudo, recuerdo a *Nabucco*. Empezó a morir cuando yo me lié con el Demonio. Más que liar, debería escribir amancebar. Me convertí en su cómplice, contra mi voluntad o no tanto, para tropelías de distinto tipo y especie.

A la mañana siguiente de los desmanes iba a la iglesia de Santa Andrea della Valle y rezaba agobiada por una preferencia que había convertido mi vida en un infierno peor que el anterior. Pero esta historia había comenzado mucho antes, en vida del Amado Fantasma.

Se encontraba en París teniendo un éxito de sobra merecido y me había llamado por teléfono, excitadísimo.

—Estoy número uno en ventas en toda Francia, se adquieren treinta mil discos diarios. El presidente de Polydor me ha dicho que los parisinos han dejado de comprar pan para comprar mis discos en cuanto se levantan.

Era evidente que toda la frase tenía un único objetivo: justificar la compra de algo que no necesitaba justificación, bastante trabajaba el Amado, para comprarse lo que le viniese en gana.

—Lo he visto de regreso al hotel. Es un lulú pomerania y es para ti. Ya no te quejarás de que ni *Pampero*, ni los otros, se dejan coger en brazos. Es un perrito faldero y he pensado que si vuelvo a pasar por el negocio en donde está y me reconoce, lo compro.

—¿Cómo que «me reconoce»?

—Cuando paso, lo saludo y él se tira contra el vidrio y ladra y se desespera…

—Es parte de la promoción de la compañía, como eres número uno en ventas, no saben qué hacer para tenerte contento, seguro que es un cachorro entrenado… —dije con ironía y maldad encubierta.

—Entrenado o no, me saluda, ¿sabes? Es más pequeño que la palma de mi mano.

Por la noche volvió a llamar, adoptando una presunta voz de perro:

—Mamá, salimos para Madrid…

Se llama *Nabuccodonossor* —dijo el Amado Fantasma presentando a un cachorro blanco como la espuma.

No bien lo puso en el suelo de la cocina, *Clara Bowl*, la pastora alemana, lo consideró su hijo. Después de lamidas y relamidas de su madre postiza y olidas minuciosas de los demás perros, *Nabucco*, el diminuto, salió al jardín en estampida, detrás de los otros, completamente convencido de que él era también un pastor alemán. Nunca más se dejó coger en brazos.

Nabucco era de una sensibilidad exacerbada, que desgraciadamente se perdía en la multitud de animales que nos rodeaba.

Cuando entré en relaciones íntimas con el Maligno, ignoraba que este se cobraría una víctima y me rompería el corazón. Muchas veces me he preguntado si yo no seré una hija del Diablo desviada. Un proyecto mal terminado. Para empezar, siento una gran paz cuando rezo, todo está en orden. Pero mientras digo el rosario, una voz dentro de mí insulta y pronuncia blasfemias, mientras intento concentrarme, buscando el contacto con mi parte divina. No sé si me asedia el demonio o al revés, es Dios quien se interpone en una relación, la nuestra, antigua como la historia del universo.

También en la iglesia tengo visiones obscenas. Es un tormento del alma imposible de sobrellevar.

El otro día, sola al atardecer, enfrente del Tirreno, empecé a aullar de dolor e impotencia y mis lamentos recogidos por el viento, levantaron mis llantos hasta el cielo y lo empujaron y lo dejaron caer después, sobre el pueblo de pescadores donde vivo, en forma de lluvia, mojando la cabeza de personas tan acongojadas y solas como yo, que ni siquiera son libres de rezar.

Ahora ya no puedo volver a la iglesia, tengo miedo del enfado de Dios; esa es la estrategia del Demonio, no darte un minuto de tregua, intentar la caza durante la entera jornada, y aun en el sueño, anular todo intento de paz, que tú luchas desesperadamente por conseguir.

Fui clara con el Maligno, le pedí que no me humillase con infidelidades por la espalda, con mis amigas más íntimas, una cifra de mujeres ínfima. Mas, respetuosa con el carácter del personaje, no excluí las no entrañables, ni las conocidas, es decir, el resto de las hembras «despendoladas» que daban vueltas por Roma.

No me escuchó y desafió la única cosa infalible, que mi padre, sea este el Diablo o Dios, me donaron: la intuición. El Maligno se había apoderado de mi mente y de mi cuerpo, no tanto de mi corazón, pero el resultado era más o menos el mismo, yo no era capaz de usar el cerebro, todos mis razonamientos empezaban y terminaban en la vagina. No obstante, sabía que me era infiel con una certeza que me nacía de lo más profundo, una sensación contundente, sin posibilidad de error, hecha de la voz de la mujer en el teléfono, que preguntaba por él invariablemente, para controlar movimientos y preparar las escaramuzas de la guerra, que ella había entablado contra mí, sin declaración previa. Maquiné el más absurdo y descabellado de los planes de venganza que solo alguien fuera de sí podría elucubrar. ¿Cómo es posible que a una pobre mujer que ignora si su esencia es divina o demoníaca se le ocurra presentar guerra abierta al demonio?

Desde que tuve la certeza de su traición, todos los días cogía el coche y me dirigía a la casa de su mejor amigo, donde pasábamos la tarde fornicando en el lecho y alrededores. La historia duró un año y nunca hubo una venganza más placentera.

—Te he llamado sin parar toda la tarde ¿adónde fuiste?

Respondía con mentiras desmesuradas que son las que más cuelan. Pero no me bastaba el engaño reiterado, era necesario más. Que él lo supiera por vía indirecta. Le conté mi aventura a la amiga traidora, con la recomendación «no se lo digas a nadie», que es la única frase que puede darte la certeza de que a la mañana siguiente lo sabrá toda la ciudad.

Era el sábado antes de Pascua:

—Esta noche salimos a cenar al Boloñés —dijo.

Era ese el restaurante de los divos cinematográficos, los Nobel, los políticos en boga y los grandes capos de la mafia, en fin, gente toda de segunda fila. Se ve que quería impresionarme en el Proceso que me tenía preparado.

Uno elucubra un plan en toda regla para hacerle pagar al otro el cinismo de la burla y en el momento de la evidencia tiene miedo. Estamos tan acostumbrados a engañar a escondidas y tan poco a ser descubiertos, que el miedo te sobresalta. Aunque hayas sido tú quien provocara el desastre por orgullo, por dictar leyes sobre fidelidades imposibles; cada uno de nosotros ofrece lo que quiere y lo que puede.

Mi plan funcionó al cien por cien.

El Maligno, dueño y señor de la inquina, esa noche cometió un error de táctica. Me interrogó en el coche, un lugar equivocado desde cualquier punto de vista, atención a cornudos de todos los sexos: jamás interroguéis en un vehículo. Primero, la cara del otro la ves de perfil, que no es lo mismo que soportar una mirada frente a frente. Segundo, la escasa luz del receptáculo impide notar el cambio de color del indagado, cuando el indagador indaga.

¡Pobre de mí! quise zaherir, necesitaba más burla para anular la burla padecida y negué. El Maligno es un hábil inquisidor (creo que en sus visitas anteriores a la Tierra fue entre otras cosas Torquemada y Pedrosa, aunque ninguno de los dos necesita presentación, es justo recordar cada vez que se puede, que uno fue el inquisidor mayor del reino, el otro un siervo del rey que mandó al garrote a Mariana Pineda). Yo estaba embriagada de orgullo por haber logrado sodomizar al Maligno sin que él lo hubiese sospechado siquiera y cuando venía a saberlo era porque yo misma le había ofrecido la información.

El Maligno me desilusionaba, era un aficionado, ¿y mi amiga? una ninfómana sin candidatos con quienes aplacar su libido. Yo no era ninfómana, es más, era una frígida con pocas esperanzas, pero durante el interrogatorio del Maligno tuve orgasmos cósmicos en cadena, al contemplar su rabia, que creaban en él una respuesta inmediata. Es obvio que el orgullo es la más equivocada de las sensaciones; ciega, y es devastador.

El desenlace tuvo lugar en el salón de casa; el Maligno, como no lograba confirmación de esos «infames revolcones» con su mejor amigo, cogió la puerta de salida y dijo, sabiendo perfectamente dónde golpear:

—Bien, hasta obtener más información ¡yo te maldigo el perro!

Sentí un estilete en el corazón:

—¡Nooo! —grité—, ¡es verdad! Tienen lugar todas las tardes, desde las tres a las siete. Y esa es mi respuesta a tu osadía. Solo esas tardes con él me dan la fuerza de mirarme aún al espejo sin escupir mi imagen.

—Mañana tu perro estará muerto —dijo, cerrando la puerta detrás de sí.

Por la mañana me duraba aún la impresión de esa mala noche, miré a *Nabuquito*, que estaba gris de suciedad. Lo metí en la bañera y lo dejé blanco como los ángeles, peiné su pelo con el secador y el cepillo, parecía el perro de un anuncio, tan guapo estaba.

Estábamos en domingo y yo llevaba la muerte conmigo, sin saberlo. Pensándolo ahora presentía algo, porque tenía una enorme tristeza dentro, cuando cogí el coche, y no la felicidad de siempre por compartir con los perros una hora de juegos. Autobuses de turismo de todas nacionalidades impedían la visión espectacular del Tíber y sus puentes majestuosos. Bajé del coche y en ese estado de ánimo desolado, paseé una mirada hasta donde alcanzaba mi vista por el parque, divisé a *Coco*, mi perro callejero, que había elegido sin dudar el árbol que había tenido el privilegio de recibir su orina y corretear después.

No vi a *Nabucco*. Lo llamé dos veces, tres… pasé por delante de los autobuses y un grupo de turistas se arremolinaban, alrededor de un coche, detenido en mitad del tráfico. *Nabucco* yacía inmóvil con la cabecita destrozada, en medio de un charco de sangre que ultrajaba la blancura inmaculada de su pelo. Lo recogí en mis brazos y de su cabeza abierta se escapaba la materia gris. Tenía la boca abierta y también los ojos. Lloré desesperadamente con él en brazos, sentada en el borde de la acera, hasta que un alma buena me ayudó a subir al coche y me dejó en casa.

Llenamos de flores su tumba, mientras yo no paraba de sollozar, ni de rezar. Me marché dejando lo mejor de mí en esa tierra.

Volví a casa, cepillé el sillón verde de terciopelo donde él dormía, por última vez. Y fue durante la vigilia de esa noche que se abrió paso la maldición del Maligno: él me había arrebatado lo que más quería y por si eso fuera poco, había sido mi propia voz, al llamarle sin verle, la que lo había metido debajo del coche. Era yo, el arma indirecta de su muerte. Me hundí aún más en el infierno. Empecé a proyectar el homicidio del Maligno, con un cuchillo, con una pistola, arrojando una molotov en su casa para incendiarla. Lo veía retorcerse entre las llamas y no contemplaba ninguna otra solución que no fuese esa. Y mientras más me complacía en imaginar su entierro, siguiendo el cortejo fúnebre con minifalda roja y auriculares, escuchando música de rock; bailando sobre su tumba y seduciendo a su mujer sobre la misma, no me daba cuenta de que cuanto más y más le odiaba, más le pertenecía y estaba convirtiendo en indestructible la cadena que me ligaba a él.

Mi culpa ahora era doble, no solo había permitido la fuga del Amado sino que mi voz había guiado a mi querido *Nabucco* hacia la muerte. La depresión, otro de los aspectos más crueles del descenso en los abismos del averno, duró más de seis meses. Ya no podía trabajar, ni salir a la calle, si alguien me saludaba diciendo ¿qué tal? me saltaban las lágrimas y era incapaz de responder.

La única actividad que desarrollaba a tiempo pleno era el llanto. Fue entonces cuando comprendí que el Maligno había propiciado una rebelión en mi propio cuerpo. Lo descubrí una noche por casualidad, pero al fin fueron evidentes las intenciones homicidas de mi mano derecha. Lo supe como sé todo lo que sucederá, por intuición: *El alfabeto de Dios* según Paolo Coelho. Era necesario estar en guardia, si bien yo sabía que la mano izquierda estaba de mi parte, por desgracia no tenía la fuerza de la derecha. Había sido siempre una privilegiada y ahora se levantaba contra mí, conspiraba con cómplices en mi cuerpo que aún no había identificado y que proyectaban estrangularme en el sueño. Yo, alerta, no pensaba dormirme.

Ignoraba la fuerza exacta de la mano, no sabía si ella sola podría acabar conmigo. El cansancio se hacía exigente por segundos, la prepotencia del sueño me obligaba a cabecear sentada en el lecho, pero no me rendía. Con la mano izquierda encima de la asesina controlaba la situación.

Fantasma había dejado de venir a verme desde el día en que entré en relaciones íntimas con Satanás. Cuando me estaba quedando dormida, a merced de la mano enemiga, el Amado entró y la habitación se llenó de luz:

—No te preocupes, velo por ti. —Me comunicó el mensaje con los ojos—. Duerme.

Quise decirle que ya estaba bien con las apariciones y desapariciones, que por su culpa me encontraba indefensa ante todo y todos, incluso mi propio cuerpo… Lo último que recuerdo es que caí en un dulce sopor mirándome en los ojos de mi amado. Cuando me desperté, amanecía. Según un guión preestablecido, él ya no estaba. Miré detenidamente la mano revolucionaria y supe que ella usaría nuevas tácticas, aunque había reducido sus pretensiones. Sabía que el Amado Fantasma velaría por mí, decidí de todos modos, anularla, convirtiéndola en una inútil, dejándola de usar perdería toda facultad.

Esa fue mi estrategia defensiva vencedora, ahora soy zurda.

XIV

LA VIRGEN DE MEDJUGORGE

Cada vez había menos tiempo en mi vida para llorar por el Amado Fantasma, o para controlar las intenciones de mis manos, fuesen estas la derecha o la izquierda. A partir de mi trabajo como enviada especial en zonas de conflicto todo cambió, no solo por el estrés y el miedo de vivir en permanente peligro, sino porque obtuve de esa experiencia el mejor psicoanálisis que podía haber tenido.

Esa mañana evocaba el pasado casi con incredibilidad. ¿Era yo esa mujer que había sido mimada por el Amado Fantasma, que a su lado se convertía en una joven frágil y atemorizada, para acentuar los mimos y el interés? ¿Que vivía pendiente de su rostro y de su cuerpo, enriqueciendo a más no poder a la Industria Cosmética Internacional? ¿Qué tenía que ver aquella con esta, que corría por Sarajevo, con un chaleco antibalas? ¿Con la que viajaba en tanquetas con los soldados, la que no tenía agua para lavarse? Tampoco había tiempo para los recuerdos, solo contaba este presente de llantos y sangre.

Había sido una noche como las otras, el fuego de artillería como fondo, disparos aislados de los francotiradores, alguna fuerte explosión. A través del agujero de la ventana del Holiday Inn, cubierto con un hule y con la cortina roja de una tela espesa no identificada, divisé el cielo gris plomizo de Sarajevo. Había dormido vestida, como siempre, medias de lana, botas, dos jerséis, el abrigo, la bufanda, la gorra de lana hasta las orejas, todo era poco para los catorce grados bajo cero que marcaba afuera el termómetro y adentro de las habitaciones, sin calefacción, mucho menos.

La falta de agua, luz y gas para calentarse hacían la vida en Sarajevo no paradisíaca. Empecé la mañana con un leve dolor de garganta. Me lavé como pude con las servilletas húmedas y empecé a maquinar algo arriesgado pero urgente: el «operativo ducha».

El *Fat Albert* (el Gordo Alberto), el avión que llevaba medicinas y comida para los habitantes de Sarajevo, salía de Ancona a la capital de Bosnia-Herzegovina cada hora aproximadamente y regresaba a la ciudad italiana, una vez descargada la mercancía. Si yo me embarcaba después del *briefing* de prensa, que tenía lugar todas las mañanas a las diez, donde el Estado Mayor nos brindaba información disminuida sobre los muertos de la noche, podía estar en Ancona a las trece horas. Coger una habitación en el hotel cercano al aeropuerto militar, ducharme, lavarme la cabeza, y también un poco de ropa que traía sucia, colocarla en una bolsa de plástico, salir en el avión de las cuatro. A las siete ya estaría en mi oficina en donde pasaría, Limpia Total, las crónicas por el satélite al periódico y haría la conexión con el telediario de las veintitrés horas.

El hotel, en el que ya había estado otras veces, estaba situado frente al mar. Al principio del conflicto, cuando los vuelos hacia Sarajevo iban muy llenos, era necesario esperar el permiso de la UNPROFOR (United Nations Protection Force). El alojamiento allí resultaba agradable, había un bonito jardín, estaba limpio y además poseía agua caliente. Llené la bañera de espuma, sales y aceites y me sumergí como un papa.

A las cuatro menos cuarto ya estaba de nuevo en la fila para embarcar. Ya en el avión, cuando esperábamos el descenso sobre Bosnia-Herzegovina, nos comunicaron que regresábamos a Ancona. Los serbios habían lanzado una ofensiva brutal contra Sarajevo que nos impedía aterrizar. La información que callaron era que los francotiradores que se escondían en las montañas en torno al aeropuerto jugaban al tiro al blanco con nuestro pobre Gordo Alberto, y que dar en él estaba chupado; era como centrar a un elefante a una distancia de medio metro.

Durante una de las innumerables tratativas de paz, vi actuar a los francotiradores serbios. Sucedió cuando los representantes de los presidentes de los tres países (que al fin de cuentas, habían sido solo uno) o los presidentes mismos, sin representantes: Tucman por Croacia, Itzebegovich por Bosnia-Herzegovina, Milosevich por Serbia y el general Morrillón, como fuerza intermedia entre las partes, descendieron en aquel aeropuerto en medio de un frío glacial. El tiroteo hacia los aviones era infernal y viéndolo desde abajo, pronuncié una vulgar frase en italiano, que fue la primera que aprendí en ese idioma:

—*Col cazzo che viaggiavo in questi aerei se lo vedevo prima!*

Traducir la frase es una empresa difícil por su vulgaridad pero la asocio a un dicho español muy gráfico: «Si lo sé no vengo».

Pero ahora, ¿cómo justificaría el hecho gravísimo de haber abandonado mi puesto de trabajo por una ducha? No había nada que hacer. Deambulé como una extraviada por el aeropuerto, cuando recordé que desde el puerto salía por las noches una nave con destino a Split en Croacia, de allí podría llegar a Bosnia y a Mostar por carretera. Estaba segura de que encontraría allí, en la otra ciudad mártir, cientos de historias para contar.

Una larga cola de monjas y sacerdotes, amén de hombres y mujeres que hablaban en español, esperaban su turno delante de la taquilla de las líneas navales croatas. Me sorprendió todo ese gentío que se dirigía a un país en guerra, pensaba que en la nave que viajaba hacia Split iría sola...

Salí a cubierta y entablé conversación con un matrimonio español. ¿Que qué iban a hacer en Croacia? Se dirigían a una boda. ¿Una boda? Sí, la de Yacov Colo, el vidente de Medjugorge.

Medjugorge no me sonó a nuevo. Acudió a mi memoria una conferencia que había dado hacía dos años en Milán: «Crónica de una guerra anunciada» sobre la Guerra del Golfo. Un hombre del público se acercó y me regaló un librito con una cruz en la tapa. Lo empecé a leer por encima y lo olvidé enseguida, hablaba de una cierta Virgen que se aparecía en el citado Medjugorge.

Las aparentes circunstancias del destino me cruzaban una vez más con esa noticia.

—¿Y quién es ese vidente llamado Yacov Colo?

—Es uno de los seis niños que durante la dictadura de Tito veía a la Virgen María, que les entregaba mensajes para la humanidad. Se casará con una muchacha italiana de diecinueve años. Ahora él ha cumplido los veinte —contestó el marido.

Abrí bien las orejas y me pregunté: ¿Puede interesar al periódico y a la tele la historia de un vidente de la ex Yugoslavia que se casa con una italiana?

¡Pero qué pregunta tan estúpida! En el país que albergaba al

Vaticano, una historia de amor con una compatriota, el fondo religioso… ¡Sí, por supuesto!

—¿Puedo viajar con vosotros hasta Medjugorge?

—No, eso es imposible, cada viajero tiene un asiento en alguno de los autobuses que nos esperan al llegar a Split.

Nos despedimos al bajar de la nave a la mañana siguiente.
Llamé al periódico así como a la televisión diciendo que seguía la
pista de una historia interesante. Alquilé un taxi a un croata rubio, con el pelo cortado a cepillo. Era macizo, blanco, lechoso de
piel y aunque no me lo pudiese creer, no hablaba ninguna otra
lengua que no fuese el eslavo. Se llamaba Gorá.

Emprendimos camino siguiendo los camiones de la UN-
PROFOR, atravesamos montañas de piedras gigantescas. Osto-
jic, el poeta eslavo, ya le había cantado así a su patria:

> *Piedra.*
> *Piedra sobre piedra.*
> *Todo alrededor la piedra.*
> *La Historia que todo lo cambia*
> *Se rinde ante la piedra.*
> *Sobre la piedra se nace.*
> *Sobre la piedra se vive.*
> *Bajo la piedra reposan los antepasados.*

Atravesamos paisajes de ensueño y pueblos destruidos, casas
quemadas y, en medio de la nieve, un cerezo en flor o un manza-
no se empeñaban en demostrar la tozudez de la vida, la determinación de continuar su cometido sublime. Una cabrita blanca seguía y empujaba con la lengua a un cabrito negro azabache, quién
sabe por qué curiosa broma de la genética. Me hubiese gustado
adoptar a ambos. Recordé cuando tantos años atrás, en Marbella,
durante nuestra luna de miel con el Fantasma, mientras volvíamos al hotel, embriagados por el olor de los jazmines, con el cielo repleto de estrellas como si no bastase con el perfume, escu-
chamos en el silencio el lamento desgarrador de un asno. Allí
estaba, a la luz de la luna gritando en la noche, su necesidad de
una compañera.

El Amado Fantasma me dijo:

—No te prives, mi amor. No vamos a dejar el asno aquí solo
y abandonado y pidiendo a los rebuznos una novia. Nos lo lleva-

mos a casa, quitamos el piano de cola y puede vivir cómodamente en el salón.

Me entró como entonces la risa, el Fantasma aparecía en cada recodo del camino.

Medjugorge no había sido tocada por la guerra, pese a encontrarse a escasos kilómetros de Mostar, en donde había comenzado el conflicto de los Balcanes. Bajé a la plaza principal, donde se encontraba la basílica terminada en 1969. Una explanada enorme delante de la misma demostraba que los bosnios en Medjugorge habían hecho las cosas a lo grande.

A los pies del monte Krizevac, en la localidad de Podbrdo, varias cruces recordaban a los peregrinos que se acercaban a rezar allí que en ese preciso lugar habían comenzado las apariciones de la Virgen María. En la explanada, otra cruz de notables dimensiones ponía el acento sobre el mismo hecho. Comencé a tomar fotografías. Cuatro o cinco peregrinos rezaban profundamente concentrados en su diálogo con Dios.

Cuando cargué por cuarta vez la cámara fotográfica, soldados disponibles posaron para la posteridad con la basílica como fondo. De repente, pensé: ¿Por qué motivo estoy fotografiando un páramo desierto, con cuatro desgraciados rezando? ¡Qué manía de derrochar película!

Más tarde supe que esa era la hora en que solía aparecer la Virgen.

En la sacristía de la capilla, un casita pequeña de piedra y ubicada en la explanada, enfrente mismo de la basílica, vivía el padre Slavsko Barbaric.

Delgado como un asceta, de largos y rizados cabellos oscuros, aparentaba ser más joven de lo que tal vez era, y de su presencia emanaba algo espiritual, un no sé qué profundo y misterioso, que despertaba respeto.

Comenzó su relato en la niñez de los videntes, cuando los seis empezaron a ver a la Virgen. Fueron perseguidos por el régimen de Tito. El sacerdote, por su apoyo a los pequeños, había conocido la dureza de la cárcel comunista. La policía intentaba que él confesase que había adiestrado a los seis para que contasen esa mentira, la coacción y las amenazas a Barbaric no funcionaron. Siguieron pruebas médicas a los niños para probar que estaban locos. Un tribunal eclesiástico les interrogó intentando encontrar contradicciones en los pequeños, pero eso tampoco ocurrió.

La casa de Vicka, en el centro del pueblo, tenía acceso por una empinada callejuela, angosta y de grandes piedras. El descenso hasta la humilde morada de la muchacha era casi vertical. Al llegar a Medjugorge, el mal tiempo no solo era malo, sino que amenazaba tormenta. En mitad de la bajada se desató el segundo diluvio universal. Identificar la casa no fue difícil, una fila de personas de todas las razas y estratos sociales estaba delante de su puerta.

Vicka, una joven fornida, auténtica campesina eslava, tenía las mejillas rojas, tal vez por el frío; su físico robusto se ponía en evidencia con un modestísimo traje azul de hechura casera. Desde lo alto de su humilde casa dijo cosas que hemos oído millones de veces. Habló del Viaje que había hecho con la Virgen al Infierno y al Paraíso; se me antojó pura ciencia ficción.

Esperé que se hubiesen marchado todos para hablar a solas con Vicka.

Una estatua de la Virgen presidía el salón con el pavimento de terrazo.

La entrevista se presentaba difícil, ya que lo fácil era dejarse llevar por la ironía, la sospecha, la soberbia intelectual y la falta de respeto ante lo que debería ser sacrosanto: la fe de los demás.

—Todo empezó el 24 de junio de 1981 —dijo Vicka con voz clara—. Ivanka Ivankovic y Mirjana Dragicevic y los demás subimos hacia las cuatro de la tarde por las laderas del monte, detrás del pueblo, para conducir las ovejas a casa. De repente, ante Ivanka se presentó una figura luminosa y ella dijo, de manera espontánea: «¡Oh! ¡He aquí la Virgen!». «¿Cómo que la Virgen?» le respondió asombrada Mirjana. Éramos seis, además de Mirjana e Ivanka estaban Milka Pavlovic, Ivan Dragicevic e Ivan Ivankovic. Levantamos la vista y todos pudimos verla. Asombrados, nerviosos, sin poder abrir la boca, huimos montaña abajo. Contábamos a los campesinos que nos encontramos por el camino: «¡Hemos visto a la Virgen!» «¡Hemos visto a la Virgen!». Nuestros paisanos nos tomaban el pelo: «¡Sí! ¡Sí! ¿Estáis seguros de no haber visto un fantasma? ¿O un platillo volante?». De más está decir que esa noche ninguno de nosotros durmió esperando el día siguiente, para volver a subir al día siguiente…

—¿Érais los mismos del día anterior?

—No. A Milka la madre le impidió salir porque la necesitaba en casa y le dijo: «Creo que con que vaya tu hermana Marija es más que suficiente». Tampoco vino Ivan Ivankovic ya que dijo que él no quería mezclarse con niños. Vino en cambio Jacov Colo, que era el más pequeño de todos. Ese segundo día recibimos una señal que fue vista por todo el pueblo: un fuerte relámpago unió por un instante el cielo y la tierra, pese a ser un día soleado y ausente de nubes. El relámpago era de una rara luminosidad. Mientras estábamos subiendo vimos a la Virgen, que nos hacía señas de acercarnos. Corrimos sin preocuparnos de las piedras y los cardos espinosos que nos arañaron las piernas. Delante de la Virgen nos arrodillamos a sus pies y llorando, empezamos a rezar.

—¿Cómo sabes que era la Virgen?

—Por cuadros vistos en las iglesias, porque dicen que la Virgen es la mujer más bella de todas las mujeres. La aparición tenía una corona con doce estrellas sobre la cabeza, por eso nosotros pensamos que era la Madonna. Dije a Mirjana: «¿Ves a la Virgen?», y ella me respondió: «¡Venga ya! ¿Por qué la Virgen se nos iba a aparecer justo a nosotros?».

—¿Cómo es el aspecto de la Virgen?

—No lograré nunca encontrar las palabras para describir su belleza, el color y la armonía de su rostro, así como su vestido, ¡tan bello! talmente extraordinario que supera cualquier comparación en esta Tierra. Sus cabellos son negros, levemente ondulados, le caen hasta casi tocar los hombros, los ojos son celestes. La figura estilizada, con una túnica...

—¿Griega? —pregunto con un dejo de ironía...

—Blanca —responde Vicka—, y lleva sobre la misma un manto celeste. Es estupenda, quisiera mirarla siempre. Su voz es entrañable y armoniosa, parece un canto. En una de sus apariciones me llevó con Ella al Cielo.

Es demasiado, paso de la incredibilidad al estupor y a hacerme una serie de preguntas, mientras, Vicka continúa su relato.

—... a su casa. Me mostró también el Infierno...

—La ciencia moderna ha demostrado que en el Cielo no hay nada...

Estaba diciendo una tontería mayúscula, en el mundo espiritual, en ese estado de comunión entre la conciencia individual y la conciencia universal, que efectivamente se había manifestado en Medjugorge, estaba Todo y allí se encontraban todas las respuestas.

—¿Y cuál fue el mensaje de la Virgen para la humanidad?

—Ella decía: Rezad, reconciliaos y ayunad.

Esas palabras en 1981 no tenían sentido, diez años más tarde, sí. Se ha rezado más que nunca por los muertos, se ha ayunado a la fuerza, porque la guerra impidió trabajar los campos y producir, la reconciliación, después de tantos muertos, es obligatoria.

Dejo la casa de Vicka con el corazón a flor de piel. Mientras subo por la callejuela empinada, bajo una lluvia torrencial, me hago preguntas destinadas a no tener respuesta.

¿Quién es esa aparición? ¿Por qué tiene semblanza humana? ¿Por qué es tan guapa y su voz parece un canto? ¿Por qué el espíritu universal, la conciencia inteligente del cosmos, ha querido advertir a los hombres de la guerra? ¿Esta se podía haber evitado? ¿Por qué cuentan los videntes que cuando una de las quince mil personas que esperaban su aparición en el monte pronunció una imprecación ella hizo un gesto de dolor? ¿Por qué la madre de Cristo, que fue crucificado, habiendo ella asumido la más infame de las injusticias en carne propia, o lo que es lo mismo, en la carne de su propio hijo, tiene un gesto de dolor por algo tan nimio? ¿Es que ella conserva el ego y es verdaderamente, aun en esa realidad que no vemos, la muchacha nacida en Jerusalén, la del destino trágico y sublime? ¿Cómo es posible que la Reina de la Paz, la estrella matutina, el auxilio de los moribundos se descomponga o sufra por una palabra soez o vulgar? La madre de Dios, que a través de su hijo absorbe toda la maldad del mundo, la iniquidad, la violencia, el terror, los crímenes más atroces, las depravaciones más inicuas. ¿Es que esa figura de luz no es más que una representación del Guía, que muestra la belleza que nos impacta, la voz suave que nos enamora y la voz disidente que nos ofende? ¿Es un mensaje para que nosotros, gentes de corazón simple o corazón diabólico, sepamos cuál es el camino que hay que seguir? Algo me decía que ese misterio tan anhelado de conocer era más simple de lo que pensábamos, que estaba al alcance de la mano. Y lo que sigue es lo que escribí entonces:

«La basílica de Medjugorge está llena a rebosar. Una monja pierde completamente los papeles y empuja a los peregrinos y los maltrata de palabra y obra. Ellos han venido de todas partes del mundo para ver casarse a Jacov Colo con Analiza Barozzi, la bellísima muchacha italiana. (...)» Y en mi corazón empieza a insinuarse una certidumbre: tendré el privilegio de ver a la Virgen María. ¿Por qué si no, estoy aquí? Nada sucede por casualidad, mi corazón está por provocar el milagro. Me concentro en los haces de luz que despiden los focos de iluminación de las cámaras de vídeo caseras, que filman el evento mientras yo hago lo mismo. Aparecerá de un minuto a otro, tal vez la vea solo yo o quizá todos los presentes. (…) El padre Slavsko Barbaric, el representante del Guía, en los principios del milagro, inicia el rito diciendo: «Dios, te pedimos perdón por todos los pecados, contra la vida y contra el amor».

«La música invade el templo, parece que invitase a una aparición. Todos con el corazón en la garganta, de frente a estos dos adolescentes enamorados esperamos el milagro: que Ella aparezca justo allí, en el altar mayor, con su túnica blanca y su manto celeste, los pies envueltos en nubes grises, la cara divina de ojos azul claro. Una presencia visible para todos, creyentes o no, un cambio de dirección radical, en los diseños celestiales.

»Cuando los músicos entonan el Ave María, la emoción en la iglesia se puede tocar, fuera se desencadena más fuerte la tempestad, y también dentro de cada uno de nosotros».

»Analiza y Jacov se casaron el día de Resurrección durante la Pascua, mientras haya jóvenes como ellos en Bosnia-Herzegovina, la esperanza continuará agazapada para dar el salto y reinar como único sentimiento».

Giulia Stocchero, la madre de Analiza, con la que continué en contacto después de la boda, me ha contado cosas sobre la guerra que dejan mudo:

—Un general croata dio orden de arrasar Medjugorge, empezando por la basílica. Salieron los aviones un día espléndido de sol y cuando sobrevolaban la iglesia, una espesa capa de niebla cubrió el pueblo entero y tuvieron que volver por falta de visibilidad. No bien abandonaron la misión, el sol volvió a adueñarse del cielo. El capitán que estaba al mando volvió atrás y la niebla volvió a hacer desaparecer Medjugorge. Descargó una bomba a ciegas. Cayó en la explanada de la basílica y no explotó. El piloto se ha convertido, ha regresado a Medjugorge como peregrino, nunca más se ha vuelto a saber de él.

»¿La bomba? Está apoyada en el altar mayor, a los pies de la Virgen como homenaje a la gracia concedida.»

Tal vez por la espera de algo que no se realizó, la boda de Jacov y Analiza fue inolvidable. Recuerdo haber esperado hasta el final, con un alerta en cada vello de mi piel, pero no pasó nada más que lo que pasa en toda ceremonia: cantos, emoción, serenidad y una pulsión de esperanza, sostenida por el amor. La figura de luz no se había dejado ver por ninguno de los presentes, excepto Jacov Colo. La Señora ocupó ese día, con todos los derechos, el lugar de la madre del joven, muerta cuando este era aún un niño. Ella lo guió hasta que nacieron los primeros hijos de la pareja. Cuando anunció a Jacov que ya no vendría todos los días, sino solo el día de Navidad, Jacov ayunó, rezó noche y día, lloró desesperado, confiando en una nueva aparición, hasta que comprendió que así debía ser. De todos modos, él ya no estaba solo.

¿Es esta una Misión? ¿Forma la Señora del Cielo, en la doctrina cristiana, a los niños más desamparados, para que estos eleven la espiritualidad del mundo? ¿Para formar un ejército de combatientes de la Luz contra los guerreros de las sombras? Podría ser...

Al abandonar Medjugorge el cielo estaba encapotado, y yo me obstinaba aún en ver la aparición de la Virgen entre las nubes, meditaba con los dedos apretándome las sienes, con la vista fija en el reloj.

La primera vez la Virgen había aparecido a las cuatro de la tarde.

Transcurrieron dos horas de espera con el alma en vilo. Los rayos del sol asomaban entre los nubarrones cargados de lluvia. ¡Ha llegado! ¡Ahora! ¡Este es el momento! Mi imaginación provocaba falsas alarmas y delirantes expectativas.

La tormenta quedó atrás, y la costa, con un mar color turquesa, me devolvió la sonrisa. En un cielo límpido y azul, había comenzado la ceremonia de la puesta del sol.

Me dije: «Analicemos un poco esta cuestión. ¿Por qué motivo habría de aparecérseme a mí la Virgen? Solo una enferma mental, una cínica, podía imaginar una eventualidad semejante. Era un pecadora, con conciencia de serlo, me regodeaba en las faltas, chapoteaba feliz y satisfecha de mí misma, en las alcantarillas. ¿Qué tengo yo que ver con la Santidad o con nada que se le parezca?».

Llegamos a Split sin novedad. Un piloto de las líneas croatas me cobró cien dólares para llevar a Ancona los rollos con las fotografías, uno de ellos aún no estaba terminado, así que lo dejé en la máquina.

El capitán Monard me colocó en la lista del primer avión que salía hacia Sarajevo. Llegamos sin mayores problemas. O por lo menos, eso parecía...

TERCERA PARTE

XV

LA COMPAÑERA DE VIAJE

Preguntitas

¿Y si hoy estalla la guerra?
¿Para qué? ¿Para que quede claro
que el petróleo no se toca
y que Saddam no puede hacer al Kuwait,
lo que Bush hizo a Panamá y Gorbachov a Lituania?
¿Para que Israel pueda seguir haciendo a Palestina
lo que Hitler hizo a los judíos?
¿Para que el mundo pueda gastar en armamento
dos millones de dólares por minuto,
ahora que se acabó la guerra fría?
¿Y si un día de estos,
estalle o no estalle la guerra, estallase el mundo,
el mundo convertido en arsenal y cuartel?
¿Quién ha entregado el destino de la Humanidad
a un puñado de locos, asesinos y matones?
¿Quien quedará vivo
para decir que este crimen de ellos
ha sido un suicidio nuestro?

Eduardo Galeano

Dentro del carro armado que me llevaba al centro de información
donde habría de coger algún blindado para llegar al Holiday Inn,
no se veía el exterior. Solo una pequeña fisura permitía colarse un

poco de luz y ofrecía una imagen desoladora de lo que había fuera.

Lo bueno de la nieve es que cubría el desastre con un manto blanco que ocultaba los rastros de los incendios, las ventanas que habían perdido el vidrio, el marco y la contraventana, los árboles quemados o decapitados, los campos arrasados, perros, caballos, vacas, animales con un destino común, congelados en la muerte. Cada uno con su vestido piadoso que respetaba la forma original.

Desolación, silencio y el olor dulzón, casi imperceptible, atenuado pero presente en el aire de la carroña.

¿Lo olía de verdad o era mi imaginación acostumbrada a buscar casi con sadismo el aliento familiar de la guerra? El enfado de Dios daba una respuesta contundente a nuestra incapacidad de negociar la convivencia y envenenaba el aire, corrompiendo a toda velocidad los cuerpos muertos por dentro. No importaban los catorce grados bajo cero, no, el aire estaría contaminado durante mucho tiempo. Yo llevaría siempre el olor putrefacto de nuestras acciones. La venganza del cosmos era sutil y aún huelo la muerte en el aire.

Cuando bajamos, saltando desde lo alto del tanque de combate al suelo, otro olor distinto atropelló mis narices e invadió el cuerpo entero. A explosivo y cenizas, a destrucción, sangre y tortura. A uranio empobrecido y a bombas de fragmentación. A dolor e injusticia. Fue Oriana Fallacci la primera que dijo que las armas químicas usadas en la Guerra del Golfo le habían dejado de regalo un cáncer. Los demás periodistas nos reíamos sin creerla. Y yo, ciega de soberbia, había hecho un comentario despectivo: «Oriana, con tal de ser protagonista, logra ser la única periodista víctima del uranio empobrecido».

Si los talibanes me hubiesen hecho el enorme favor de cortarme la lengua, no solo me estarían haciendo un favor personal, sino una obra de bien. Oriana intuyó desde el principio que estaba enfermando de algo grave.

En Kuwait, cuando nos llevaban como ovejas para mostrarnos los muertos, fue también ella la primera que dijo ante la rabia de nuestro anfitrión:

—¡Nos está paseando por la ciudad mostrándonos siempre el mismo muerto!

La respuesta del guía no es publicable.

Volví al presente con una mala noticia, en el centro de información no había ningún blindado, pero sí dos periodistas de una agencia de noticias francesa que tenían un coche destartalado y que se ofrecieron solidarios a acompañarme al Holiday Inn.

Al pasar por la calle principal, los francotiradores empezaron a disparar al coche. Dentro de este yo no sentía nada, ni angustia, ni sensación de peligro, ni la tensión que produce el estado de alerta. No sentía miedo y eso me daba una sensación de invulnerabilidad estupenda. Me parecía un juego divertido y pensé: «Mira estos, se aburren, inventan un juego y nos disparan pelotas de tenis».

Así sonaban las balas al entrar en la parte delantera de la carrocería del coche; por lo menos siete dieron en el blanco. Comenzó a detenerse lentamente, como si el motor se hubiese roto, lo hizo en medio del esqueleto de dos rascacielos semidestruidos. Vimos gente arrastrándose hacia nosotros, que nos hacían señas para que saliésemos arrastrándonos como ellos. Escapamos a ras del suelo, siguiéndoles como atemorizadas lagartijas, intentando alejarnos lo más posible del peligro.

Los habitantes de Sarajevo conocían al dedillo las calles seguras y la ubicación exacta donde se escondían los verdugos. Ese conocimiento les había costado caro, la muerte, hasta el momento, de decenas de miles de personas.

Los franceses preocupados, se preguntaban: «¿Y ahora qué? ¿Cómo podremos continuar trabajando? ¿Habrá un modo de traer un mecánico para intentar recuperar el coche? ¿Qué mecánico se atreve en el frente serbio?».

Comenté en voz alta:

—Es sorprendente que el motor no haya explotado.

—El motor estaba detrás —respondió uno de ellos—. Si no hubiese sido así ahora no estaríamos hablando…

La oficina del presidente Itzebegovich se encuentra en el centro de Sarajevo; es vetusta, sucia y triste, pienso, mientras espero junto a Paul Marchand, un joven francés, periodista, guionista de una película inolvidable sobre su secuestro en el Líbano, a manos de integristas fundamentalistas islámicos y corresponsal de la Radio Nacional. Paul es joven, judío, prepotente, obseso sexual pero, sobre todas las cosas, derrocha valor. Es delgado y moreno, aunque de piel muy blanca, hace tanto al amor que pienso que un día de estos el sida le dará un disgusto, porque no hace el más mínimo proceso selectivo.

Una noche olvidé con el pánico la linterna que obligatoriamente debemos llevar colgada del cuello. Días después subía la escalera y Paul venía detrás.

—He tenido una idea —dijo.

—¿Cuál? —pregunté, esperando alguna guarrería.

—Adoraría meterte una vela por el culo —comentó en francés.

No me horroricé, pero después del incidente, las velas eran para mí sagradas.

—No jodamos con las cosas serias —le dije riendo.

Bosnia-Herzegovina, uno de esos pequeños países que formaron la ex Yugoslavia, declaró su independencia en marzo de 1992. Croacia y Eslovenia, separadas de la federación, lo hicieron en junio de 1991, y Macedonia en noviembre del mismo año. Kosovo pretendía como los otros la independencia.

Francia y Alemania corrieron raudas y veloces para reconocer los nuevos «estados» y así otorgarles legitimidad, mientras los palestinos llevaban cincuenta años muriendo por recuperar el Estado que había sido suyo y de donde Occidente intentaba expulsarlos violando acuerdos internacionales ya firmados y todas las disposiciones del Consejo de Seguridad de Naciones Unidas.

¿Por qué? ¿Acaso fue un lavado de conciencia occidental, que cerró ojos y oídos ante el holocausto de los hebreos, porque, tal vez, alguno de ellos, rico y poderoso, tenía intereses en las fábricas de armas?

Una pregunta malvada se abrió paso en mi conciencia: ¿Habrían muerto en los campos de concentración solo familias de judíos pobres? Los ricos podían pagar su libertad.

Mi cerebro, que no cesa nunca de conversar, se distrajo cuando sentí los ojos de alguien sobre mí, cálidos, entrañables, así como su sonrisa.

Estaba apoyado en la pared, delgado, con una camisa negra y un vaquero del mismo color. El corazón me cambió de sitio, había comenzado a interpretar los mensajes del Fantasma. La voz de alerta prevaleció sobre todo lo demás, su sonrisa nostálgica me instaba a salir de allí, por piernas.

—Salgamos —dije. Y Paul indiferente—. Paul, por favor. Es urgente que dejemos este lugar, no es justo perder la vida por una entrevista.

Paul se puso de pie, mientras yo ya estaba bajando las escaleras del Palacio Presidencial a la carrera. Al llegar a la esquina, una fuerte explosión hizo temblar el barrio entero. Volvimos la vista atrás, en el segundo piso, en donde habíamos estado hacía pocos minutos, lenguas de fuego y humo lamían la piedra antigua y elaborada de la fachada. Por allí, entraron dos granadas que provocaron la explosión y el incendio.

—Me debes la vida —le dije a Paul sonriendo.

—Eres una pitonisa de primera. Como aquí no dispara nunca nadie…

—Por lo menos adiviné el momento exacto y el lugar.

No logré vencer el escepticismo de Paul acerca de mi intuición.

¿Por qué el Amado se obstinaba en que conservase la vida, cuando él se había evaporado en la nada? ¿Era esa una prueba de amor? ¿En dónde se encontraba, para conocer minutos antes mis situaciones de peligro? ¿Por qué no me quedé con él, para finalmente aclararnos? ¿Para compartir el peligro y desaparecer juntos después? ¿Por qué insistía en protegerme pero me mantenía lejos?

¿Hacia dónde se había dirigido el Fantasma cuando la explosión? Solo podía existir una respuesta: a la realidad cuántica, el misterioso *minestrone* que está fuera de nuestra percepción objetiva.

Elucubraba en las sombras y tiritaba de frío, sin poder dormir por los francotiradores. La habitación helada del Holiday Inn y la soledad eran propicias para hacer el balance de todo lo que había vivido en setenta y dos horas. Había estado en Medjugorge, asistido a una boda, *NO SE ME HABÍA APARECIDO LA VIRGEN*, había arruinando la mayor exclusiva a la que pudiese aspirar un periodista (lo que me parecía una injusticia celestial) y había estado a punto de morir dos veces.

Tuve aún dos años de ceguera, sin percibir durante ese tiempo que Ella, la no aparecida, había sido sin el más mínimo resquicio de duda mi compañera de viaje.

Llegó la Navidad y el Año Nuevo. *Stretna nova gorina*, ¡Feliz Año Nuevo!, dicen los habitantes de Sarajevo. Nunca pronuncio esa frase, me da la impresión de que trae mala suerte. Desde que el Amado Fantasma desapareció de mi vida no volví a festejar ninguna fiesta que tuviese que ver con la familia. Ni Navidad, ni Pascua. Desaparecido el Amado, esos festejos me producen una nostalgia imposible de soportar. Desde el fondo del corazón hablo con él y a él sí, me dirijo y con todo el corazón le deseo:

—Feliz Año Nuevo, amor mío, dondequiera que estés.

Elevo la copa de champán o de cava, depende de la disponibilidad económica, y agrego:

—Hasta el próximo encuentro, vida mía.

Y me quedo allí, a la espera del momento mágico que me lo devuelva, aunque sea un instante, en el devenir de mi existencia.

Después de las fiestas el hotel quedó vacío. Todos los corresponsales volvieron a casa.

La guerra de los Balcanes, al llevar años de conflictos, ya no interesaba a nadie, solo en ocasiones especiales el mundo se asomaba al estercolero, al agujero negro, para ver cómo los bosnios seguían enterrando a sus muertos. Cómo los adultos enloquecían y los niños se desarrollaban sin esperanzas. La población entera de Sarajevo ya no huía como loca para evitar los disparos en la frente de los francotiradores serbios, les daba igual. Tal vez fuese mejor la muerte, la huésped siempre inoportuna, que vivir escondidos como ratas, huyendo el día entero ante el peligro y alimentándose de la caridad internacional.

La ciudad estaba constituida por una población de delgados, habían perdido entre diez y veinte kilos. Tenían el caminar de los zombis, aunque intentasen hacer una vida normal. Se juntaban para compartir una pizza a la luz de las velas y casi todos soñaban con escapar. No, casi todos no. Había muchos que hubieran querido quedarse aún delante de una amenaza nuclear, a defender sus raíces, su historia, su religión. Poderosas razones por las cuales el hombre muere a mansalva en todas partes.

Sbrenica había caído y era casi obvio que a Sarajevo le quedaban segundos.

Los serbios se encontraban a cinco kilómetros. La OTAN amenazaba con intervenir.

Estaba escribiendo en mi habitación a oscuras, a la exigua luz de una vela, que hubiera hecho las delicias de Paul, cuando escuché unos nudillos que golpeaban a mi puerta. Uno de mis «confidentes» parecía muy alterado por lo que tenía para contarme, una historia aterradora.

Un joven musulmán había sido capturado por los «cetnics». Le habían cortado los testículos, arrancado los ojos, cortado un brazo y un pie y *vivía*. Hartos de sangre sus torturadores se retiraron a dormir, sueños tal vez visitados por los gritos de dolor, espanto y terror de su víctima. Este tuvo aún la fuerza de arrojarse desde lo alto del monte abajo, rodando por la nieve.

Un blindado de la ONU lo recogió en estado casi de congelación. Fue el frío seguramente el que congeló sus hemorragias y el instinto de conservación hizo el resto.

Mi «confidente» y yo pasamos Dobrinja devastada con destino al aeropuerto. Cuando llegamos allí, en una camilla, el sobreviviente por designio divino tenía los ojos vendados. Lo estaban embarcando en un helicóptero de las Fuerzas Armadas Italianas para llevarlo al hospital de Ancona.

Su padre, un anciano que más parecía su abuelo, se había reducido por el dolor y la pena. Acompañaba en silencio las sombras ya eternas de su hijo, que lo llamaba en italiano: «*Babbo, Babbo…*»

Regresé a Sarajevo, escribí la crónica entre lágrimas y la pasé por el satélite. Cuando bajé a mi habitación, en ese hotel desierto, completamente a oscuras, con la linterna que iluminaba mis pasos y poco más, tuve de repente la sensación de que avanzaba en las sombras de mi tumba. Si Sarajevo caía, los serbios se abrirían paso por las calles del Holiday Inn, que era la parte más desprotegida de la ciudad. Y gente que había reservado un tratamiento como el que había tenido oportunidad de ver en el joven que ya estaría en Ancona ¿iba, tal vez, a permitir que una periodista, la única en ese momento en la ciudad, contase al mundo los desmanes del invasor? Ciertamente no.

Pero a esa hora de la noche no podía hacer nada. Coloqué una vez más el colchón en la ventana, para tapar el agujero de una granada. Ya acostada en el suelo completamente vestida sobre la moqueta y unas mantas, el ruido de las explosiones del fuego de mortero hacía imposible el sueño. La UNPROFOR nos había proporcionado un plástico grueso para sustituir el cristal, mas yo pensaba que con la barrera de la colchoneta, el frío encontraría más obstáculos para hacerse dueño y señor de la habitación. Me equivocaba.

Envuelta con las mantas la nariz era la única cosa al descubierto, pero esta se congelaba y si la cubría, era imposible respirar. Imagino que me dormí en algún momento. Nunca supe exactamente qué es el sueño, si es una tregua o el abandono momentáneo de este cuerpo, para viajar en libertad fuera de esta prisión designada.

En ese viaje, el Amado Fantasma y yo estábamos en lo alto de una montaña. En medio de un espacio abierto nevado había un piano negro de cola; él llevaba el frac que usaba en los conciertos memorables. Las Bodas de Plata de la Royal Philarmonic Orchestra, el festival de Aciago con La Fenice de Venecia y la Filarmonía de Berlín. Yo llevaba tacones altos y medias de seda, sentía un frío atroz y temía congelarme, un pastor alemán corría enloquecido entre la nieve. Él se sentó al piano y comenzó a tocar el *Concierto nº 1* de Rachmaninov. Pero el frío me impedía gozar de la música, del paisaje de ensueño, de las evoluciones del cachorro de pastor alemán, de la soberbia labor de Dios al crear el paisaje que nos rodeaba. La idea de llevarlo allí había sido de un gran director y productor televisivo argentino...

Un filo de luz grisáceo se colaba en la parte de la ventana que el colchón no cubría, una explosión bestial hizo temblar lo que quedaba en pie del edificio. Comprendí al instante tres cosas: no estaba en lo alto de una montaña escuchando al Amado Fantasma tocar en el piano el *Concierto nº 1*, la ofensiva serbia era inminente y por último, yo había decidido huir como fuese.

«¡No me importa nada de nadie! ¡Quiero vivir, escapar de este delirio, de esta sinrazón, de esta mugre, del hambre, del sufrimiento inhumano, del frío polar!» Arrojé temblando de miedo en mi mochila los cuatro trapos que había traído, me abroché las hebillas del chaleco antibalas, estrechándolas contra mi cuerpo de modo que ambos formasen una simbiosis, me puse el casco, cogí el ordenador portátil y bajé a pagar la cuenta del hotel. Cosa que muchos de mis compañeros no hicieron, en particular un «héroe» que tiene prohibida la entrada en Irak, no por razones políticas como quiere hacer creer él, sino por ser un chorizo, que roba a un país en la miseria. (El innombrable, que encima denuncia a sus colegas como espías, porque es consciente de que no puede enfrentarse a la competencia de otros y otras, ya que con sus modestos méritos sabe que no está a la altura de conseguir una entrevista, ni siquiera con el conserje del Ministerio de Defensa.)

En ese momento, Mirsha subía las escaleras hacia el primer piso.

Mirsha era una obra de arte de la naturaleza. Serbio, casado con una musulmana, trabajaba para los periodistas con un único objetivo, ahorrar dinero para escapar de la ciudad sitiada. En ese momento su cara era una mezcla de expresiones: preocupación, había pasado al lado de la granada que acababa de destrozar aún más el hall del Holiday Inn, y alegría, por la noticia de la cual era portador.

—Han confirmado tu entrevista exclusiva con Alia Itzebegovich, a las doce del mediodía de hoy.

Esa frase era la única que podía detenerme en mi histérica fuga de Sarajevo. Otra explosión hizo temblar por segunda vez el edificio, Mirsha dio un salto involuntario y vi una expresión de terror estampársele en la cara.

Los dos años de duración del conflicto no habían conseguido que el joven se habituase al sonido de la devastación, a los coros exacerbados que anunciaban con hosannas, la muerte. En un segundo puse en una balanza la posibilidad de realizar la entrevista que perseguía desde hacía meses, en el otro platillo coloqué ese sentimiento nuevo e irreversible de no querer permanecer ni un segundo más en un país en guerra.

El sentimiento de asco prevaleció.

¡Basta ya de ser el mensajero de malos augurios y dar aún más publicidad a los criminales, que se escondían detrás de reglas democráticas pisoteadas mil veces! No al doble rasero de la interpretación de la justicia. No al nuevo orden internacional que no era otra cosa que la apología del viejo, cínico, vergonzante desorden internacional de siempre.

Además, estoy segura de que no existía persona alguna en Sarajevo con más miedo que yo. Un terror cegador, total. Y no me avergonzaba, porque mi desprecio por los que eran incapaces de discutir sus problemas de convivencia en forma civilizada, era irreversible.

¿Cómo puedes contar o escribir sobre algo que te repugna? ¿Y por y para qué, si en primer lugar será censurado y si no lo es, quien lo lea se indignará contigo y escribirá cartas al director rezumando odio y amenazas de todo tipo, porque conoce la otra versión, la publicitada, la vendida como buena?

La cínica y mentirosa de los vencedores.

He visto a muchos enviados escondidos debajo de las camas de sus habitaciones, que mandaban a los habitantes del lugar a que les contasen las noticias que se oían en las radios locales. Para pasar después esas mismas noticias como exclusivas conseguidas en el frente.

Dije, sin asombrarme de mis palabras:

—No aguanto más. Me marcho.

Estaba en un estado de tensión tan grande que no recuerdo cómo me despedí de Mirsha, ni si le dije siquiera que volvería, dejé olvidada además la cédula de identidad en la mesa de entrada (que me devolvieron cuando regresé, un mes más tarde).

En la recepción, la mujer estaba llorando. Pregunté a uno de los empleados qué le había sucedido y me respondió: «*Her sister... she is gone*».

—Ya volverá, ¿no? —respondí negándome a entender el sentido de lo que me decía. Sabía perfectamente lo que quería decir «irse» en un país en guerra, donde la palabra muerte había sido abolida del diccionario y eliminada de las conversaciones.

Corrí hacia uno de los conductores que aparcaban permanentemente delante de la puerta de servicio y que me había acompañado muchas mañanas. Le grité:

—¿Cuánto por llevarme hasta el aeropuerto?

—Cien dólares —respondió.

—Es demasiado.

Concluí, según mi costumbre de defender el dinero de mis editores. Me volví mientras el bombardeo comenzaba a arreciar y el hombre corría al refugio. Entonces me detuve en seco, ¿cómo que es demasiado? ¿Cuánto vale mi vida?

—¡Eh! ¡Eh! —grité—. ¡Espere!

Recogí mi bolsa y salimos. Nos tropezamos casi con la hermana de la recepcionista, muerta. La nieve a su alrededor estaba manchada de sangre.

Había sido asesinada de un tiro certero en la nuca. Noté con pesar la belleza de esa cabeza rubia... No había tiempo ni había lugar para sentimentalismos, ni para rezar, ni llorar por nadie.

Yo quería una sola cosa y la quería más que ninguna otra: escapar y vivir.

Aceleramos el paso hacia el coche, tiré la bolsa y, después de pagarle, partimos a toda velocidad. No habíamos recorrido ni quinientos metros cuando una patrulla nos detuvo. Revisaron los papeles del conductor, lo arrestaron y secuestraron el coche.

—No se preocupe, detendremos un camión o un blindado de Naciones Unidas para que la lleve al aeropuerto —intentó tranquilizarme el oficial.

—Nadie de Naciones Unidas se detendrá para recoger a un periodista, no quieren esa responsabilidad. (Solo había alguien en

Naciones Unidas, un ángel enmascarado en un hombre de nacionalidad italiana que se llamaba Andrea Angelli, capaz de ayudar a quien fuese y lo necesitase. El apellido de Andrea, traducido al español «Ángeles», al pensarlo ahora, tampoco era una casualidad.)

Me refugié en una barricada hecha con sacos de arena mientras llovía «fuego a discreción». Casi ningún blindado se detuvo, los que lo hicieron respondieron abiertamente que no podían asumir el compromiso de llevar a un periodista de la UE, con el peligro latente que significaba un bombardeo. Así que allí me quedé, decidiendo, por fin, que si no llegaba caminando hasta el centro de información, allí me quedaría para los restos o yo misma sería «restos» en cualquier instante. Muy desesperada debería de estar para emprender esa aventura demencial.

—Amado Fantasma, guíame —dije.

Y comencé a pie el recorrido que hacía cada día, en coche, para el *briefing* de prensa, sin detenerme.

El chaleco antibalas se hacía cada vez más pesado, el ordenador me rompía el hombro, atravesé un río sin nombre, ¿o era una vez más el Milwaka que se disfrazaba de arroyo estrecho o canal sin pretensiones? El ruido de las bombas me era casi indiferente, yo seguía caminando con una determinación: escapar de Sarajevo. Salvarme. Vivir.

Una familia de gatos y de perros me esperaba. El río Tíber enfrente de mi terraza en Roma y un paisaje majestuoso que había llevado dos mil años construir. Y Tirreno y mi jardín. Y cruzando el océano, una niña que crecía a la velocidad del viento, mi sobrina Claudia. Mi hermano Miguel, la Negrita y la Rosa, sangre de mi sangre. Junquerita, todos y ¿por qué no? El Amado Fantasma.

Mis pies se hundían en la nieve y yo seguía sin parar, ciega y sorda a los disparos, al ruido de las explosiones del fuego de mortero, caminaba escuchando en mi corazón la *Suite Sudamericana* del Amado, con la certeza de ser incombustible, intocable, blindada e inmortal.

Además, mientras yo viviese no habría de perder la esperanza de reencontrarlo.

«Ave María, llena eres de gracia…».

Después de dos horas de marcha llegué al centro. El edificio de cemento se encontraba a mitad de camino entre Sarajevo y el aeropuerto, había que pasar un control y cumplido ese requisito, uno se adentraba en él, a través de una rampa.

Una vez arriba, la vista de Sarajevo, bellísima, te hacía olvidar la guerra. Y si la ciudad era deslumbrante en la nieve, sobre todo desde ese rincón, donde la devastación era menor, en primavera, aunque parezca una incongruencia, la naturaleza cantaba su amor y comunión con la vida, en un florecimiento histérico en medio de las ruinas, abrazaba los árboles quemados y los cubría de florecillas blancas, les brindaba a esas víctimas martirizadas, el frescor de sus hojas.

Tampoco era ese el momento justo ni el lugar para ensoñaciones románticas.

Toqué el timbre en la garita de la entrada. Un soldado francés que estaba de guardia asomó su cara de pocos amigos, y sin decirme una palabra, me señaló un cartel colocado en la pared de cinc, que no había visto hasta ese momento, porque se trataba de una orden de última hora.

«Por nuevas disposiciones del gobierno bosnio, todos los periodistas que quieran abandonar Sarajevo necesitarán un permiso especial de Presidencia.»

Estaba a punto de echarme a llorar, mi azaroso viaje a pie entre la nieve y bombas y granadas había sido inútil. Debía volver a Sarajevo, al centro de la ciudad para obtener el permiso de salida. Antes muerta.

Rogué al soldado que me dejase pasar para protegerme detrás de los sacos de arena. Él, completamente histérico, tal vez por encontrarse en un sitio donde era un blanco seguro de los serbios, me gritó, fuera de sí:

—*Si vous n'avez pas le permis, vous n'entrerez pas ici, jamais!*

Me alejé para no darle la satisfacción de ver mis lágrimas. El fuego arreciaba, yo temblando continuaba mi rosario a la Virgen, salpicado de comentarios personales: «Ayúdame una vez más, Madre mía. No quiero morir. Haz un milagro».

Y a mi Amado: «Protégeme Fantasma mío, ven a ayudarme dondequiera que estés».

Una granada sobrevoló los sacos de arena y explotó en el bar del centro. Agradecí a Dios que el soldado no me hubiese permitido pasar.

Stephan Zubelic era el único fotógrafo del mundo, tal vez por ser bosnio, que arriesgaba la vida corriendo todas las tardes a través de los francotiradores serbios para revelar sus fotografías. Él sostenía que sus fusiles no tenían suficiente fuerza para llegar hasta él. No era cierto, la verdad: no tenía otro sitio donde revelar sus carretes.

Alto, delgado como todos en Sarajevo, moreno y con algo más de veinte años, era un artista con una cámara en la mano.

Empezó su carrera a pocos metros de mí. Al pasar me gritó:

—¿Qué demonios haces aquí?

—Quiero largarme de Sarajevo, dile a Andrea Angelli, si le encuentras, que por favor venga a sacarme de este infierno.

Pensé injustamente que Stephan no me haría ese favor, aunque había pasado meses allí, aún no había entendido la dignidad y solidaridad de algunos de los habitantes de Bosnia-Herzegovina.

Vi morir pájaros que sobrevolaban la línea de tiro de los francotiradores, helada de frío, rezaba un rosario tras otro, sollozando, hasta que divisé una camioneta blanca con la UN en azul, Naciones Unidas me pareció la más bella de las palabras. Andrea aminoró la marcha y gritó:

—¡Sube! ¡Ahí eres un blanco perfecto!

Abrí la puerta del vehículo en marcha, tiré mi bolsa en la parte de atrás y lancé un suspiro de alivio.

—Dobrinja está sufriendo un bombardeo feroz y esta camioneta no es blindada. ¿Tienes miedo? —preguntó Andrea.

—Estaba peor donde me has recogido —respondí sintiéndome una vez más inmortal.

Llegamos al aeropuerto y partí en el último viaje antes de que se cerrasen los vuelos. Más tarde llegaría el bombardeo de la OTAN.

Arriba nos esperaba una tormenta. El movimiento del avión me hizo sentir como un bebé al que alguien meciera.

En el corto trayecto me dormí.

El Fantasma me sacudió diciendo:

—¿Dónde han puesto, en este lupanar de casa, mi camisa celeste a rayas? —estaba muy enfadado, pero yo más.

—No me despiertes así cuando estoy durmiendo y no sé ni dónde estoy, tampoco de dónde vuelvo…

Me desperté en el aeropuerto de Ancona. Mis bártulos, el ordenador portátil, el chaleco antibalas pesaban más que nunca.

¿O tal vez lo que más me pesaba eran mi pasado y los recuerdos?

Mis artículos sobre Bosnia salían en un diario italiano y en un semanario de actualidad. Miré lo que había salido para comprobar si (como a menudo) alguien había masacrado mi texto con los cortes.

La verdad, no demasiado.

XVI

LA MUERTE DE MARÍA

Al día siguiente debía viajar a Madrid. Me asustaba volver... Allí se concentraba la nostalgia por el Fantasma. Debía poner especial cuidado en no pasar por Arturo Soria, por allí se iba a El Olivar... y a su compañía discográfica. Había que estar lejos de Casa Gades, de Lucio, de Korynto, de Tattaglia, nuestros restaurantes favoritos.

Intenté borrar esos pensamientos que me desconcentraban. Era urgente terminar un artículo. Escuchaba a lo lejos el concierto de la naturaleza. Se oía nítido el rumor que Tirreno hacía, lanzándome mensajes que ahora no podía atender. Las ventanas estaban cerradas y el viento agitaba los pinos del jardín; tenía prisa por terminar ya que aún no había preparado la maleta.

El teléfono me quitó de esa ensoñación gloriosa, dentro de mí misma, en la cual me zambullo cuando escribo o cuando estoy en misa.

Una voz masculina, nunca oída antes, preguntó por mí.

—Sí, soy yo. ¿Dígame?

—Mi nombre no tiene importancia. La leo desde hace años y me gustaría saber quién era su fotógrafo en Bosnia-Herzegovina.

Ya está, pensé. Un exquisito que quiere quejarse por la pésima calidad de mis fotos.

Antes de que siguiera hablando le pedí disculpas.

—Le ruego que me perdone si las fotos no son gran cosa, no llevé fotógrafo a Bosnia. Y las tomé con una cámara para deficientes mentales, que lo hace todo ella, enfoca, ilumina, etc. La única que yo soy capaz de utilizar.

Era obvio que no tenía nada que hacer e insistió con algo que interpreté como un reproche pero que no lo era.

—Pero ¿usted ha visto lo que ha fotografiado?

—Pues... no lo sé, de todos modos le estoy pidiendo disculpas, lo siento, estoy muy ocupada...

—Espere... ¿Usted ha visto lo que ha fotografiado?

—Dígame lo que habría debido ver y acabamos antes.

—Ha fotografiado la aparición de la Virgen María...

¡Joder!, me dije, un borracho a estas horas de la mañana, es lo único que yo no necesito y justo hoy. Pero conservé la paciencia y agregué:

—Dígame el número de la revista y la fecha.

Mi archivo de números viejos está debajo de mi escritorio. Me agaché y encontré enseguida el ejemplar.

—Por favor, ¿recuerda la página del reportaje?

La abrí y el hombre me guiaba:

—¿Ve la cruz grande que está al principio?

—¿Cómo hago para no verla, si está en primer plano?

—¿Y la señora con el jersey blanco?

—Sí...

—Observe arriba en línea recta, sobre el árbol.

Alcé los ojos y como la mujer de Lot me quedé de piedra, en medio de las ramas había una figura delicada, con los cabellos negros, una túnica blanca, como me habían referido los videntes, y un manto celeste. Tenía las manos abiertas y los brazos cubiertos por la capa. Fue tan grande la impresión que no podía hablar.

—Estuve en Medjugorge, porque una señora amiga mía me señaló la fotografía con la Virgencita. Por eso no la llamé antes, pasó bastante tiempo antes de que yo pudiese viajar y comprobar si no habían colocado en ese árbol alguna estatua de la Virgen. Y efectivamente, allí no había nada.

—Dígame su nombre, por favor.

—La volveré a llamar.

Abandoné lo que estaba haciendo, llamé al padre Slavsko en Medjugorge, a la madre de Analiza, la esposa adolescente de Jacov Colo, a Asola. Al padre Barbaric le pedí que me fotografiase la explanada desde todos los ángulos posibles.

Bien, me dije cínicamente. Fin de la carrera. Una periodista que ha fotografiado la aparición de la Virgen ¿a que más puede ya aspirar?

Era obvio que ese inesperado descubrimiento traía implícito un mensaje pero ¿cuál? ¿Quería eso decir que estaba en gracia de Dios?

No me paré a pensar ni por un instante que, una vez concedida la gracia, viene la prueba.

Si existe en este mundo un estado permanente de gracia yo no he logrado conseguirlo y solo conozco una persona que posee ese privilegio: María Gracia.

Atardecía cuando sonó otra vez el teléfono.

Era mi agente literaria y amiga de toda la vida.

—¿Cómo van los preparativos para el viaje?

—Bien.

—Cuando estés aquí tengo que darte una mala noticia...

—Las malas noticias y las operaciones, cuanto antes pasan, mejor. Dime ahora lo que sea.

—Se trata de María...

El suelo comenzó a hundirse bajo mis pies.

María.

Era mi ahijada. Cuando me llamaba por teléfono usaba el apodo que ella consideraba adecuado: «Malqueda». Creo que era de las pocas personas en el mundo que se enorgullecía de mí. Evoqué su última llamada al periódico:

—Oye Malqueda, te quería contar que estoy escribiendo.

—¿Qué escribes, mi niña?

—Poesía.

No acogí con saltos de alegría su elección, por una razón fundamental: el mercado. Estaba por decirle: no fastidies, María, la poesía no vende, pero me callé. Yo llevaba oculto mi amor por ese género literario como si se tratase de una debilidad y una culpa. Y cuando quería sentirme feliz, comenzaba a recitar de memoria y a gritos los versos de Lope de Vega: *Fuenteovejuna*, *La dama boba*, *El caballero de Olmedo*, la *Mariana Pineda* de García Lorca...

—¿Cuántas llevas escritas?

—Unas cuarenta.

—Intenta llegar al doble y nos movemos para un libro...

Volví a la realidad.

—¿Qué le ha pasado a María? ¿Se ha escoñado con la moto? Le dije cien veces a su madre que no se la comprara...

—No, ha tenido un accidente con el coche.

—Dime rápido el número del hospital en donde está internada que la llamo enseguida.

Silencio.

—Hola. ¿Estás ahí? Dime el número del…

—Ha muerto.

Sí, sin duda se había vuelto loca. O estaba borracha aunque no bebía o se había inyectado una sobredosis de heroína en vena, pese a no drogarse.

—Pero no repitas esa barbaridad. ¿Estás delirando o qué?

Colgué y llamé a casa de María. El tono de voz en el «Diga» de su madre me confirmó la noticia.

María acababa de aprender a caminar. En el jardín de El Olivar yacía el Porsche Tapiro, un prototipo con el cual el Amado Fantasma había tenido un gravísimo accidente.

—María, no te acerques al coche, que hay avispas.

En sus primeros pasos, el coche al que no debía acercarse era su obsesión.

—María, por favor, no te acerques, que te va a picar una avispa…

María dio un grito y comenzó a llorar con la fuerza de sus dos años.

La cogí en brazos y las lágrimas recorrían sus mejillas y hacían aún más brillantes sus ojos celestes.

María feliz con tres años, probándose el vestido que el Amado Fantasma y yo habíamos elegido para ella en México. Era amarillo, bordado, con puntillas y festones y hacía juego con sus cabellos dorados.

A los siete años, las monjas le enseñaron manualidades. Vino a casa con un paquete.

—Lo he hecho yo misma —dijo con orgullo—. Es mi regalo para ti.

Lo abrí conmovida. Sobre un espejo con el marco rosa, celeste y oro, había un Snoopy pintado. El muñeco levantaba la pierna en el aire, en una pirueta y estaba calzado con patines para el hielo. Tenía un pantalón verde y una camisa rosa. En lo alto en letras muy grandes y en azul, la pequeña había escrito en inglés: *I love Isabel*. En vez de cerrar la frase con un punto, María usó para eso un corazón rosa sobre fondo blanco.

Si alguien me hubiese regalado un Van Gogh no me habría hecho tan feliz. Mi pequeña había estado trabajando para mí.

María cumplía dieciocho años, decidimos festejar esa fecha importante en el Corral de la Morería. Su madre, Sagrario, su tía Paquita y yo, contemplábamos mudas la belleza en la que nuestra niña se había convertido. Hacía un frío feroz, pero ella llevaba un top de cadenas y una minifalda que dejaba ver el ombligo. La juventud le había regalado un cuerpo maravilloso, el sol de Gandía había dejado impreso en su piel oro desvaído.

—Oye Malqueda, que ya he elegido lo que quiero ser: piloto de avión.

Empezó sus cursos en Miami, esos años fuera de casa la hicieron responsable y volvió cambiada.

María…

María muerta. No. No. No. Sollozaba sin poder parar y sentía partírseme el corazón. Ya había caído la noche y se me antojó que para mí no volvería a amanecer, o que el alba, que esperaba con ilusión todas las noches al acostarme como un milagro, me dejaría ya para siempre indiferente.

Cuando alguien joven muere se produce un derrumbe interior, ¿por qué ella y no yo? ¿Cómo se puede morir con veinte años? ¡Qué injusticia, Dios mío, Dios mío, qué injusticia!

Creía haber agotado el manantial de mis lágrimas. No fue así.

El avión salía a mediodía, me acerqué con los perros a Tirreno, cosa que hacía siempre antes de partir, no podía dejar de despedirme de él.

Tirreno estaba inmóvil, de una forma casi mágica y, sobre todo, no natural. Me acerqué a su caudal azul purísimo, no corría una gota de brisa. Imaginé ver en el cielo a la figura de Medjugorge, pero con largos cabellos rubios como los de mi niña, no morena como en la foto de Bosnia-Herzegovina. Imaginé a María con la Virgen a su lado y dentro de mí se extendieron una paz y serenidad que jamás había conocido. Estaba fuera del mundo y del tiempo, más allá de las lágrimas y la impotencia, me encontraba viviendo una experiencia de bienestar paradisíaco y supe que estaba mirando cara a cara el Jardín del Edén, ese que habíamos perdido al principio de la aventura humana. Cuando le conté a mi confesor ese hecho, me faltaban las palabras para explicarle lo que había experimentado… una paz… buscaba comparaciones, conceptos auxiliadores… Padre, una paz… él terminó la frase por mí: «Divina», dijo.

Sí, divina. Era eso y basta.

Después leí en su dormitorio algunas poesías:

«Tengo el pelo lleno de espinas, / estoy tendida en un campo desierto, / con los ojos abiertos contemplando el cielo. / Tengo miedo… quiero volver a casa.»

La violencia del impacto arrojó a María fuera del coche. Cuando la recogieron, tenía el pelo lleno de espinas, estaba tendida en un campo desierto mirando al cielo. Si tuvo miedo y quiso volver a casa, eso, no lo sabremos nunca.

Había descrito su muerte meses antes de que sucediera.

El mecanismo de tortura es siempre el mismo cuando pierdes a alguien que quieres con toda el alma.

La aparición de la Virgen María en mis fotos fue entrar en la gracia de Dios, sin dudarlo. Acostumbrarme a la ausencia de María fue la prueba.

Han pasado muchos años desde que nos dejó y con ellos, aunque parecía imposible, llegó también la resignación.

Al pisar Madrid, en uno de mis innumerables regresos, la primera llamada recibida fue la de Paca, mi amiga entrañable y tía de María. Me invitó a comer el domingo en casa de Sagrario, la madre de la pequeña.

Nada había cambiado desde la ausencia que marcó nuestras vidas. Solo había un miembro más, un papagayo llamado *Quico* a quien su familia anterior había defenestrado por charlatán. (No se termina de aprender sobre la intolerancia de los patrones de los animales, se deberían haber comprado un hámster y no un pájaro cuya característica es hablar.)

Sagrario había preparado una comida estupenda como siempre y casi sin darme cuenta empecé a contarles de mis escritos sobre la niña y las lágrimas asomaron en los ojos de las tres. *Quico* salió de su jaula.

Un ruido, el retrato de María sonriente desde la televisión, había caído al suelo con estrépito. Podía haber sido el papagayo que lo había volcado, pero ninguna de nosotras lo había visto hacerlo y yo no creo en las casualidades y sí en los mensajes.

—María está aquí, entre nosotras y se está riendo como loca de nuestro llanto —comenté.

Sentí su presencia con claridad y me pareció oír el eco de su risa.

¿Intento de autoconsuelo, mecanismo defensivo en acción? Tal vez sí o quizá no…

XVII

MENSAJE DE LOS PÁJAROS A UN LÍDER PERDIDO EN EL DESIERTO

El amor volvió de improviso en Bagdad, en 1990. Como algo que me estaba predestinado… Y mi pasión por él atenuó la esperanza de reencontrarme con el Fantasma.

Había conocido al líder durante el embargo de Occidente contra Irak. Poco antes de que los aliados desataran contra un pueblo indefenso una lluvia de fuego químico, en forma de bombas de fragmentación, y de que experimentaran un arma nueva en la «carretera de la muerte», ex Al Soara, cuando el ejército iraquí junto a sus rehenes, escapaban de Kuwait.

Parecería que el nuestro fue un encuentro con el destino, ese inexorable en el que creían Sófocles y Eurípides que gira en las tragedias griegas.

Si tuviese que identificar al líder con algo conocido por todos lo haría con la ternura; mi atracción por él nació y se desarrolló en sus increíbles detalles de afecto. Por su carisma infinito.

Desde que el Amado Fantasma había desaparecido, nunca había pensado en que pudiese compartir mi vida con otro hombre. Pero el líder arrasó con mis deseos de independencia. Me sentía protegida, amada, mimada. Y la suma de esas cosas era reconfortante y cómoda. Él era todo lo que había soñado en mis sueños más delirantes. Un *condottiero*, como se dice en italiano. Guiaba a su gente con maestría, aunque entonces sus decisiones me parecían, algunas veces, demasiado diplomáticas.

Ahora comprendo que su experiencia le había mostrado el único camino posible. Solo la paz merece la pena y la merece a cualquier precio, aun a costa de la libertad o los ideales. Parecerá extraño, pero mi experiencia en zonas de combate me ha hecho comprender que la paz es más importante aún que estos dos derechos.

Esto lo aprendí de los árabes: «Cada líder cumple su tiempo». Ya que nada es para siempre, ¿para qué guerrear? Después de ser testigo de crímenes aberrantes, he comprendido que al final, los pueblos, queriendo o no, están condenados a ponerse de acuerdo, ya·que no es posible exterminar a una raza entera porque la odies. Y ya que es así, ¿por qué pagar tan alto precio, en vidas, en destrucción, en envenenamiento del aire? Los pueblos, más allá de sus ideas políticas, quieren poder pagar la letra del coche a fin de mes y pasear por el parque con sus pequeños los domingos soleados.

Las grandes gestas revolucionarias han importado sobre todo a los franceses, que tenían tanto que ganar. Sin tener en cuenta que algún historiador cínico destaca que los franceses hicieron una Revolución y provocaron un baño de sangre capaz de teñir de rojo el Sena en todo su curso por una única razón, poder llamar señor al portero, *Monsieur le Concierge*.

Pero volviendo al amor inesperado, ese que me raptó el alma, debo confesar ahondando en los recuerdos, que es casi imposible explayarte en los sentimientos que sientes y como los sientes, cuando estás enamorada.

Había cambiado país, continente y religión. Encontrarme con mi nuevo amor era una aventura complicada. Sucedía siempre por la noche, de madrugada. Habían sido tantos los atentados que habían querido acabar con él que renunció a vivir a la luz del día. Seguramente al acostumbrarse a la oscuridad y a las ventanas perennemente clausuradas por motivos de protección personal, en países donde el sol reina sin oposición alguna, renunció a él; que amigo suyo no era, porque le provocó una enfermedad incurable en la piel cuando trabajaba en el desierto, y que aún entonces lo martirizaba y humillaba. Encontraba normal, por lo tanto, recibir a las dos, tres o cuatro de la mañana. Consideraba las sombras sus aliadas.

La media noche había pasado horas atrás, nos encontrábamos en uno de sus innumerables refugios, sentados frente a frente y separados por un enorme escritorio marrón. Se lamentó de las cosas que le hacía el enemigo.

Era la vieja injusticia histórica tolerada por todos. A fin de cuentas, quienes morían, torturados y masacrados, estaban lejos. Europa, América, gozaban del bienestar capitalista; los patrones engordaban con el banquete; a todos los que girábamos en su órbita, nos tocaban las sobras, pero ellas eran un maná del cielo, al lado de la miseria inmensa en la que estaban sumidos los pueblos de otra raza, de diferente religión.

Me callé. Llega un momento en que las palabras se gastan, ya no vale la pena desperdiciar saliva. Su gente seguiría siendo asesinada para siempre, no quedaría ni uno para contar su gesta, eran siete millones y aunque quedase solo uno, de esos siete millones, ese uno habría de morir para salvar su tierra. No había nada que hacer, aceptar lo que había, eso era todo.

No se me ocurría nada más que mirarle y enviar en la fuerza que encierra el silencio lo que bullía en mi corazón.

Sus ojos en los míos. Sus ojos «son» los míos.

Los míos en los suyos. Los míos «son» los suyos.

Como escribe Jorge Semprún: *Viviré con su nombre, morirá con el mío.*

El mutismo rodeaba esa mirada, la sostenía, alentaba, engrandecía, sublimaba.

Esa calma estaba tan llena de cosas que no era posible quebrarla. No sé cuánto tiempo mis ojos se perdieron en los suyos de águila, de animal acosado, de víctima por designio divino. *Allah Akbar!*, pensé.

Como todos los dioses que viven en el corazón de las gentes, Alá sabría lo que hacía, si era en verdad grande y si no se encontraba ausente.

De repente hizo un gesto con la boca, enviándome un beso.

Hice trizas el sigilo preguntándole la fecha de mi marcha. Respondió que yo debía quedarme para siempre.

—Siempre es un largo plazo, un plazo eterno o así le parece al que lo vive cuando el compromiso adquirido dura lo que dura la vida. Si yo me empeño en él, será un siempre para siempre.

—Para mí, también —dijo viniendo hacia mí.

Nos echamos uno en brazos del otro y nos besamos, con pasión, con la sed de quien ha atravesado un largo desierto, con descubrimiento, con amor y esperanza, que pueden y suelen ser lo mismo.

Para mí, que no he renunciado a nada ni a nadie, he vivido pasiones, aplastado tabúes, arrollado las buenas y las malas costumbres como un tren de alta velocidad, haciendo uso de mi libertad sin límites, en toda circunstancia y en cualquier momento, ese beso fue una revelación.

Como si por primera vez un hombre rozase sus labios con los míos.

Y es justo que así sea, y que cada vez que una mujer se enamora, recobre la virginidad inicial, la pureza del nacimiento, porque solo es vigente y solo cuenta la esperanza de empezar de nuevo.

El líder decía, besándome las muñecas: «En tus venas corre sangre árabe». Y yo le creía y era el piropo más grande que podía regalarme.

Recuerdo que el ideólogo de su movimiento, el hombre que había sufrido en carne propia un atentado devastador, me regaló un CD que estaba de moda. El del descubrimiento en el mundo del grupo flamenco Gipsy King.

El lamento gitano me estrujaba las vísceras, mientras desgranaba la espera de volver a ver al líder. De que él me mandase a buscar. Me había convertido en la única cosa que no podía ser: una mujer objeto.

¿Y el Fantasma? Era mi tema de conversación favorito con el líder, que me escuchaba siempre, sin abrir la boca, con los ojos húmedos, de tanto llorar por su causa. Y con celos, que intentaba a toda costa enmascarar.

La historia no tuvo final feliz. Cuando el peso de la vida de una mujer sola recae sobre sus hombros, no puede permitirse el lujo de transformarse en una geisha. Además, yo pretendía de él que me diese exhaustivas informaciones de cada uno de sus pasos. Es decir, de sus viajes. Como eso era imposible por motivos de seguridad, lo interpreté como falta de amor. Y me marché sin más.

Dos meses más tarde se casó con otra mujer.

A veces pienso con melancolía cuál habría sido mi vida, si en ese momento en que el destino se divide en millones de posibilidades, en infinitos caminos a seguir, me hubiese quedado a su lado. Reflexiono egoístamente sobre si me habría ahorrado algún sufrimiento y llego a la conclusión de que no. Habría padecido exactamente igual o más, aunque por distintas razones.

El avión de combate regalado al líder por los rusos vibraba como un arbusto en un día de viento, en el cielo enfurecido dominaban los elementos de los que se vale la naturaleza cuando está pidiendo cuentas.

El líder y sus acompañantes ya habían pasado por otro momento límite como ese, en el cielo veleidoso de Egipto. Sus hombres dormían por efecto del whisky, solo él y su amigo estaban despiertos, vigilando.

El avión empezó a caer en picado y la tormenta había hecho enloquecer al *simún*, levantando montañas de arena. La pericia del piloto logró detener la caída.

—Aquí el avión del presidente… Torre de control, pedimos permiso para aterrizar en el aeropuerto de Jofra…

—Al habla el aeropuerto de Jofra, imposible aterrizar, una tempestad de arena ha cubierto la pista, no tenemos visibilidad.

El líder cogió el micrófono:

—Soy el presidente… ¿qué nos aconsejáis?

—Dirigíos al sur, en Shara, donde el *simún* aún no ha llegado.

—Aeropuerto de Shara, ¿cómo es ahí la visibilidad?

La voz era tranquilizadora:

—Sabemos de vuestras dificultades, presidente, aquí la visibilidad es buena. Os esperamos, contaréis con toda nuestra ayuda.

El avión estaba en manos de la borrasca y esta desataba su furia contra el Antonov, que parecía una pelota de papel arrastrada por el viento.

Los movimientos recordaban a una montaña rusa sin sujeción mecánica. Era un caballo encabritado, una nave remontando olas de veinte metros.

El líder pensó que había llegado su hora, pero con la experiencia que había adquirido en mil combates, se dijo:

—No, esta no es mi hora, ella no llegará hasta ver liberado a mi pueblo —y con el *tasbih* de malaquita entre sus dedos, intentó declamar los noventa y nueve nombres del profeta. Cuando aún le quedaban algunos, el Antonov, totalmente en manos del viento, comenzó a caer a una velocidad imparable. Él dudó, en ese momento, de su inmortalidad, que le había hecho sobrevivir a los más graves peligros. Dentro del avión sus hombres gritaron de terror, la arena del desierto se interpuso entre esa caída sin fin con un golpe sordo que descalabró el vehículo, como si se tratase de un juguete, en manos de un pequeño dañino.

Oscuridad, un lamento de agonía; al oírlo e identificar la voz del piloto, su amigo desde hacía treinta años, el líder comprendió con alivio que aún estaba vivo, lo que no entendió es que se trataba del lamento de un moribundo. Todo estaba en orden aunque su amigo se sintiese descalabrado y se quejase del susto.

En las sombras que lo rodeaban terminó de declamar los bellísimos nombres de Alá, ya no como oración de arrepentimiento al dar el adiós a la vida, sino como gracias por el regalo concedido.

El golpe contra el suelo había traído, después del quejido del piloto, el silencio.

El humo los invadía y las llamas siguieron al estruendo, después del primer momento de asombro y la constatación de que seguían en este mundo desataron las gargantas. Se oían los gritos de los heridos y de los agonizantes. El líder comenzó a dar órdenes indispensables para la supervivencia.

—¡Apagad el fuego! ¡Buscad las mantas, todo lo que sirva!

Y comenzó a dar ejemplo. Golpeaba las llamas. El fuego podía hacer explotar el avión pero por el momento daba la posibilidad de ver alrededor.

—Vamos a sacar a los muertos.

Así lo hicieron.

—Recoged todos los recipientes y orinad en ellos. Si tardan en rescatarnos que no nos falte el agua.

De entre los restos del avión encontraron alguna naranja que separaron para dividirla más tarde.

Cuando el fuego estuvo bajo control, se acostaron en los asientos que habían resistido el impacto, se cubrieron con las mantas y se quedaron dormidos, oyendo el viento que silbaba enloquecido y quería, a toda costa, sepultar en la arena lo que quedaba del Antonov y sus ocupantes.

Solo el líder se mantuvo despierto hablando con su piloto, ayudándolo a atravesar la frontera de la vida. Le habló durante todo el tiempo que aún quedaba de oscuridad, hasta que no obtuvo de él ninguna respuesta.

Amanecía. La cabeza del líder sangraba y manchaba su uniforme caqui, su piloto había entrado en las sombras. Él le cerró los ojos.

Con la emoción no se había dado ni cuenta de que estaba herido, se palpó el sitio de donde manaba la sangre y notó que entre sus ralos cabellos se había incrustado un trozo de vidrio. Lo dejó allí, para eso se necesitaba un cirujano.

El viento se había calmado, por doquier falsas montañas de

arena dejaban constancia de que el *simún* había pasado por allí.

Sacó de su bolsillo el *tasbih* de malaquita y se arrodilló a rezar el *salat*, la primera oración de la mañana, dirigiéndose a la Meca.

Había sobrevivido a innumerables atentados, a accidentes mortales y allí seguía.

Dirigió una mirada a los compañeros muertos, no quería conmoverse y bajar la guardia, el espectáculo de la muerte, al que estaba de sobra acostumbrado, no podía dejar de estremecerlo. Más que por los muertos en sí, por los recuerdos que lo unían a ellos.

Los amigos de los primeros tiempos de la revolución libertadora habían caído casi todos en atentados y también la mujer amada. Ella recibió las balas dirigidas a él.

Él había encontrado una mujer que se le parecía, era una «infiel», pero también ella formaba parte del pasado.

Cada vez quedaba menos gente a su alrededor, con la que había compartido la lucha por la libertad de su pueblo. Se limpió con el dorso de la mano las lágrimas que asomaban, cuando vio tres pajaritos sobre los cadáveres.

Como auténtico beduino del desierto conocía los mensajes que este le comunicaba, quien no lograba interpretarlos podía darse por liquidado.

—Vamos a enterrar a nuestros muertos y a rezar a Alá por ellos.

Así lo hicieron y terminaron su labor casi al atardecer; habían cavado las tumbas con las manos.

El sol en el desierto se ve más grande que en ningún otro sitio, mientras este se ponía en una orgía de naranjas, rosas, lilas, celeste claro, ocres y dorados como un metal, los nombres del profeta se unían en algo que parecía un lamento, pero que era un canto de gracias y un ruego para que los muertos en el accidente reposasen en paz.

El líder se levantó el segundo día, con las primeras luces del alba, para ir a rezar ante la tumba de sus amigos, los tres pajaritos estaban muertos sobre las mismas.

Era consciente de que sus compañeros se habían manifestado en ellos porque querían ser enterrados de inmediato, como mandaba la religión. Y cuando lo fueron quisieron dejar constancia de que ya estaban en paz, de que habían abandonado el pequeño cuerpo de plumas para reunirse con el Uno, con la paz, con el todo universal.

El líder miró al cielo celeste, casi transparente, sin ninguna nube y desde el fondo de su corazón rugió: *Allah Akbar!*

Una caravana de camellos apareció a lo lejos, en la línea del horizonte.

Me encontraba en el despacho de la directora del banco cuando me dijo:

—Habrás respirado aliviada ¿no? Han encontrado al líder en el desierto…

Vivo pendiente de los telediarios y de las noticias todo el santo día, nunca me explicaré por qué no me enteré de su desaparición y más tarde, de su milagrosa supervivencia. Y lo que más me sorprendía era cómo yo no había sentido en mi propio cuerpo el impacto del golpe del avión al estrellarse, el miedo a morir del líder. ¿Cómo no percibí la alarma? ¿Dios me había ahorrado el ansia, regalándome la inconsciencia de toda la trama o el líder y yo habíamos perdido ese contacto del alma que nos había unido en un momento dado?

La posibilidad de que él pudiese morir dejaba mi corazón en suspenso, yo vivía con el alma en vilo puesta en los intereses de la política internacional que no respetaba nada. Ni acuerdos de paz, ni compromisos adquiridos, todo podía modificarse para servir al Mal. ¿Había que asesinar a un presidente? ¿Cuál era el problema? El asesino siempre estaba pronto, se elimina al elegido y basta. Así todo comenzaba de nuevo. Los acuerdos internacionales no se cumplían y el resultado era siempre el mismo: el martirio de los desheredados de la tierra.

Solo que quienes hacían planes para salvar el dinero, no sabían o no hacían caso de que no valía la pena salvar el dinero, sin proteger la propia vida. Y los invasores no podían pretender además su seguridad en el territorio usurpado.

El que yo no hubiese sabido nada del accidente del líder había sido un regalo del cielo. Lo malo de los regalos del cielo es que los olvidas enseguida.

Volví a ver al líder después de su boda y me dio sobre esta una explicación que me hizo enfadar aún más con él.

Pese a la rabia y el dolor cuando nació su primer hijo, no pasa noche de mi vida en que no rece por la suya, que pida a Dios con el corazón que lo proteja y que él pueda ver a su tierra liberada del invasor. Y rezo por él cuando voy por la calle, y en el gimnasio y en todas partes.

Continúo rezando para paliar la injusticia.

¡Pobre, mi Amado Fantasma! ¡Le había dejado de lado!

Un día, llegó a casa contentísimo.

—¡Sorpresa! —sacó de su portafolio un sobre y lo abrió.

Leí el *voucher*. Estancia de un mes en París, para dos personas y un perro en el hotel Maurice, Rue de Rivoli…

Le abracé enloquecida de alegría.

Empezamos a recorrer los alrededores de la capital, Versalles, le Chateau de Seaux, para eso habíamos alquilado un coche, porque venía con nosotros *Pamperito*, que era cachorro. En el parque de Seaux, extrovertido como era, quiso jugar con los cisnes, persiguiéndolos y sembrando el pánico entre ellos, y casi terminamos nosotros en la cárcel y él en una perrera. A los antepasados de esas aves los había puesto allí la reina María Antonieta y los franceses, pese a haberle cortado la cabeza a la reina, los veneraban.

Un día, cerca de la Torre Eiffel, dejamos el coche en un parquímetro, volvimos dos minutos antes de que se acabara nuestro tiempo y encontramos para nuestra sorpresa a un policía escribiendo una multa y a la grúa llevándose el vehículo.

El Fantasma le hizo ver, mostrándole el reloj, que la hora todavía no había pasado, que teníamos dos minutos aún. El hombre le volvió la espalda con desprecio y no contestó nada.

Tuvimos que ir a recuperar el coche y pagamos una multa. El Fantasma le declaró la guerra a París y no volvió a salir de la habitación del hotel. Dormía, veía la televisión y así pasó las tres semanas que nos quedaban de vacaciones. Y yo deducía que eran las siestas más caras de su vida.

No había podido con ella y se había rendido a la injusticia.

Después Francia entera lo desagravió. La cifra vendida de discos por el Fantasma no la habían logrado ni The Beatles.

De todos modos hay que hacerse un callo en el corazón y blindar el alma ante la injusticia. Siempre. En cualquier circunstancia y en todo lugar, ella está en acecho y vence sin oposición alguna.

XVIII

ASESINATO EN MOGADISCIO

La comida de Refundación Comunista tenía lugar en la sede de la prensa extranjera en Roma. No podía faltar porque quería encontrarme con el vicesecretario del Partido Comunista (él asistiría por solidaridad con Refundación) para conocer de una vez por todas las razones por las cuales el secretario no me concedía una entrevista en exclusiva.

El evento tenía por objetivo presentarnos a Faisal Huseini, el hombre que representaría a Palestina en las conversaciones de paz sobre Oriente Medio en Madrid y Oslo, en 1991. El vicesecretario intentó liquidarme de inmediato.

—No tengo nada contra usted, lo siento, pero trabaja en un periódico fascista.

—No es cierto, pero si lo fuese ¿a quién deberían conceder entrevistas los comunistas sino a los fascistas? ¿O uno que pretende ser un líder habla solo con los siervos, los complacientes, los compadres y los súbditos?

La conversación comenzó a subir de temperatura cuando la vi de espaldas. Hubiese reconocido su melena rubia, que le cubría los hombros, entre millones de personas. Era Ilaria Alpi. Admiraba con todo el corazón a esa muchacha. Era una periodista de raza, no había entrado en la Rai por enchufe, como dicen que sucede a menudo, sino por sus enormes méritos. De las enviadas de guerra, era la única que no actuaba como una estrella más importante que la noticia. Sus ojos azules, sin maquillaje, su carita lavada, la actitud humilde y segura a la vez, sus reportajes impecables sobre la guerra entre Mogadiscio Sur y Mogadiscio Norte, y las demás tribus, su objetividad y verificada información, la convertían de lejos en una número uno.

Dejé con la palabra en la boca al vicesecretario y me acerqué a Ilaria. Comimos en la misma mesa, le pregunté cuál era su próximo destino y me comentó:

—Somalia de nuevo, ¿sabes? después de la matanza en el *Check Point Pizza*, la salida del contingente italiano puede provocar una guerra total. ¿Y a ti adónde te envían?

—Otra vez a Sarajevo.

—Oye, si quieres nos vemos en mi nueva casa al regreso, preparo un buen plato de pasta.

—No veo la hora de regresar… mientras tanto voy preparando los jugos gástricos para la comilona.

Ilaria se levantó, debía correr a preparar una noticia para el telediario, antes de salir hacia Somalia. Cuando estaba por abandonar el salón, la llamé. Se volvió y su imagen con la melena rubia en movimiento se grabó en mi retina para siempre:

—¿Te dicen muchas veces que eres la mejor?

—No me lo ha dicho nunca nadie —respondió con una sonrisa.

Pasó un mes. Huí literalmente de Sarajevo, como ya he referido, en el último vuelo antes del cierre del aeropuerto. Bajé del avión y corrí a la estación del tren en Ancona, sin quitarme siquiera el chaleco antibalas. Si lograba pillarlo, en cuatro horas llegaría a Roma, ¡por fin en casa! Cuando llegué a la puerta sonaba el teléfono. Abrí, me acogió la algarabía de los perros y corrí a atender.

Era mi traductora, su voz tenía un dejo de tristeza.

—Acabo de entrar por la puerta, Pier (era una mujer bellísima, aunque su nombre compuesto, Pieranna, al partirlo pareciera el de un hombre), dejé una Sarajevo en llamas…

—¿Te has enterado de la noticia…?

—No… ¿Qué noticia?

—Han ejecutado a dos periodistas de la Rai en Somalia.

—No serán Ilaria y Alberto, su cámara… (Con él había estado en Bagdad.)

—Parece que Ilaria ha muerto, aún no se ha confirmado la noticia. No solo ella sino también su cámara, dicen que es posible que ambos hayan sido asesinados. Se habla de una emboscada…

—Voy a encender el televisor.

Corté y me pegué al aparato durante tres días. Era verdad, Ilaria había sido ajusticiada de un tiro en la nuca, así como Miran Hrovatin, su cámara en ese viaje; Alberto, su cámara habitual, estaba gozando de unas vacaciones. Ellas le salvaron la vida.

El primer día esperé con fe que la noticia no fuese cierta. Cuando se confirmó seguí esperando que recuperasen su cuerpo, y después que lo trajesen a Roma, y que la velasen en la Rai. Pasé todos los estados de ánimo posibles, desde la pena infinita, a la certeza de contemplar atónita unos hechos que eran irremediables, lloré con conmoción y no podía despegarme del televisor. Cuando después de los discursos, su féretro salió por el camino arbolado de la Rai, destino al cementerio, decidí que el trabajo de enviado de guerra no tenía mayor sentido, esa sensación que había percibido con lucidez en los lugares del conflicto, con el sepelio de Ilaria fue transparente.

El cinismo con que el enemigo ocupaba con sus equipos televisivos el territorio que iba a bombardear, con despliegue de medios, ocupaba plantas enteras en los hoteles, montaba la película en el acto y pasaba la información por el propio satélite. Viendo a George Bush Senior (no imaginaba que habría un Junior) durante la Guerra del Golfo en la tele, con esa vocación escondida que tienen los políticos en general y algunos presidentes en particular, de modelos publicitarios, llegué a pensar que si el mundo entero apagase la televisión, cuando el telediario empieza a pasar imágenes de guerra, estas se acabarían.

Pero después recordé las de Eritrea, Etiopía, Somalia, Burundi, Congo, Argelia, las guerras olvidadas, y ya no estaba tan segura.

Era un negocio inmundo que contaba con nuestra complicidad. La gran payasada entre los militares y el poder se me antojaba tan incongruente e inútil como los sacrificios humanos de la época precolombina o las actuales corridas de toros, en distintos submundos del planeta. El culto a la muerte entra en abierta contradicción con la historia entera de la humanidad, que intentó sobrevivir siempre y en toda circunstancia, que buscó la fuente de la vida eterna muriendo en el intento, y que quiso trascender y dejar testimonio de su paso en esta tierra, llegando a pintar hasta en la misma roca.

Solo quería saber una cosa, el nombre de los responsables de haber ordenado el homicidio de Ilaria y Miran, y para eso no quedaba más remedio que investigar en el mismo sitio en donde habían sido abatidos.

No era fácil abandonar un trabajo que a pesar de todo me apasionaba y no se podía hacer de un día para otro, tenía contratos firmados con la Rai para programas sobre Argelia y luchaba por hacer uno en forma de encuesta, acerca del asesinato de mis compañeros, para que sobre ellos no cayese el olvido y sobre sus asesinos, la impunidad.

Uno de los directores más antiguos de la televisión estatal era nativo de Sicilia, mi abuelo también era del sur, tal vez por eso congeniábamos en el trabajo, pero él continuaba diciendo no.

—Es demasiado peligroso —y daba por terminada la conversación.

Dos colegas, una periodista y su cámara, consiguieron partir para Somalia, enviados por la Rai 2.

Llegaron a mediodía, ya en el telediario de la noche, ella con la voz rota por la emoción, contó desde Mogadiscio la emboscada que les habían preparado. La encerrona consistió en cerrarles el paso con dos coches, uno delante y el otro obstruyendo el cortejo de camionetas, con ametralladora, y de todoterrenos que les acompañaban, con los innumerables guardaespaldas encargados de su protección.

—Mis escoltas respondieron al fuego de artillería que golpeó e incendió mi coche. Me volví hacia el asiento de atrás y grité a mi compañero: «¡Venga, salgamos de aquí, que esto es un infierno!». Tenía la cabeza inclinada sobre el pecho, le grité una vez más, «¡Vamos!». No se movía, le alcé la cara, estaba muerto. En la desesperación del momento vi acercarse a dos guardaespaldas somalíes agachados, salí del coche ardiendo, a ras del suelo, mientras el fuego continuaba vomitando su carga mortífera sobre nosotros. No logro explicarme cómo he salido viva.

Cuando pasaron dos meses volví a la carga con el director.

—¿Cómo puedo mandarla a morir en Somalia? No, jamás autorizaré ese viaje.

Acababa de terminar el último programa sobre Argelia, un trabajo difícil que me había llevado casi tres años. Y tres años o más habían pasado ya desde la desaparición de Ilaria.

Durante la vigilia de Pascua subí al despacho del director, había mandado el guión con mi proyecto sobre la investigación que pensaba hacer y sobre cómo realizarla. Pondría sobre la mesa las preguntas que el asesinato de ambos corresponsales planteaba.

Los periodistas sostienen que en el quinto piso, donde están los altos cargos de la televisión estatal italiana, los divanes están forrados con piel humana. No supe jamás si se referían a la que se dejan los corresponsales en las guerras o a la que pierden las visitas, sentadas durante horas, a la espera de ser recibidos. Sabiendo eso de antemano jamás he pedido una cita con nadie. Adopto la estrategia de la primera soy yo y basta.

Atravesé el largo corredor que llevaba al Paraíso de los elegidos, el enorme despacho del director general estaba al fondo del mismo. Antes de llegar se encontraba otro despacho que era el de su secretaria, la persona con el culo más lamido de toda la ciudad.

Parecía una actriz americana, rubia, delgada, vestida con sobriedad, no se había crecido nada en su situación de poder, sencilla y afable, era consciente de que todos los que no podían llegar a ÉL intentaban congraciarse con ella y que por eso le mandaban flores, bombones y la adulaban tanto.

En su despacho tenía una azalea rosa tamaño gigante. Desde su ventanal se divisaba la Roma más bella, ya que la Rai estaba ubicada en el barrio de Prati, uno de los más preciados de la ciudad.

En un ángulo, una también exuberante planta gomera se subía por el techo ansiosa de aire libre y libertad. Añoraba su país natal, Brasil, de donde la habían traído cuando era solo un pequeño tallo.

Ella puso fin a una llamada y colgó el teléfono, se levantó de su escritorio para darme un beso y abriendo el paraguas antes de tiempo me dijo una frase que sabía completamente inútil.

—No puedes pasar, no tienes cita —comentó como siempre.

Y como siempre abrí la puerta sin escucharla, y con mi mejor sonrisa:

—Director, solo quiero desearle felices pascuas.

—Entre —respondió cortante, con su expresión habitual de bulldog, que se contradecía con el pelo blanco y la expresión serena de sus ojos celestes, con su aspecto pacífico, realzado por trajes invariablemente azules, en todas sus tonalidades, que resaltaban su mirada—. Ayer aprobé su proyecto.

Recibí sus palabras loca de alegría, mi presentimiento de que él, al final, habría de rendirse, era ya realidad. Le deseé todas las felicidades del mundo, no solo de Pascua, sino de Navidad, Año Nuevo, el cumpleaños, el aniversario de bodas, el nacimiento de su primer hijo hacía cuarenta años, le di todas las gracias posibles e imaginables y no me arrodillé para besarle los pies porque esa no era una práctica habitual en sociedad y no quería hacer papelones.

Salí casi corriendo de su despacho. Di un beso a Patricia y nunca el impersonal edificio de la televisión estatal me pareció más bello. No sabía que acababa de firmar el contrato de mi ruina.

—Oiga —me llamó.

—¿Sí? —dije volviéndome.

—Estoy harto de ir a recoger cadáveres de periodistas en Somalia. Tenga cuidado y buena suerte.

Hizo una tentativa fracasada de sonrisa, y fue la primera y única vez en mi vida que le vi hacer ese gesto.

Recordándole, creo que asumía esa actitud antipática para evitar que todos los periodistas que teníamos acceso a él lo asediásemos pidiéndole que aprobase nuestros proyectos.

Volví a casa a pie. Caminar al lado del río era para mí un vicio arraigado, me gustaba siempre, en cualquier estación del año; en primavera el paseo era glorioso, las barcas de pescadores, las canoas de las regatas, los patos…

Mi felicidad se hizo palpable en el fax que recibí de la Rai, notificándome el permiso para la realización de mi programa.

Bien, ya tenía en mano el contrato. En ese momento pronuncié, salvando las abismales distancias, la frase que John F. Kennedy dijo a su padre, después de ser elegido presidente:

—Oh, Dios. ¿Y ahora qué hago?

La verdad es que no sabía por dónde empezar.

Siempre pasa lo mismo cuando emprendes una nueva aventura. Una cosa es escribir al calor de la chimenea, mirando los pinos del jardín, cuando la imaginación te asiste y cuando no, y otra muy distinta llevar a la práctica los delirios con los cuales has soñado hacer una obra maestra. Sí, no había ninguna duda, en homenaje a Ilaria habría de contar su gesta en un modo sublime. Eso se lo debía a su memoria. No existía tema en el mundo en donde pudiese derrochar más sensibilidad, dolor, e idea y presentimiento de lo que debería ser la justicia como en ese.

La primera estrategia para sobrevivir en Somalia era la de llevar un equipo televisivo que no fuese italiano. Nadie debía saber tampoco que estábamos trabajando en un programa para la Rai. Los presuntos abusos de los soldados italianos en Somalia (o no tan presuntos) habían dejado demasiado odio.

Siguiendo la pista de la última persona con la cual había hablado Ilaria llegamos a El Cairo, pero en esos días americanos e ingleses unidos (tanto monta, monta tanto) habían vuelto a atacar Irak.

Nuestro interlocutor estaba en Libia, en donde intentaba sacar alguna información. Decidimos partir para Irak, nuestro presupuesto era limitado y no podíamos tirar dinero en la espera. Llegamos a Ammán, donde pasamos más de diez días intentando conseguir inútilmente un visado para entrar en el país, que no se nos concedió.

Conocí al príncipe heredero de Jordania y me sorprendieron sus declaraciones. La nobleza nunca deja intuir sentimientos como la rabia, el odio, etc. Decía verdades como puños y siempre pensé que aquella entrevista que me había concedido en el jardín del Palacio Real le costó el trono.

Al despedirnos me regaló un libro escrito por él:

—Yo le mandaré uno mío, Alteza, así la tortura será recíproca —dije.

—¿Qué ha dicho?… —con sorpresa y alerta repitió la pregunta dos veces aún y yo insistí.

Todavía me parece sentir las carcajadas de aquel hombre habituado al servilismo de todos los que le rodeaban, alejándose entre las plantas de su maravilloso jardín.

Otro avión y de vuelta a El Cairo. Otro cambio y salir para Nairobi.

Allí las cosas se pusieron mal.

No bien pisamos tierra keniata, la policía de fronteras nos secuestró el equipo televisivo en su totalidad, luces, micrófonos, etc., aunque tuviésemos en nuestras manos el Cuaderno Ata, que nos aseguraba libre tránsito en todo el mundo.

Pensábamos quedarnos algunos días en Nairobi para intentar primero localizar algún avión de la ONU que nos hiciese el favor enorme de llevarnos hasta Mogadiscio. La ONU viajaba tres veces a la semana llevando ayuda humanitaria.

Los funcionarios de la aduana en Nairobi, en un ataque de ciego optimismo, intentaban, para permitirnos sacar los equipos que dejásemos allí, que pagásemos al contado la totalidad del precio del mismo. Viajábamos con ochocientos kilos de exceso, con un equipo sofisticadísimo de enorme valor. Yo contaba para todo con diez mil dólares, pedidos en préstamo al banco, y el equipo era alquilado.

Pero de lo que no había duda acerca de los aduaneros de Kenia era de su sentido del humor al pretender sacarme dinero a mí, que vivo en la bancarrota permanente. Tenían que haber hablado con Miguel, que señala una semana de mi vida con esta frase: ¿Te acuerdas de aquella semana, la única de tu vida en que tuviste dinero?

Además la Rai pagaba tarde, mal y nunca y yo no podía perder tiempo esperando noventa días, que al final eran ciento veinte, el anticipo que debería haber recibido en el momento de la firma del contrato.

Cuando uno no sabe bien a qué país pertenece, porque se siente atraída y a la vez asqueada por tres al mismo tiempo, conoce en cambio de manera infalible quién le puede ayudar en los momentos difíciles.

En el transcurso de mi carrera, siempre que me ha tocado vivir situaciones de peligro he logrado superarlas gracias a los embajadores de España, ya que poseen sentido de la responsabilidad, respeto por su país y total conciencia de lo que significa su misión. No abandonan jamás a un compatriota aunque este sea, como en mi caso, naturalizado.

La Embajada española en Nairobi logró recuperar nuestros equipos. Una semana más tarde salimos para Mogadiscio en un helicóptero de la ONU.

En esa semana pudimos comprobar que no existen albas y atardeceres como los de África. Que en ningún lugar del mundo las flores se desarrollan con tal vigor y explosión de color (flores que en Europa no conocemos), ni tampoco nacen pájaros como aquellos. El hombre blanco ha logrado someter al continente, pero aún no ha logrado destruir el entorno que rodea a la raza negra, tan exuberante y vital como su naturaleza.

Todavía… pero ya están en ello.

Una organización humanitaria italiana dirigida por Estefanía Pace nos dio hospitalidad en una casa intacta. Ya era raro. Se encontraba frente al mar. El resto de la llamémosla Rambla había sido arrasado, solo escombros en el suelo; en el centro, el esqueleto de lo que había sido la fábrica italiana Fiat, te hacía recordar que esta ciudad en el pasado había vivido prósperamente, apoyada además de por su vegetación salvaje, por un clima privilegiado. Hoy, ya no quedaba nada, solo ruinas entre la arena. Ya en el viaje desde el aeropuerto (una barraca de madera) en una camioneta de Naciones Unidas con varios hombres de raza negra, con Kaláshnikov y un cañón, en pie sobre la misma, pudimos tomar nota de la devastación.

Solo Mediterráneo, el padre de mi amado Tirreno, ostentaba un verde turquesa que afirmaba que la muerte que había visto en sus costas lo dejaba completamente indiferente y que él seguía allí, imperturbable. Hasta los mares se acostumbran a lo escandaloso.

Desde que Ilaria murió, siempre que rezo pido por ella, después de hacerlo por el Amado Fantasma y por Lidia Machado, mi compañera de colegio que se suicidó de un tiro en la cabeza, en plena juventud. Por mi María... Además de hacerlo por todos los que amo y por los que ya no están.

Mi idea obsesiva desde que llegué a Mogadiscio era acercarme al sitio en donde ella había caído, en la emboscada mortal, para ponerle unas flores y rezarle un Ave María.

El sitio exacto se encontraba en el segundo cruce cerca del hotel Hamana, en el barrio de las embajadas; de los suntuosos edificios de entonces no quedaba ni rastro. Solo más ruinas donde la naturaleza se había desmadrado y un exuberante florecimiento de flores lilas, rosas, amarillas y rojas había organizado una orgía de color que se empeñaba en cubrir con inconsciente alegría todo vestigio de la catástrofe.

Entré en el jardín del hotel con una emoción que se escapaba por mi boca y aceleraba los latidos casi violentos de mi corazón. Estaba siguiendo el mismo trayecto, los últimos pasos de Ilaria cuando buscaba, seguramente para referirle algo importante, al hombre de El Cairo, el que nos había fallado en la cita.

Buganvillas violetas descendían lánguidamente por el muro que separaba el jardín de la calle. Corté algunas flores y formé con ellas un ramo que até con una cinta que llevaba en el pelo. Salí y caminé unos pocos pasos seguida por el coche, con mi guía y el cámara, así como los escoltas, hasta el cruce que unía las dos calles en donde a la periodista y a su cámara les había cerrado el camino un vehículo lleno de hombres armados con metralletas.

¿Uno solo, o dos, o seguramente tres?

Estaba concentrada en ese momento de terror.

El chófer de Ilaria y Miran y su guardaespaldas, según relataron después, se habían escondido debajo de las ruedas y allí, según ellos, habían abierto fuego contra los asesinos. Después, lograron huir sin ni siquiera un rasguño.

Imaginé a las dos víctimas dentro del sarcófago en el que se había convertido su medio de transporte no blindado. Pienso que Ilaria habrá comprendido que ese era el final, cuando les vio de frente. Y cuando les disparaban a bocajarro habrá evocado el cuarto color crema en casa de sus padres, en donde había crecido, habrá visto en un remolino cómo se alejaba de la vida, el rostro de su padre Giorgio y de su madre Luciana, los premios colgados en las paredes, las fotos que señalaban el recorrido de su existencia y su carrera; el hombre amado en Egipto, con el que todo había terminado en cuanto ella abandonó el país. Habrá rememorado el rostro de la amiga con quien compartía la nueva casa. Habrá materializado sus objetos queridos en su escritorio de la Rai, en Roma.

Allí se elegían las noticias que habrían de ser llevadas a la mesa de la comida y cena de los italianos. Tan importantes como esa noticia que nunca llegó a transmitir.

No murió de inmediato; un italiano llamado Marrochino, que llevaba viviendo años en Somalia, recogió los cuerpos ensangrentados. ¡Que Dios le bendiga! Miran tenía el cerebro destrozado y estaba muerto. A Ilaria la metieron en un camión, con la nuca ensangrentada y vivía (en una grabación de la cadena ABC que logré localizar, visionar y comprar, vi cómo cuando la arrojaron sin miramientos en el camión ella movió una mano y se tocó el vientre).

«Dios te salve, María, llena eres de gracia»... cuando el corazón explota por una tragedia que no eres capaz de asimilar, solo la oración es capaz de restablecer la paz. Apoyé en el borde de la acera mi pobre ramo de flores, tan absorta estaba que no reaccioné ante la visión de un tanque de combate que descendía por la calle a toda velocidad, hacia el sitio en donde yo me encontraba.

Me rodearon con las metralletas y alguien me golpeó con tal fuerza que caí al suelo.

Mi guía y guardaespaldas abrió el cerco y trataba de hacer oír su voz en medio del griterío que esos adolescentes disfrazados de *killers* provocaban con una pregunta, que repetían como energúmenos:

—¿Tiene permiso del presidente Alí Madhi para hacer eso? ¿Tiene permiso del presidente Alí Madhi para hacer eso?

Estaba convencida de que en una situación difícil yo me «arrugaría», de que me arrojaría a los pies de mis verdugos, llorando y pidiendo que me dejasen vivir. Uno se aterroriza más en la espera de algo tremendo, que sabes que va a suceder; esperando el bombardeo aliado sobre Bagdad, encontrándote en el área de tiro de los francotiradores cetnies. Cuando se puede morir por hallarse en el sitio equivocado en el momento equivocado. Pero cuando el único delito había sido colocar un ramo de flores… solo podía rebelarme.

Me alcé del suelo como una fiera, no me importaba nada que me matasen porque ni siquiera tomé en consideración la posibilidad. No era dueña de mí, no sentía miedo ante críos recién salidos de la escuela, fuertes y machos porque llevaban una metralleta, símbolo de lo que les faltaba entre las piernas.

—¡Qué coño de permiso ni qué leches! —gritó la fiera salvaje y suicida que tenía dentro de mí.

—¡Cállese!¡No se mueva, no hable y retroceda hasta el coche! —me susurró el guía que había roto el cerco de los soldados, y esas palabras musitadas, casi inaudibles, resonaron en mi cerebro como una explosión, como una campanada de alarma. Al darme cuenta de que la rabia me había cegado y de que me había topado con un peligro real hice lo que me mandaba, retrocedí casi imperceptiblemente, hasta lograr entrar en el vehículo. Me di cuenta de que estaba tiritando de frío con treinta y cinco grados de calor a la sombra y sudando.

—¡Dios mío! ¡Dios mío! —musité antes de intentar echarme a volar… Pero no pude…

Los escoltas no se habían movido de sus todoterrenos. Solo el guía estaba arriesgando su piel para salvarnos. Le pidieron los documentos de identidad. Nos dejaron marchar. Mientras nos alejábamos vi a un niño pisotear mi ramo de flores y alejarse con él en las manos, mientras lo deshacía, arrojaba lejos, una por una, las flores que lo componían. Nos miraba y sonreía. Educado en el odio hacia los blancos había aprendido bien la lección. Razones no le faltaban al pequeño para haber acrecentado ese odio, ni a sus maestros para difundirlo.

Pasados unos minutos me di cuenta de que mi joven cámara había rodado todo. Su edad era garantía de su conducta temeraria; gracias a ello pude contar con imágenes impactantes.

Llegamos a la casa y encontramos malas noticias. Un funcionario de Naciones Unidas había sido secuestrado. En el forcejeo se escaparon disparos, uno alcanzó al médico que los bandidos pretendían llevarse. El herido fue arrastrado y metido a la fuerza en el coche de sus captores. La ONU retiraba a toda su gente de Mogadiscio, el secuestrado corría un peligro mortal, se ignoraba cuántos tiros le habían pegado, dejó un reguero de sangre en el suelo.

Violencia asesina y ciega con los únicos seres que les estaban dando una mano, salvando a sus hijos y evitando que sus mujeres se desangrasen en el parto.

Nadie daba un duro por su vida y nunca supe el final de la historia. La vida de un cooperante secuestrado no es noticia.

¿Podíamos nosotros dejar Mogadiscio en los aviones de la ONU?

No, no podíamos, todos los helicópteros viajaban llenos a reventar, con los equipos y el personal humanitario.

Había sido un día agitado. El silencio en la oscuridad era completo. Vivía en constante alerta y al quedarme quieta empezaba a funcionar el mecanismo devastador. La casa, un chalet espacioso con el equipo de radio en el piso de abajo, y cámaras de vigilancia en todos los ángulos, quedaba a pocos pasos de la plaza Central de Mogadiscio, donde los viernes la Corte Islámica pronunciaba su sentencia sin apelación:

«La Corte Islámica le condena a la amputación de la mano derecha para que no pueda robar nunca más. Y le condena además a la amputación del pie izquierdo para que en todos los días de su vida no intente ni logre escapar».

La condena se llevaba a cabo de inmediato con un cuchillo que no cortaba. Para evitar que la hemorragia se lo llevase, el verdugo metía el brazo y la pierna en una olla de aceite hirviendo. Por más que cerraras las ventanas, las persianas y las puertas de la casa y te sumergieras debajo de veinte almohadones, era imposible no escuchar los gritos de dolor de los condenados.

Una vez ejecutada la sentencia ¡eran llevados al hospital!

Nuestro cocinero decía, frotándose las manos: «Mañana es viernes, la Corte Islámica ¡corta, corta, corta!».

Y lo que te dejaba estupefacto es que la misma Corte que obraba en nombre de Alá, que juzgaba con tanto rigor, que dejaba coja y manca a media población, por la noche se dirigía con camiones a los almacenes de la ONU, donde se encontraba la ayuda humanitaria para repartir y se la llevaba con total impunidad, para venderla en la misma plaza donde mutilaba.

La ONU no podía acusarlos aunque los conocía uno por uno. Si lo hacía pondría en peligro su misión.

Presencié la condena a veinte latigazos de una mujer que había robado medio metro de tela. Justifiqué la condena no por el robo en sí, sino por el mal gusto en la elección de lo robado.

El recuerdo de algo que ha golpeado tus sentidos por insólito no se apaga fácilmente; en eso estaba cuando se abrió la puerta y él entró acercándose a mí, me hizo una caricia en el rostro. ¡Cielos! La culpa me invadió como la peste, llevaba todo el día con el ajetreo de tener que salir por piernas de Mogadiscio sin pensar en él, sin pedirle ayuda o protección. ¿Cómo había podido archivar en un lugar impreciso de la conciencia la historia más bella de mi vida durante una jornada entera? No tuve tiempo de decir nada, porque sus caricias me hicieron comprender lo que esperaba de mí.

—¡Cuánto tiempo lejos de la ternura! —musitaba en mi oído.

—¡Cuántos años perdidos!

Fue el acto de amor más bello que yo hubiese vivido nunca, incluso dentro de nuestro matrimonio. El encuentro de dos almas, la conjunción de dos astros, la inexorabilidad de un eclipse, la puntualidad de la luna llena, el reconocimiento de una historia vieja como la del planeta, eterna como el cosmos. Éramos dos almas privilegiadas que habían logrado encontrarse otra vez, en el espejismo del tiempo, en el crearse y apagarse del universo. Éramos de nuevo el Uno inicial, del que emanaba todo. No se trataba solo del placer de los sentidos. El latido de dos corazones que se fundían en uno y ese Uno se insertaba en el mecanismo general, en la armonía de esa ilusión óptica que significaba y significa vivir.

Qué me importaba ya si no volvía, él vivía pegado a mi piel, mientras yo viviese, él viviría en mí.

Me dormí entre sus brazos cuando el alba teñía de rojo el horizonte, pocos minutos después, estaba preparada nuestra fuga hacia el desierto de Ar Dere y Arar Dere.

El Amado Fantasma cuidaría de nosotros en el viaje. ¿Y Trípoli y la otra mujer? ¡Basta ya con este constante hablar, opinar y analizar de mi cerebro! ¿Quién era yo, microscópico ser soñado por Alguien, para intentar explicar lo inexplicable?

Partimos, Stelle venía con nosotros, no pensaba abandonar ese lugar más que muerta.

Stelle era americana, voluntaria en las misiones humanitarias, guapa, joven, rubia y de ojos azules. Recién laureada en Medicina estaba enamorada de un joven somalí, esa era tal vez la razón de no querer abandonar Mogadiscio.

Mohamed Aidid, el hijo del presidente de Mogadiscio Sur, había tenido un ataque de mal carácter y bombardeaba a Osman Ato, otro de los dirigentes somalíes, no podíamos regresar a Mogadiscio hasta que la situación se calmase.

Qué razón tenía el líder libio cuando, intentando que el mundo comprendiese África, me decía: «La democracia para nosotros no sirve, porque todo el continente está compuesto por tribus distintas con distintos jefes, que guían a sus hombres. Eso es así desde tiempo inmemorial. Ningún jefe quiere dejar de serlo».

Llegamos al campamento de la ONU en el desierto de Ar Dere entrada la noche. No había luna y no se veía a un paso de nosotros. Bajé del todoterreno con mi proverbial dolor de espalda; al pisar la arena mórbida bajo mis pies, tuve la sensación familiar de caminar en la nada o de encontrarme de pie, inmersa en el líquido amniótico. Un hombre armado salió con su linterna para recibirnos. No me moví del coche. Alumbró los pasos de nuestros acompañantes hasta una casita fuera del muro de recinto.

—Vamos a activar el equipo electrógeno —dijeron.

«Y se hizo la luz» dentro del campamento. Un viento impertinente levantaba la arena que te entraba por las narices y golpeaba el rostro, en un castigo inmerecido.

Al alba inspeccioné lo que nos rodeaba, nada.

Arena, solo arena.

Dentro, en los cuatro ángulos, garitas con hombres armados velaban desde lo alto por nuestra seguridad. Alrededor de la casa había algo que tal vez en algún momento fuera un jardín. En él yacía, casi abandonado, un lanzamisiles, que a primera vista parecía fuera de uso y oxidado. Y un artilugio de esos era carísimo.

Eran las cinco y media de la mañana cuando salimos para filmar a los camellos que venían a beber en unos pozos que la ONU había excavado. Se divisaban a lo lejos, y de repente el horizonte se cubrió con ellos. Incontables, se acercaban lentamente, los guiaban niños y mujeres en los huesos. Pensar que yo me había muerto de frío durante la noche y los pequeños con un taparrabos se arrojaban agua sobre la cabeza y esta resbalaba en la piel desnuda.

Para llegar a los pozos caminaban horas y horas y salían antes del amanecer.

El Partido Socialista Italiano había levantado un hospital en medio del desierto, que quedaba a cuatrocientos kilómetros del más cercano lugar habitado. Esta ubicación había sido un grave error.

Stelle fue a asistir a una parturienta. Después del parto la mujer dijo:

—Por favor, cósame otra vez, señora.

—Este es tu cuarto hijo, ya no estás obligada a pasar otra vez por eso.

—Se lo ruego, señora, si no me cose, ya no seré atractiva a los ojos de mi marido.

Stelle cosió el lugar por donde había salido el niño y dejó el espacio de una cabeza de alfiler para orinar.

Todas las jóvenes de Somalia estaban infibuladas; cuando niñas, el barbero les había amputado con una navaja el clítoris, los labios mayores y menores, después había unido, con una aguja hecha con la espina de una acacia de dos milímetros de espesor, las dos partes, mientras las niñas en el aire y con las piernas abiertas sostenidas por parientes machos se debatían y lloraban a gritos por la tortura. Con los años se formaba allí una masa de carne impenetrable, que hacía imposibles las relaciones sexuales. Sin medidas higiénicas, y sin conocimientos del cuerpo humano, muchas niñas se desangraban y morían en el acto. Algunas parían niños de cabezas deformadas, precisando, con la forma de un tubo.

Pero la madre de la parturienta me dio una explicación:

—El marido de mi hija se va de caza y vuelve a los seis meses o al año. Y así se va tranquilo. ¿Cómo sabéis vosotras, las blancas, quién es el padre de vuestros hijos si no estáis cosidas?

No contesté. ¿Cómo podía explicarle lo que es la fe en alguien que amas, sin necesidad de coseduras, ni violencias físicas?

—Pero, según me han dicho los médicos, penetrar esa masa de tejido anómalo es casi imposible.

—Pero cuando eso pasa, el hechicero, o el suegro de la muchacha, la desflora con un falo de madera.

Stelle me proporcionó más información.

—No siempre los maridos las llevan al hechicero de la tribu para desvirgarlas, como son nómadas y están impacientes la noche de bodas, algunos usan el cuchillo. Y una de dos, las mujeres o se mueren desangradas de pequeñas o se mueren desangradas en la noche de bodas.

—¡Óptimas perspectivas! —comenté con cinismo.

La situación se había calmado en Mogadiscio y volvimos en un helicóptero de la ONU dos semanas más tarde.

Pero la situación entre Aidid y Ato seguía siendo explosiva. Mientras tanto, nuestra investigación sobre la muerte de Ilaria continuaba. Todo Mogadiscio Norte y Mogadiscio Sur estaban al tanto de la muerte de la corresponsal de la Rai y de su cámara. Cualquier movimiento costaba una fortuna, había que pasar los *Check Point*, y en cada uno era necesario cambiar la escolta.

Violamos una regla de ética elemental filmando con *cámara oculta* a las personas sobre las que yo tenía ciertas dudas. (Eso me costó un juicio en Italia por violar la ley sobre la intimidad, que se creó después de mi película, pero justo sobre la persona a la que no le había puesto nada; era insignificante para la historia.)

Los bombardeos de Aidid se hacían cada vez más amenazadores, ya no era el grito de los amputados en la plaza lo que nos inquietaba, si no las explosiones cada vez más cercanas. Y no llegaban aviones de la ONU.

Un amigo reciente me facilitó un teléfono en Nairobi y me hizo una sugerencia.

—Si quieres salir de aquí no tienes más remedio que alquilar un *khat*.

Nunca había oído ese nombre, más que cuando una amiga inglesa me contaba maravillas acerca del comportamiento de su gato. Era obvio que no podíamos dejar Mogadiscio montados en un gato.

—¿Un *khat*? ¿Qué es un *khat*?

—Los aviones de los traficantes de droga.

Llamé a Nairobi y quedamos con el dueño de la avioneta que vendría a recogernos al día siguiente. Debía entregar su mercadería a las tres de la tarde.

Acordamos el precio en la barraca de madera del aeropuerto, al ver el equipo y el baúl blindado, quiso más dinero.

—Hemos venido a propósito para buscarla, si no me paga quinientos dólares la dejo aquí.

Discutí, pero poco, con argumentos como:

—Usted vino a descargar la droga para los soldados, que sin

el *khat*, no combatirían, no ha venido expresamente a buscarnos.

Al final pagué, como fondo musical de nuestra conversación se oían las explosiones.

Después de subir el equipo reparé en el avión. Me quedé estupefacta. Las ventanillas estaban pegadas con cinta adhesiva. Tenía cuatro asientos maltrechos que se movían, no estaban aferrados al suelo del aparato, no había cinturón de seguridad y la máscara de oxígeno brillaba por su ausencia. Toqué la perla reencontrada y tuve la certeza de que el Fantasma me había venido a ver después de tanto tiempo y que había hecho el amor conmigo con una intención: darme valor. De todos modos, subí completamente «acojonada». Creo que pocas veces en mi vida pasé tanto terror como durante ese viaje. Ni pedí tanto al Amado Fantasma por mi vida. Y recé como nunca a la Virgen María, apretando mi perla. No hubo en todo el trayecto ni una nube, ni el más leve movimiento, si lo hubiese habido, me habría muerto de un infarto allí mismo.

No abandonaba Mogadiscio contenta del trabajo realizado, aún me quedaba tanto por saber sobre ese crimen, pero no tenía elección. Habíamos conseguido hacer muchas cosas, en Somalia, Nairobi, y en El Cairo, adonde regresamos para poder encontrar, por fin, al hombre con quien Ilaria había intentado hablar antes de ser asesinada.

Llegamos a Nairobi de noche. Aterrizamos en una pista en desuso, detrás de una gasolinera, en el mismo centro de la ciudad. Un gracioso me quitó mis últimos cien dólares como impuesto por «uso del aeropuerto».

La televisión nos envió dinero para poder dejar la ciudad y rodar los últimos planos en El Cairo.

Había trabajado con una coguionista, Serena Purarelli, mujer de un razonamiento perfecto. Ella, que había estado en vilo por nuestra ausencia de noticias y que había trabajado duramente en el guión haciéndolo y rehaciéndolo cientos de veces, me llamó por teléfono y dijo de pasada, con la indiferencia que la caracteriza:

—Parece que nos cae una lluvia de premios…

Me quedé muda, conmovida hasta los cimientos, yo que trabajaba con presupuestos escuálidos, que convertían cada viaje en un martirio, después de tanta fatiga y sacrificio, que alguien considerase bueno nuestro trabajo era una recompensa a la que no estaba acostumbrada, más bien lo estaba a patadas en la boca o directamente en el culo, que era menos doloroso pero más humillante.

Supe más tarde que el jurado tuvo una larguísima sesión, alguien dijo:

—¿Cómo vamos a premiar a esa tía que ni siquiera es italiana, que nos ignora y no se ha ni presentado al concurso?

¡Ay de mí! La incomprensión… En Italia se me llamaba «la española» y en España se me consideraba italiana. La verdad es que no pertenecía a ningún sitio y no ignoraba los concursos, es que ni en sueños se me ocurría que podía aspirar a algo más que a un trabajo bien hecho. Y aun así, no quería ni quiero concursar en nada porque me sienta fatal perder.

El presidente del jurado, a quien no conocía personalmente, dijo:

—O premiáis la película de la «española» o presento mi dimisión ahora mismo.

El trabajo de equipo nos había llevado a conseguir un premio «fuera de concurso».

Recibí una placa que llevaba el nombre de Ilaria, en un escenario adornado con flores para la gala. Me la entregaron sus padres y no pude contener el llanto, al pensar que la joven rubia, de melena interminable y ojos azules, era ahora esa placa plateada y oro, en donde estaba grabado su nombre.

Los hechos felices nunca lo son del todo. Miguel tenía tres hijas, la más pequeña, Carolina, se había quemado el setenta por ciento de su cuerpo con una olla de agua hirviendo y yacía en un grito de dolor, en un hospital, al otro lado del océano.

Pensando en Ilaria e imaginando a la pequeña Carolina sufriendo atrozmente, y a quien dediqué en esa noche de gloria mi trofeo, no pude por más que lo intenté acallar los sollozos.

XIX

NECESITO DINERO

Después del triunfalismo, de más premios, de alegría y nostalgia por alguien irrecuperable y por una pobre pequeña que tenía una larga convalecencia por delante, había llegado el momento de enfrentarse a la realidad. Había que hacer CUENTAS.

Tenía dos hipotecas sobre mi casa, debía doce millones de pesetas, que me había dejado el Banco de Crédito Emiliano, y no tenía un duro. El golpe de gracia me lo dieron dos veces seguidas los ladrones. El ladrón es peor que un asesino, porque te roba junto al pasado los recuerdos que cada cosa significa para ti. El asesino te quita la vida y con eso, punto final. Tal vez en algunos momentos sería cosa de agradecer.

Existe un momento en el devenir vital donde todo parece negativo: el trabajo, la salud, los afectos, la economía. Yo estaba viviendo un *instante* de esos, que duró años.

La impunidad y el cinismo con que actuaban los directores de los bancos, demostraba que aunque cometiesen el delito de usura a la luz del sol, a nadie le importaba nada. Eran los protegidos de los dioses del Congreso, que pagaban con esa actitud nuevas o viejas deudas, cuyos intereses los pagábamos todos nosotros y ¿por qué no escribirlo? el capital también.

Había agotado todas las salidas. Mañana me sería pasado un cheque de trescientas mil pesetas y no había fondos. Mañana significaba para mí la muerte civil. Mañana quería decir «cheque devuelto». Era aparecer en una lista donde, una vez pagada la deuda, solo podían quitarte pasados cinco años. Te anulaban las cuentas bancarias, te quitaban las cartas de crédito, mañana era la deshonra, que es lo mismo que el final de una vida. Eso pensaba entonces y estaba equivocada. Los mecanismos de castigo de la sociedad para penalizar a veces la mala suerte o la adversidad que viene de frente, no tienen ningún sentido y funcionan con los débiles o timoratos. Cosa que yo era en ese momento. Hoy pienso que si un día figurase en una de esas listas, estaría igual de contenta de vivir, porque nadie puede quitarme la emoción infinita de contemplar el alba y el atardecer, oír el canto de los pájaros cuando se despiertan, que parece que tuvieran tanto que contarse; estoy segura de que ellos se relatan los sueños que idealizaron en la noche. Nadie podrá quitarme la brisa que trae el olor de Tirreno cuando voy en bicicleta, ni los besos del Amado Fantasma, ni el diálogo de siglos que logramos aún mantener. Por tanto, la muerte civil a la que te condena el que tiene dinero, no significa nada. Ellos tienen el dinero, otros tenemos duendes y hadas por amigos, la Fantasía por hermana, llevamos la poesía, la música, la danza y la mística en el corazón. Poseemos cosas que no son cuantificables como la imaginación, la intuición y el razonamiento. Y sobre todo, somos dueños absolutos de la fe. En algunas personas, entre las que me incluyo, vive la percepción del ser, la certeza de la inmortalidad del alma. Sinceramente, no sé quién tiene más, si los mercaderes o los soñadores.

La Historia, esa palabra altisonante, decidirá por nosotros, o tal vez el tiempo, que pone a cada uno en su sitio.

Bien, yo era riquísima, estaba claro, era la más rica del planeta pero ahora el cerco de tres bancos me asediaba, me sentía humillada a diario, perseguida; me dormía sumando y restando y me despertaba sin haber tenido tregua, sumando, multiplicando cifras en los sueños, y estas no coincidían jamás, siempre faltaba algo a la cifra inalcanzable. *LA CIFRA.* Los intereses. Los intereses de los intereses de los intereses de los intereses. Así hasta el infinito. Eran perros de presa y príncipes a caballo y yo era el zorro, cercado por la jauría. Un zorro al que despedazaban poco a poco y que agonizaba sin que nadie le pegase, por fin, un tiro en la cabeza. A veces, me sentía bailando desnuda ante ojos impúdicos en la cuerda floja de las amenazas.

«La lista», me decían, «aparecerá usted en la lista» y yo era el toro en el martirio entre toreros, picadores armados de lanzas y banderilleros, con el hierro que se hunde en la carne veinticinco centímetros y perfora los pulmones, mientras el coro de valientes me rodeaba jadeante, y excitado por la sangre y la jauría humana gritaba «olé». Yo era un mono en la vivisección, que se preguntaba en el Apocalipsis del horror: «Si el hombre no es igual a mí, ¿por qué experimentan conmigo? Y si de verdad es igual a mí, ¿es justo hacerme algo que a él no se le haría nunca?».

En esos momentos no era solo el mono, también el perro al que le cortan las cuerdas vocales. Y dicen con cinismo «los investigadores» que es para que no sufra. No es cierto, la verdad es que no tienen huevos para soportar los gritos.

Y yo allí, en medio de una hostilidad perversa, sin voz ya para explicar mi tragedia, hacía muecas de ciego dolor casi invisibles.

En esa agonía recordaba que en la antigüedad se perdía la libertad por deudas y uno se convertía en siervo/esclavo del acreedor. Nuestro sistema es peor, porque te declara la muerte civil, quitándote todas las posibilidades de sobrevivir, pero no te entrega a tu dueño.

A un esclavo se le castiga con el látigo pero se le da de comer y un jergón donde dormir. La sociedad moderna te condena a morir de hambre.

La trampa había sido el crédito, yo había cometido el loco, ciego, maldito error de acudir a pedir un préstamo a la «kafka» del banco y allí conocí alelada la Omnipotencia del Sistema Bancario. No lamentaba tanto el robo y la usura institucionalizada como el que me hubieran arrancado del limbo onírico en que vivía.

Pero esa noche era de verdad el fin… por trescientas mil pesetas.

No creo ser una persona que se rinda ante la adversidad o a las primeras de cambio. Por lo tanto, había buscado incansablemente soluciones. Conocía a uno de los directores del Banco del Fucino en Roma y me dirigí a hablar con él.

—Quiero ayudarla —dijo el hombre sobre cuyos cabellos habían pasado muchas estaciones, emblanqueciéndolos sin hacerle perder ni un milímetro de su enorme fascinación—. La he visto muchas veces con joyas importantes, ¿estaría dispuesta a venderlas?

No cesaba de mirarme, con una expresión helada, sin una pizca de humanidad. Respondí, sin perder de vista sus ojos.

—Y vendería también mi alma al diablo, si dicho señor estuviese interesado en la adquisición.

—Si es así, yo tengo un amigo que es joyero y que sin duda le cogerá sus joyas y pagará su valor en el mercado y al contado.

Llevaba a la cita con el joyero mis mayores tesoros, que apretaba preocupada en un bolso oculto en el pecho y controlado por mis manos a cada momento.

Era una de esas mañanas de invierno donde la cama y sus mantas te parecen el único lugar del mundo en donde quieres y bendices estar.

El joyero era tan atractivo o más que el director del banco, pensé cínicamente: «Se ve que los producen en serie». Me arrepentí de inmediato, mi intuición me había advertido que ese viaje era nada más que tiempo perdido. Lo que habría de asombrarme es hasta qué punto era perdido.

Miró con su lupa la piedra de cinco quilates que me había regalado el Amado Fantasma, días antes de nuestra boda. El Fantasma adoraba los brillantes más que ninguna otra piedra en el mundo, pensaba que estos eran mejor que los rubíes, las esmeraldas y los zafiros (no obstante, me hubiese llenado de gargantillas, pendientes y sortijas de todo tipo y color, porque conocía de sobra mi pasión y avidez por las joyas).

Yo admiraba su capacidad de elegir, la concreción. Lo sabía todo; qué muebles prefería, qué largo de pelo me estaba mejor, qué tipo de ropa me hacía sexy sin parecer una prostituta callejera. Su claridad de ideas me impactaba.

Cuando por la mañana venían a preguntarme al dormitorio qué había que cocinar para comer quería esconderme debajo de las sábanas, ya que nunca se me ocurría nada. No era capaz de decidir un vestido o unos zapatos. Me consolaba pensando que el Amado Fantasma me llevaba algunos años y que era seguro que cuando yo alcanzase los suyos sabría qué muebles eran los justos en un sitio o en otro, y que la melena larga era lo que más me favorecía.

Volví a la realidad desalojando con prepotencia los recuerdos.

El joyero «de serie» me hacía sentir incómoda, seguía midiendo y analizando lo que para mí era sobre todo un objeto de profundo significado sentimental. Ya me había humillado como un toro que se rinde ante su afeminado verdugo y baja la testuz, tal vez, rezándole a su Dios, para que el «héroe» de turno acierte con la espada y acabe con su martirio.

Verme obligada a vender uno de los últimos recuerdos palpables de amor, me hacía sentir el ser más desgraciado de la tierra.

Como si los recuerdos existiesen solo cuando tenemos algo en la mano para tocar... ¡Como si no llevásemos los grandes acontecimientos adheridos al alma!

—No tiene carbones —dije refiriéndome a mi piedra, para acabar con ese examen que no terminaba nunca; necesario, por supuesto, pero ultrajante.

Después le tocó el turno a un reloj de marca, de platino con brillantes. Y cuando las inspecciones terminaron, se sentó frente a mí, con expresión desinteresada.

—Un reloj de acero, usado, de esta misma marca, se paga actualmente en el mercado a unas cien mil pesetas.

—Es de platino con brillantes... —objeté.

—Todos los brillantes pueden costar más o menos... otras cien mil.

—Costó cinco millones setecientas mil, hace más de veinte años —dije con voz apenas audible.

El «de serie» no oyó o hizo como que no oyó:

—El brillante está a cien mil pesetas el quilate, le puedo ofrecer quinientas mil por la piedra.

Me levanté de la silla:

—Ha sido maravilloso conocerle, pensaré en su generosa oferta y le llamaré cuando decida algo.

No había resuelto el problema, así que pedí una cita con el abogado del banco, pero esta vez llevaba el magnetófono de espía en el bolsillo, que usaba en mi trabajo.

El hombre me dirigió una mirada de profundo desprecio, como si hubiese sido la asesina de su madre.

—Nos debe usted mucho dinero.

Empezábamos mal, a ese pobre hombre yo no le debía nada. Siguió su arenga demoledora:

—Su casa nos gusta, nos produce gula, pienso sacársela en dos minutos.

El abogado, que estaba viviendo su momento glorioso de poder, como todos los pobres seres que están condenados a ser pisoteados mientras viven, terminó el discurso de la desesperanza con un:

—Y no piense recuperarla en la subasta, ya sabe usted que allí domina la mafia. ¿Conoce la mafia?

—Sí, abogado. La conozco por mi trabajo. Lo que me sorprende es que la conozca usted. Así que un ciudadano, después de que haya sido arruinado por el banco, ¿viene la mafia a darle el tiro de gracia? Creo que actúan en el límite de la legalidad. ¿Están seguros de que no atraviesan nunca esa frontera?

—Las cosas están así... —me dijo levantándose y despidiéndome.

Salí escuchando mi casete e ilusionándome con mis proyectos más inmediatos. ¡Ya le iba yo a enseñar a ese! ¡Justo a mí, que sabía cómo movilizar la opinión pública, dónde y cómo denunciar un hecho escandaloso como ese: «Iré a Estrasburgo, al Tribunal de Derechos Humanos, a presentar una denuncia. Me presentaré en La Haya, ante el tribunal comunitario. Será la amenaza más cara en toda la historia del Banco. Esto que me está pasando será mi bandera, que podrán seguir otras víctimas como yo».

Como discurso de autodefensa estaba bien. No fui a ninguna parte, ya que cualquier movimiento partía de una D, de dinero.

Y ahí estaba, otra vez en mi dormitorio, mascando los últimos acontecimientos. Al día siguiente me despertaría siendo una persona nueva. Me acosté con el corazón ahogándome, sabía que a partir de mañana comenzaba otra vida, en ella ya había cambiado todo, yo ahora era pobre, desde mañana además, estaría en la lista de los chorizos, los estafadores, los muertos de hambre, los incorrectos, los que no son dignos de vivir en sociedad.

Había partido en cuarta, hacia mi aventura televisiva, en donde me esperaba la consagración internacional y terminé siendo una paria que temía responder al teléfono por miedo a los acreedores.

Ya no dormía desde hacía meses, recé arrodillada el rosario, a los pies de mi cama, pedí a Jesús llorando que mandase un coro de ángeles con dinero al contado para pagar mi cheque, cosa indigna de pedirle a Él, pero sabía que Él me había comprendido.

¿Por qué había firmado un cheque, aunque fuese por una cifra modesta, si yo sabía que me era imposible cubrirlo?

Por presiones. Solamente Jesús, el crucificado, podía ayudarme. En la adolescencia no había hecho buenas migas con él. Desde entonces no había vuelto a rezarle. Al tercer examen de matemáticas no aprobado, al segundo chico que me atraía y que se fijaba en mi mejor amiga Lidia Machado y no en mí, supe que Él no me quería, que no me escuchaba, y que jamás habría de concederme nada. Es más, me autoconvencí de que Dios era una señora.

Me volví a acostar pero con una pizca de esperanza. Creo que nunca como esa vez recé con tanta conmoción y sinceridad. Tuve la certeza de que Jesús me escuchaba.

De repente, la puerta de mi dormitorio se abrió y entró el Amado Fantasma. Di un salto y lo abracé con una alegría imposible de contener, la habitación desapareció y ambos nos encontrábamos en un salón que nunca había visto, le besaba las manos sollozando sin poder parar, con una exaltación del alma, con la sangre que cantaba en mis venas; era el nirvana. Me abracé a su cuello blanco, perfumado… ¡Cielos! había olvidado que tenía la piel como un recién nacido.

Había cambiado, era rubio. Lo reconocía por el alma, pero el cuerpo era irreconocible.

Nos sentamos en un salón anónimo con sillones de falsa piel verde, como si hubiésemos sido trasladados a un mundo neutro y despersonalizado, con una decoración en donde predominaba el mal gusto.

Hablamos durante toda la noche. Yo lo llenaba de besos y lloraba y le decía que sentía una paloma en el lugar del corazón, que aleteaba dentro de mi pecho y que estaba a punto de salir de allí. Alegría, risas, besos, abrazos, reencuentro, comunión de almas hasta que de repente, en todos esos planes de futuro que hacíamos, locos de entusiasmo, volví a razonar.

Amaba a ese hombre con delirio, pero necesitaba algo más. Me había dejado hacía veinte años y en nuestros encuentros jamás me aclaraba los motivos de su fuga. No, eso no había estado bien, no, en absoluto. Yo tendría que estar muy, pero que muy enfadada. Dejé de besarle las manos y muy seria, le hice la misma pregunta que me volvía loca y que le hacía a menudo, tan a menudo como toda vez que se me presentaba delante:

—¿Por qué te fingiste muerto?

—Tenía que ser así —dijo, con expresión grave, y atrayéndome contra su pecho me besó en los cabellos.

Y en ese instante todo fue transparente, pero yo sabía que a solas no, que eso no me valía, que en cuanto él se marchase, comenzarían otra vez las dudas. Cuando más concentrada estaba en él, protegida entre sus brazos, en el punto más sublime de felicidad una voz muy conocida, dijo:

—Madame, el café.

Era Mynda abriendo la puerta, en un segundo el Fantasma se volatilizó en la nada.

Me levanté de la cama con el mundo que se me caía encima. Estaba en esa realidad infernal del «mañana». Dicen que el mañana no existe ni existirá jamás, pero esa diabólica medida del tiempo que nos rige había hecho que ese mañana que no existe, ni existirá jamás, fuese hoy.

Hoy; el banco, el cheque, la devolución, la ruina moral y personal. Mynda dijo que debía ir a Roma por una gestión familiar, llevaba meses intentando traer a su hijo de Filipinas.

Me quedé sola. ¿Dónde nace la idea de poner fin a la propia vida? ¿En el cerebro, la caja del pensamiento? O en el alma, donde viven las intuiciones, las premoniciones, en donde reposan los sueños, las expectativas, la esperanza y el sentimiento. ¿Por qué alguien entra en un círculo vicioso de angustia y miedo y no logra ver ninguna salida?

Mi razonamiento fue simple; en esa dimensión, en ese mundo paralelo o actual en donde me había refugiado, por casualidad esa noche se encontraba el Amado Fantasma o lo que es lo mismo, la plenitud de vivir. Había comprendido que jamás en esta maldita y mediocre dimensión alcanzaría la serenidad; en el sitio al que tuve acceso una noche entera, en donde habitaba el Amado Fantasma, sí.

Había empezado a intuir, estaba casi convencida de que él no estaba en Trípoli con otra mujer. Estaba, poco a poco, abriéndose paso en mi cerebro otra posibilidad… Mi lugar estaba junto a él, el Amado Fantasma, mi marido adorado, admirable, el hombre que se había llevado consigo al marcharse lo mejor de mí.

Bajé al jardín y miré desde allí la distancia que separaba el suelo de las ventanas del tercer piso. Volví a entrar en la casa y subí a mi dormitorio, como una drogada o una borracha; abrí las persianas… La luz del día iluminó la habitación; la altura era grande, pero la terraza del segundo piso podía impedir que yo cayese en el jardín, hacer que me rompiese la columna vertebral y continuase viviendo hasta los ochenta años en una silla de ruedas. No. Ese no era el lugar adecuado. Miré el reloj, eran las ocho de la mañana, buena hora para reencontrarme con el Amado Fantasma, que no podía estar lejos.

Ignoré por completo el pinar que contemplaba siempre al amanecer, con los ojos entornados, para visualizar la energía que llegaba del cielo y caía en forma de lluvia con los colores del arco iris.

Nada habría de detenerme. Pasé a la parte trasera donde el recorrido desde el tercer piso al suelo estaba limpio, sin obstáculos. Entré en el vestidor, abrí las persianas y la ventana… No hice caso de la presencia de Tirreno frente a mí, ni le grité «Buenos días, Amor» enviándole un beso. Ninguna sensación humana me asistía, yo era solo una determinación, una idea: reencontrar para siempre al Amado perdido.

Miré hacia abajo, el trayecto que habría de recorrer mi cuerpo en el salto era respetable… solo hacía falta pasar una pierna, después otra y saltar… Me sentía como una sonámbula con un único impulso, brincar en el espacio, tal vez volar. ¿Por qué no? Donde vivía el Amado se podía todo, ¿o acaso él no aparecía y desaparecía cuando se le antojaba? Aparentemente, solo aparentemente, en esa realidad virtual que era nuestra existencia yo estaría pataleando en el vacío, antes de estrellarme contra el suelo.

—Riiing —no hice caso, yo tenía un plan, volver con él, dondequiera que fuese, dondequiera que se encontrase. Estaba segura de que no existiría en la inmensidad del cosmos (que se reduce a un punto que ni siquiera es un punto), nada peor que esto.

El sonido detuvo mi gesto.

—Riiing.

Otra vez. No había nada detrás de ese ruido que fuese más ansiado e importante, que reunirme con el Amado Fantasma. Me detuve mirando el vacío…

Como una autómata retrocedí, siguiendo la pista sonora, el canto de sirenas que no pude o no quise dejar de escuchar. Levanté el auricular…

—Sí… —me asombré ante una voz, la mía, sin energía, completamente entregada a lo que fuese.

—¿Dónde coño te has metido? Llevo años buscándote…

—Salva… —dije con emoción—. He dejado la casa sobre el río, vivo al lado de la playa, en Fregene.

—Podías llamar de vez en cuando, decir, oye, que cambio de casa… Pero ¿qué te pasa? Tienes una voz…

—Nada —respondí.

¿Cómo haces para contarle a un amigo del alma como Salva, los años de angustia, padecimientos, humillaciones y problemas, que parecían sin salida? Él me había conocido joven, con sentido del humor y con un buen futuro profesional, y encontraba después de algunos años una sombra, cuya única compañía eran un fantasma, en una casa aislada al lado del mar y perros y gatos ex abandonados o salvajes. Él insistía y yo solo quería correr a la ventana. Al final se lo dije.

—Hoy me devuelven un cheque… por trescientas mil…

—¿Adónde hay que ir a pagar?

—Pero ¿es que tú tienes trescientas mil?

Muy mal debía de estar para suponer que nadie en el mundo, conocido por mí, pudiese tener la llave de la solución de mi problema. Cuando tienes no das importancia a ninguna cifra, cuando no, hasta diez mil «pelas» pueden ponerte de rodillas.

—Cuelgo y te llamo más tarde —dijo él.

Me sentí aliviada, miré la ventana con espanto, retrocedí asqueada conmigo misma, ya haría después el duro examen de conciencia. Una hora más tarde me llamaron del banco.

—Señora, tiene que venir a firmar.

—¿El qué?

—El finiquito de su deuda.

—No le entiendo…

Mis añoradas trescientas mil pesetas eran los plazos atrasados de un crédito que había pedido y del cual me quedaban aún ochocientas mil.

—He pagado toda tu deuda, si no dentro de tres meses vas a estar igual —comentó Salva.

Me sentí muy avergonzada, pero una persona nueva.

Cogí las papeletas del empeño de todas mis joyas y se las entregué. Se quedó sorprendido de que mi situación fuese tan mala que hubiese recurrido incluso al Monte de Piedad.

—No sé cuándo podré devolverte ese dinero, te doy estas papeletas ya que si desempeñas las joyas y las vendes, puedes resarcirte con creces de lo que te debo.

—No era necesario —dijo, mirándolas con atención.

Un día después su chófer me trajo las joyas con unas líneas:

—Debes prometerme que no volverás a empeñar nada, nunca.

Pero más allá de un gesto generoso hoy puedo decir que respiro, paseo al lado de Tirreno y acaricio mis animales, todo por aquella llamada a las ocho horas en un día que debía de haber sido el último pero no lo fue, gracias a un amigo extraordinario.

Pasaron más de seis años hasta que tuve la evidencia de que el crucificado había escuchado entonces mis súplicas. Iba por una calle de Madrid, estaba cruzando con el semáforo en luz verde el paso de peatones en la plaza de Alonso Martínez cuando me detuve alelada en mitad del paso de cebra: «Salvador». ¡Sí, el nombre completo de Salva era Salvador! Para que el mensaje fuera aún más claro, ya que el nombre que todos reducíamos, y nos había hecho olvidar el nombre completo era, no puedo dejar de repetirlo mil veces: Salvador.

¿Por qué me llamó ese día preciso, justo en ese instante? ¿Quién detuvo mi salto? ¿Envió el crucificado a mi ángel de la guarda, aquel que me vigilaba en mi infancia y trabajaba sin horario, el mismo que me había fallado una vez y había velado después, en toda circunstancia, seguramente arrepentido de aquel descuido, en donde perdí mi nariz original? ¿O el Amado Fantasma que me visitó esa noche intercedió por mí ante el hijo de María? ¿O fue ella, la estrella matutina, quien le recordó a su hijo que necesitaba ayuda?

No lo sé, solo sé que gozo con cada inspiración de aire marino. Y he vuelto los ojos más que nunca al crucificado; él escucha a los desesperados, siempre.

Seiscientas cuarenta y una personas se suicidaron en tres años por los intereses usureros de los bancos italianos, al no poder hacer frente a las deudas. Una familia entera, madre, padre y tres hijos se tiraron del puente de una autopista.

Y un día la noticia increíble, los bancos habían violado la ley y una sentencia de la Corte Constitucional, que dicta jurisprudencia, condenaba a uno de ellos a devolver parte de los intereses recibidos ilegalmente. La noticia suscitó un gran clamor entre la prensa y las asociaciones de consumidores. Fueron días felices, aunque no me precipité para que me devolvieran mis vísceras, la libra de carne que me habían robado. Pero… el gobernador del Banco de Italia, de la mañana a la noche, se sacó de la manga una ley que por decreto perdonaba a los bancos el delito de usura ¡ante el peligro de que quebrasen! ¿Y la vida de las personas explotadas, burladas, estafadas? ¿Y las sanciones comunitarias del Tribunal de Estrasburgo? También ellas eran pisoteadas al insistir con el fraude, al más alto nivel institucional.

Estoy segura de que ese acto le costó a la izquierda italiana las elecciones. Pero llamarle izquierda a esa mezcla de individuos reciclados, de todo tipo y color, era una ofensa a la palabra que se identificó siempre en la historia del hombre, como la defensora de los más débiles.

El gobernador del Banco de Italia, en memoria de las seiscientas cuarenta y una personas suicidas, no tenía que haberlo hecho. Ellos se revuelven de asco en sus tumbas y le maldicen.

Otra noticia desestabilizadora: «Robados los restos de Enrico Cuccia». Con ese nombre se identificaba al Omnipotente Banquero, al Padre Nuestro que estaba en Mediobanca. No sabía ni siquiera que había muerto. ¿Los ladrones pretendían un rescate, se trataba de una venganza personal o alguien quería organizar con sus restos ritos satánicos? No lo sé, pero intuyo que el más potente banquero italiano habrá tenido responsabilidades en la ruina económica de muchas familias y eso no fue olvidado ni perdonado, ni siquiera en la muerte.

He logrado, después de mucho tiempo, esfuerzo y dolor, encontrar la salida de aquel laberinto. ¿Cómo? Siguiendo un consejo.

El emperador chino Vu estaba rodeado por sus enemigos. No tenía escapatoria. Hizo venir a su presencia al gran estratega Zu-Zu y le pidió consejo: «¿Qué le aconseja el gran estratega al emperador, por dónde puede salir, si todas las salidas están rodeadas?». «Si piensa salir del cerco como entró está perdido, si en cambio está dispuesto a perder una parte de sí mismo, saldrá vencedor y fortalecido.»

XX

UN MENSAJE PARA ALGUIEN PERDIDO EN EL DESIERTO DE LA CIVILIZACIÓN

La milagrosa salvación del líder y lo sucedido en el desierto con los pájaros me dejó una enseñanza: estaría siempre atenta para percibir los mensajes que los pájaros tuvieran para mí.

El sol pegaba fuerte en Fregene, era una maravillosa tarde de agosto de 2000. Miré por la ventana de la cocina y vi a una de mis gatas con un pajarito en la boca seguida por el resto de la jauría, que se ilusionaba con merendarse al pequeño. Perseguí a *Marsha*, la jefa máxima de la comunidad gatuna y madre severísima, por todo el jardín y no lo soltaba. Saltó a la calle y lo arrojó a mis pies.

Parecía muerto cuando lo recogí del suelo. Lo cubrí con la otra mano y me concentré en Ella, mi aliada, residente en un sitio del que lo ignorábamos todo y que por eso habíamos dado en llamar Misterio. Recé el Ave María y se lo encomendé a la Señora del Cielo.

—Devuélvele la vida, Madre. ¿En la economía del universo que más da que este pequeño pajarito crezca y aprenda a cantar tu grandeza?

Después me mojé un dedo y con él bañé su diminuta cabeza. Le había preparado un lecho con algodones y acostado allí; al sentir el agua pió y lo solté en la cocina, en donde había comenzado a volar. Cerré las puertas y ventanas para impedir que los gatos entrasen y lo cogiesen otra vez.

Cuando volví él ya no estaba. No lograba explicarme por dónde había huido, pero con mi incurable optimismo empecé a imaginar que vendría a saludarme por las mañanas, cuando los gatos descansaban de la activa vida social que desarrollaban por las noches. No lo volví a ver hasta dos días más tarde. Comíamos en el jardín bajo los árboles y vi al pequeño sobreviviente, estaba aplastado por una silla. Seguramente los gatos lo habían cogido por segunda vez, y ya muerto, alguien había puesto la silla encima.

¿Es ineludible la muerte en el día fijado? ¿Hasta el destino de los pájaros está escrito? ¿Por qué revivió en mis manos? ¿Es que la Virgen no pudo soportar mi pena? ¿Y ella tampoco puede nada contra la muerte?

Prefiero seguir pensando que basta quererlo para ser inmortal, en un modo o en otro. Trabajo siempre la fórmula que me enseñó María Gracia, pero después de todo, ser inmortal ¿para qué? ¿O no basta el sufrimiento de esta vida, que es necesario hacerlo eterno?

Pero ¿cuál era el mensaje dirigido a mí, sobre esa resurrección y esa muerte? ¿O acaso esa era la metáfora, en la que vivía inmersa?

Me afectó la muerte de ese desafortunado pájaro y mucho, pero un día inesperado el cosmos habría de corregir su comportamiento.

Había tenido una idea. O venían todas juntas en el mismo período o se declaraban en huelga y se escondían durante años, negándose a iluminarte con esa inspiración que procede directamente del Creador.

Hasta el momento, mi vida, plena de éxitos profesionales, era durísima. Parecía que estos se desvanecían en la nada y yo continuaba en un examen continuo, en los medios en los que trabajaba. Se me exigía siempre el máximo, una exclusiva prácticamente cada mes. La tensión interior era constante.

Aquella mañana tenía una cita de trabajo importante y de resultado incierto.

El pequeño cayó desde la rama de un árbol y quedó en el suelo, inmóvil, justo delante de mis pies. Era un pajarito recién nacido. Cogí un pañuelo y lo envolví con cuidado colocándolo en la parte superior de mi bolso. No tenía tiempo para ocuparme de él sin faltar al encuentro. En el trayecto del taxi hasta el sitio a donde me dirigía, le coloqué entre mis manos y concentrándome, elevando a su nivel más alto el pensamiento y tratando de conectar con el silencio de mi conciencia eterna, imponiendo el mismo a mi ruidoso cerebro, intenté que la energía fluyese de mis manos.

Era difícil, no era la hora del alba ni del atardecer, los momentos más favorables; no estaba de espaldas al sol, ni en un espacio abierto con olor de pinos. Toda mi fuerza estaba concentrada en mis manos, que ni siquiera temblaban. Sentía el calor que despedían.

La entrevista fue un éxito y volví a casa satisfecha. ¿Qué hay en el mundo más maravilloso que el hecho de que el fruto de tu trabajo sea aceptado?

El taxi me dejó en la puerta de casa, estaba otra vez delante del árbol en donde había encontrado al pequeño. Percibí un ligero temblor en el pañuelo, este se abrió. Él dio un salto y se paró en el borde de mi bolso, con un piar a modo de saludo. Nos miramos. Mi corazón se hinchó de gozo. Le dije: «Buena suerte, pequeño». No sé si me oyó.

Él ya había echado a volar.

Seguramente mensajero de los ángeles, me había dejado un augurio: mis proyectos eran vencedores. ¿Tienen importancia los fracasos o los triunfos? Para vivir mejor, sí. El éxito es una linfa vital cuando alguien escribe. La intención primordial es comunicar con los demás, ofrecerles el fruto de los descubrimientos.

Los fracasos y el sufrimiento, en cambio, te obligan a mirar dentro de ti. Y tal vez sea esa la única manera de cambiarlo todo. Si alguien trabaja en su propia energía para convertirse en Uno con el cosmos puede ayudar a la evolución de los demás y prepararlos para una inmortalidad maravillosamente ineludible.

Además, si no hay evolución, por la ley de los opuestos tiene que haber a la fuerza, involución…

¿Había sido de verdad el cosmos o tal vez mi elevación hacia él arrancó al pájaro de las sombras en que se estaba precipitando?

XXI

EL DATO

El vuelo de Iberia partió puntual. Me abroché el cinturón y entonces noté a mi compañero de viaje, que me miraba fijamente. Tan fijamente como si me conociera de toda la vida.

Cogí el *Corriere della Sera* para sepultarme dentro y evitar así todo tipo de aproximación; estaba viviendo la etapa del rechazo hacia mí misma y al resto de la raza humana, aunque no siempre era así.

El viaje transcurría sin turbulencias, los asientos de segunda clase eran tan incómodos como siempre. Las azafatas servían la comida de plástico con la que te castigaban por haber sacado un billete barato. Claro que se la comía el padre del dueño de la compañía, yo solo pensaba beber. Una cerveza o un vino tinto, eso era todo; en casa me esperaba la pasta *sciutta*, con la salsa de Mynda, eso quería decir que mis jugos gástricos podían esperar.

La azafata preguntó a mi compañero de viaje:

—¿Qué van a tomar los señores? —dando por sentado que viajábamos juntos.

El hombre me llamó por mi nombre y dijo:

—¿Qué te apetece?

—No sé si vino tinto o cerveza —respondí sorprendida con la familiaridad del desconocido.

—El vino engorda menos —dijo.

—Adjudicado.

Le miré con atención. Era joven, apuesto y con un cierto aire intelectual.

El alcohol me puso de buen humor y comencé a intimar con mi vecino.

—¿A qué te dedicas? —pregunté y la verdad es que no existía nada en el mundo que me importase menos que la actividad a la que se dedicaba el desconocido que conocía mi nombre.

—Soy médico.

—¿Y cuál es tu especialidad? Si es que se puede saber…

—Neurocirujano, trabajo en la Clínica de la Paz…

—Aaah… —musité. Pensé que allí habían llevado a mi marido presuntamente agonizante—. Allí estuvo mi…

—Lo sé. Estaba de guardia esa noche y me tocó atenderlo.

Me quedé muda, tantas eran las preguntas que quería hacerle, pero la sorpresa, y sobre todo el miedo a saber eran mayores que mi delirio por conocer detalles.

—Siempre quise conocerte y cuando subiste al avión te reconocí enseguida, por las fotos de los periódicos. No has cambiado…

El hombre que estaba a mi lado podía decirme quién era en verdad el muerto pero ¿cómo podía confiar mi secreto a un tipo que no había visto en toda mi vida? Y ¿cuál era el secreto tan bien guardado? Que mi marido no había muerto sino que estaba vivo y sentimentalmente estable, convivía y viajaba por el mundo, con una joven morena y, lo que es aún más cabreante, *delgada* y de enormes ojos azules.

—¿Intentaste salvarle, pudiste hacer algo por él? —dije, disimulando lo que pensaba y sobre todo, lo que sabía. Si él era un cómplice de la vieja comedia, lo más importante era que no sospechase que yo estaba al corriente de todo.

—No. Prácticamente nada, le faltaba la mitad de la parte superior de la cabeza, en esas condiciones… Asistí a su autopsia… Tenía el corazón mucho más grande de lo normal.

Recordé que se había tratado de problemas cardíacos desde siempre y la razón parecía ser un corazón que no le cabía en el pecho. ¿Este hombre estaba hablando del Fantasma o de alguien que tenía una anomalía parecida?…

—Me enterneció el hecho de descubrir en su boca el colmillo derecho medio empastado, no llegó a tiempo para ver el trabajo terminado.

Era él. ¡Cielos, era él! Dios mío, no me lo mates por segunda vez. ¿Quién era entonces el clon que había saludado en Trípoli? ¿O esto era el principio del exilio mental de la locura?

El Amado venía casi descompuesto del dentista. En toda mi

vida había visto a alguien tan hipocondríaco como él, mientras me explicaba que le habían puesto cuarenta mil inyecciones de anestesia, con agujas tan grandes que le trepanaban el hueso y un dolor más fuerte que todo le hacía estallar la frente, mientras lágrimas de impotente desesperación le caían en el rostro. Yo deducía después de su minucioso relato que el dentista no era un buen profesional. Eso sucedió dos semanas antes de morir y él había jurado que no volvería.

No había duda, el corazón… su colmillo… no sé en qué estado de delirio terminó el viaje, sé que ese hombre misterioso me dio su tarjeta, que perdí tal vez adrede, para no enfrentarme una vez más aún con la evidencia.

CUARTA PARTE

XXII

LA CERTEZA

¿Se puede volver a sufrir con la misma intensidad por la misma tragedia? Sí, se puede sufrir mil veces a raíz del mismo dolor irremediable.

Estábamos en Semana Santa. Normalmente la llevo muy mal. Aquella en particular fue mucho peor. Cuando llega el Jueves Santo y voy a misa no puedo dejar de llorar ante la injusticia sufrida por Jesús. Evoco el camino del calvario, la crucifixión y la muerte y no es un rito que recuerda algo sucedido hace más de dos mil años. No. Es algo que me golpea el corazón y no puedo contener los sollozos; la congoja me estruja el alma y siento la pena enorme de vivir sin esperanzas. Ya que si con el cordero el hombre se comportó de esa manera ¿cuál puede ser el destino del resto de la humanidad? Cualquiera. Se puede morir a la salida del cine por tropezarte con alguien de mal carácter o morir acuchillado o acribillado en mitad de la calle, por una discusión en el tráfico. En realidad, seguir vivo es un milagro.

Había asistido a la misa de mediodía. Estaba sola en el salón y el abandono del Fantasma, algo cierto, probado, documentado, ratificado, unido a la injusticia de dos mil años de antigüedad, pesaba demasiado. Apoyé la cabeza contra el vidrio del ventanal y le llamé más que nunca.

Lloraba como los niños, sin parar y preguntando lo mismo de siempre. ¿Por qué me has dejado sola? ¿Por qué te has muerto? ¿Qué voy a hacer ahora? Otra vez, no. Esta vez no sobreviviré, Dios mío, Dios mío, Dios mío…

Paseé por la casa como una desequilibrada, intentando entrar en esa dimensión en donde él se encontraba. De repente, al pasar por un espejo, me detuve a mirarme. Las bolsas debajo de los ojos eran violetas, el tamaño de los mismos se había reducido, parecían dos fisuras enrojecidas e hinchadas. De tanto llorar me había convertido en un monstruo, casi sin darme cuenta. Pero yo trabajaba y vivía entre la gente, no podía seguir hundiéndome en la depresión.

Es necesario reaccionar, ahora mismo, ya, me dije. Lo primero es poner música, hace tantos años que no escucho nada que no sé ni siquiera si aún funciona el aparato.

Me senté en el suelo al lado de la columna que albergaba diferentes equipos, en el cajón de abajo me puse a rebuscar algún casete o un compact. En ese desorden en que vivía y vivo, me topé con uno que llevaba escrito con letra del Amado Fantasma, a mano y con lápiz: *Don Juan*.

Lo coloqué y con atención me dispuse a escuchar.

¡Su voz, cielos, su voz, resonando en el silencio de la habitación! Parecía grabado ayer. Pero ¿cómo no lo había oído antes? La verdad es que sí, lo había visto, pero con mis enfermizos celos no quise escucharlo, porque imaginé que era un mensaje para su madre. Y eso no habría podido soportarlo.

—Nena, bueno, como te he llamado a Roma y no estabas en casa y acabo de terminar el *Don Juan Tenorio*, te enviaré esta casete, así eres la primera, después de la orquesta, claro, en escuchar la obra.

Cantaba acompañándose en el piano, con un conjunto de bajo, guitarra eléctrica, batería, etc.

> *Aquí está Don Juan Tenorio*
> *para quien quiera algo de él*
> *Yo a las cabañas bajé*
> *Yo a los palacios subí...*

El ritmo era lo que más tarde se llamó *rap*; empecé a mover las caderas siguiendo el compás, me descalcé para acariciar el suelo y empecé a sentirme mejor, seguí bailando y hasta se insinuó dentro de mí una sonrisa.

Después el Fantasma preguntó a *Pampero* algo que él mismo le había enseñado:

—¿*Pamperito*, cómo hace el lobito?

Empezó a aullar y se le unieron *Nabucco*, *Coco*, *Clara Bowl* y *Sonda*. El Amado tradujo:

222

—Los perros te están diciendo: «También nosotros, mamita, te queremos mucho y te echamos de menos».

¿Cómo había podido abandonar a mi marido, dejar mi casa, mis perros y gatos, para «sentirme realizada» en un trabajo, lejos de todos mis afectos, en un ataque de feminismo sin sentido, provocado por la envidia y los celos del éxito internacional del Amado? La gloria lo había acunado desde su nacimiento y no podría ser igualada por mí, ni aunque fuese la primera astronauta en pisar Marte.

No lograba superar el segundo plano. Mis complejos de inferioridad me hacían sentir invisible a su lado. Nadie me veía; me saludaban con afecto si estábamos juntos, pero si me encontraba por la calle a alguien con quien hubiéramos cenado la noche anterior, no me reconocía y a veces, seguía a esa persona, le volvía a pasar por delante y nada. Invisible. Yo era solo una excrescencia que le había salido al Fantasma, no tenía personalidad propia, ni siquiera identidad, era la sombra que lo acompañaba.

¿Es que existe en este mundo algo más sublime que el ser la compañera del hombre que amas? ¿Que sentirte protegida y amada? Seguramente. Pero muchas veces me he justificado, nadie puede *ser* en función del cónyuge.

No es cierto. Se puede *ser* cuando se ama de verdad.

La casete terminaba con una frase dicha con empaque y alegría: «¡Y en octubre, la gra-ba-ción!».

No vivió hasta octubre, ya que su muerte se produjo el 28 de marzo. Pero si esa casete la había grabado antes de suicidarse y él se encontraba de buen humor y hacía planes para el futuro ¿qué había sucedido que hiciera precipitar esa decisión tan trágica e irremediable?

Llevaba pensándolo años, más de diez después de su fuga y al final lo hice. Fue una de las decisiones más duras de mi vida, desprenderme de El Olivar, la casa en donde habíamos vivido y donde el Amado Fantasma, según la versión oficial, se había suicidado.

Conservarla no tenía sentido, si me encontraba en el salón y debía coger algo en el dormitorio, caminaba kilómetros para llegar hasta este. Lo miraba y me daba la sensación de encontrarme en el salón de los pasos perdidos. Estaba orgullosa de mi casa y tenía un afecto morboso hacia ella, pero pensaba que mi vida habría de ser más fácil si me desprendía de la misma: como siempre, estaba equivocaba.

Mi pobre madre tenía Alzheimer y empeoraba día a día, era el momento de volver a mis raíces y acompañarla en sus últimos años.

Al salir por la puerta de entrada, abandonando en la tierra del jardín a *Clara*, mi pastora alemana adorable, a quien había enterrado debajo de un rododendro exuberante y lleno de color, besé el suelo como hacen los desterrados y los que vuelven, los parias, los desheredados, los papas y los reyes.

Fue un gracias al lugar que me había albergado y un saludo de despedida, que era siempre el mismo al dejar una morada.

—Adiós casa, adiós jardín, no sé cómo, no sé cuándo, pero juro que volveré.

Empecé a caminar hacia la salida, con los ojos llenos de lágrimas, sabiendo por anticipado que esa promesa no habría de cumplirla. La casa sería demolida y en su lugar construidos cuarenta chalets adosados; una colmena.

A la entrada, delante del bungaló de los guardeses se encontraba en el suelo una caja de madera, de esas que dan en los supermercados, cuando te traen las frutas o las verduras.

Pero en esa en particular Matilde colocaba las patatas. No quería dejar desorden detrás de mí y me acerqué a recogerla.

¡No podía creerlo! Alguien había forrado la caja con una partitura del Amado Fantasma... Me lo merecía por estar siempre fuera y permitir que en ese templo que es el hogar de cada uno entrase y se hiciese amo cualquiera. Bastante se enfadaba Matilde conmigo por la infinidad de huéspedes que se eternizaban allí.

Cogí la partitura muy enfadada y la abrí, al lado de corcheas, fusas y semifusas, había algo escrito, era su letra. Pero temblorosa, decía: «Nadie es culpable, solo yo, solo yo, solo yo».

Daba la impresión de que él había querido dejar por escrito un último mensaje, para eliminar presuntas responsabilidades, pero de repente sentí que eso había sido escrito bajo presión, tal vez bajo una amenaza mortal.

Me llegaba a través del tiempo la conmoción del Amado momentos antes de ser asesinado.

Fue una percepción, una intuición que abría un haz de luz sobre su historia, una aclaración póstuma que me llegaba de otro mundo. Mas, esa percepción que tuve, ¿era para tomarla en serio?

¿O tal vez la estaba creando yo misma, porque sería una manera de absolverme del suicidio de mi marido?

Cualquier responsabilidad que yo tuviese en él, caería…

Existen hechos que uno, a su pesar, no logrará jamás descifrar.

Llegué a mi nuevo hogar en Roma y esa noche, instalada entre cajas y demás, trabajé en la fórmula. Por la mañana, sintiéndome en armonía con todo lo que me rodeaba, añoré más que nunca a María Gracia, la desaparecida en la nada. Intentaba identificar con la concentración el sitio donde ella se encontraba. Cerré los ojos y, en la oscuridad provocada, percibí dos haces de luz que se unían como dos manos… ratificando un pacto…

Soy una conciencia vigilante, un testigo sin voz ni voto, solo me asiste una condición, la capacidad de ver, de observar sin juicios de ningún tipo.

Soy también esa mujer que llega en grupo al castillo de la familia más potente y con más linaje de Francia. Esta es una ciudad de provincias. No puedo saber en qué año estoy del tiempo de los hombres, pero podría ser un año de guerra del siglo XX.

—Hola, encantada de verte.¿Cómo has llegado?

Horror, esta pesada otra vez, ahora no se me despegará en toda la noche. ¿Para qué habré venido? Conducir más de tres horas desde París para aburrirme como una ostra entre aspirantes a periodistas y escritoras en edad de la pensión, solo por ser incapaz de pronunciar el adverbio negativo: No.

—Con el coche. Yo también me alegro mucho de verte, no me llamas nunca.

—Es que aún no me has dado tu teléfono.

¿Habrá pena de cárcel para las hipócritas, falsas y mentirosas? debería avergonzarme de mi lado sociable.

De repente lo vi. ¿Quién es él y qué hace aquí? No puedo evitar acercarme…

—Oye, ¿me has oído?, aún no me has dado tu teléfono particular…

—Pídelo en la revista —contesté mientras me alejaba hacia la llamada ineludible del destino.

La fuerza de mi mirada hizo que él se volviese y al verlo de frente me sorprendí de estar ya perdidamente enamorada.

Era alto y moreno, con el pelo corto, un físico excepcional, una sonrisa imposible de olvidar y un algo infantil en la mirada. Aunque estaba hablando con otras personas, prevaleció mi falta de educación y sin saludar a nadie, le dije.

—¿Me permites que te mire? No he visto en toda mi vida nada tan bello como tú.

Me observó con los cinco sentidos, sin sorprenderse de mi entrada intempestiva en su vida, se disculpó con las personas que le rodeaban y cogiéndome del brazo, me apartó en un ángulo del salón medieval.

—¿Sabes qué es lo primero que tú y yo vamos a hacer?

—Aún no —respondí sonriendo.

—Nos vamos a casar.

El tiempo de la felicidad es como un suspiro, se agota tan velozmente que a veces dudas si no fue un sueño dentro de un sueño dentro de un sueño.

Y ¿quién es el gran soñador? Pregunta condenada al fracaso.

Aún no conocía su nombre cuando engendramos a nuestro hijo, esa misma noche, no sabía que era el dueño de la casa, ni siquiera que se dedicaba a la política. Lo único que conocía eran sus manos, largas, blancas, sabias y astutas en la caricia.

En el salón medieval con espejos venecianos había un piano de cola blanco, allí él mantenía la agilidad de sus dedos tocando a Mozart, a Beethoven. La música era su segunda pasión.

Nuestro mutuo enamoramiento explotó porque sí, sin que hubiera un exhaustivo conocimiento previo, como le sucede a casi todas las parejas que habrán de vivir juntas, casadas o no.

Mi suegra, una persona dominante al igual que su hija, nunca me aceptó.

Ellas dijeron que en el castillo cada uno de los miembros de la familia debía vivir en un apartamento privado. Compartimos el mismo lecho durante el período de la clandestinidad de nuestro amor.

Me adjudicaron una pequeña habitación debajo de una escalera. Algo en el fondo de mi corazón me decía que él tenía un secreto, pero estaba tan feliz de ser su mujer, de esperar un hijo suyo, que jamás indagué en el misterio que lo envolvía...

Mi hijo es el bebé más guapo del mundo. No es en absoluto pasión de madre, no. Es la perfección hecha niño; blanco, rubio, de ojos azules, parece irreal, un muñeco de juguete, creado por las hadas y los duendes del paraíso terrenal.

Mi amor desaparece por las noches, pero por el día sale a cabalgar con nuestro pequeño en los brazos.

Es la alegría de este lugar lleno de fantasmas y almas en pena. Mi suegra también se lo lleva con ella a su apartamento privado y como ya no trabajo, paso los días vagando de habitación en habitación.

Hoy vinieron las dos a buscarle, mientras se lo llevaban tuve un terrible presentimiento y corrí tras ellas. Mi pequeño no cesaba de mirar para atrás, sin apartar de mí sus ojitos risueños. Cuando llegué hasta él le arreglé la toquilla, hizo un mohín con la boca que interpreté como un gracias y sonrió. Se alejaron los tres por el pasillo y supe con certeza dos cosas, que no volvería a ver a mi hijo y que mi vida estaba llegando a su fin.

No había cumplido aún veintisiete años.

¿El resto? Nada.

Mi hijo había sido secuestrado, lo buscamos en cada recoveco, en cada trampa de ese monumento funerario, en las afueras, en el parque, en la ladera, en los precipicios, en los valles circundantes, casa por casa, rincón por rincón, en ese valle del Loira. En sus orillas y bajo sus puentes, mi hijo había desaparecido, daba la impresión de que nunca hubiese existido.

Solo su padre y yo añoramos su carita sonrosada y lloramos por él. A mí empezó a matarme la sospecha. El secuestro de mi hijo había sido fraguado en familia.

¿Cómo haces para decirle al hombre que amas que recelas de su hermana, que estás segura de que ha sido su propia madre la que nos lo ha arrebatado?

La primavera de mi vida ha pasado, sé que voy a morir y no quiero abandonarle, no quiero. Él tiene mi mano entre las suyas, me suplica que no le abandone, no quiero hacerlo, no quiero, sus manos blancas... ¡qué oscuridad, Dios mío, qué oscuridad!...

Está atardeciendo y camino por el pasillo en sombras. De repente, una sensación de angustia me invade. Mi pequeño, ¿dónde está mi pequeño? El corazón me late enloquecido, voy a echarme a correr para buscarlo, pero ¿dónde está la luz?

Aquí... Enciendo. No estoy en uno de los corredores de piedra del castillo sino en un apartamento cerca de la Castellana de Madrid.

Me cuesta volver al presente... No tengo ningún hijo. Mi ma-

rido, un consagrado músico, se suicidó hace veinte años, deján-
dome viuda en plena juventud.

    ¿Y ese recuerdo tan nítido? No era más que una de las infini-
tas piezas del puzzle. Había conectado con María Gracia, la «de-
seada». Ella me había dado no solo la constancia de la comunicación sino una respuesta.

XXIII

DONDE MUEREN LAS PALOMAS

Vaux le Vimcompte se encuentra a algunos kilómetros de París. No sabría precisar cuántos, podrían ser treinta o tal vez cien. Volvía de Vaux a la capital, después de haber tenido un encuentro con un célebre actor cinematográfico. Él filmaba una película que se desarrollaba en el pasado, en el castillo que ha dado fama al lugar.

Era casi divertido ver pasearse a otras estrellas, tan conocidas como mi entrevistado, vestidos de época, en medio de damas con miriñaque y carruajes de caballos enjaezados con adornos en plata, que circulaban en un parque de diseño geométrico, arquitectónicamente perfecto y de dimensiones exageradas.

La prisa por volver a Madrid hizo que me dirigiese a la estación de Austerlitz para coger el tren *Puerta del Sol*, que unía durante la noche las dos capitales.

Me había aficionado a ese tren en el momento de mayor éxito del Amado Fantasma en Francia, viajábamos a París los fines de semana con *Pampero*, cenábamos en el vagón restaurante, que conservaba el aire de principios de siglo, y ambos nos sentíamos eufóricos de respirar esa atmósfera, donde la prisa se había detenido.

Al entrar en Austerlitz sentí un vuelco en el corazón por algo impreciso. El lugar parecía más gris que nunca, el suelo estaba asombrosamente limpio, casi brillante, como si por allí no pasase nunca nadie.

Transcurrió un tiempo largo hasta que comprendí la razón de mi rechazo, faltaban las palomas, esas que convertían el sitio vetusto en algo vivo. Divisé dos o tres, casi aterradas en los hierros del techo, y me dirigí a comprar pan para ellas. También noté a varios hombres con un uniforme azul, que limpiaban como obsesos la limpieza del suelo limpio. Estaba poniendo el pan a las tres rezagadas cuando los hombres se dirigieron hacia mí, indignados.

—... *ça, ce n'est pas possible!*

—¿Por qué? —pregunté.

—No se puede dar de comer a las palomas. Por orden del Ayuntamiento tienen que salir de aquí. Vivir en los parques o donde les dé la gana.

Era obvio que la soberbia del hombre no solo había invadido trozo a trozo del Paraíso que era el planeta Tierra, sino que se negaba a cohabitar con los otros seres que lo habitaban antes que él.

Los humanos habían decidido declarar la guerra a las palomas, reas confesas de cagar en las calles y monumentos. Había oído hablar de lo mismo en Roma, donde se prohibía darles de comer en los parques, quitando así a los ancianos su principal misión, esa que los hacía sentirse amados y útiles. Y condenando a ellas al exterminio.

Esta conducta humana tenía antecedentes, la estupidez del hombre no es reciente. Nació con él.

En el medievo se declaró la guerra a los gatos por ser un animal demoníaco y se los obligó a morir quemados en las piras de las brujas o en hogueras para ellos solos.

El gato fue rehabilitado después que la peste diezmó las poblaciones de toda Europa. Dejó de ser diabólico cuando los hombres entendieron que la presencia masiva de las ratas, que ya no eran perseguidas por el «enviado del demonio», habían infectado las ciudades. Tampoco tengo claro que sean ellas quienes infectan y siento profunda ternura por los roedores, animales dulces y agradecidos.

Subí al tren que acunó mis recuerdos; todo seguía igual en el vagón, solo faltaba el Amado Fantasma. Me dormí llamándolo. Y tuve un sueño...

Me encontraba en un mundo infernal, donde los hombres aniquilaban a sus congéneres. En algún lugar del mundo, otros hombres con familia y fe en el futuro de sus hijos, fabricaban armas de exterminio; una diabólica bomba de fuel.

Quemaba el oxígeno del aire, y quien estaba debajo moría por asfixia; no destruía los edificios, lo que no dejaba de ser cínico, pero disolvía a las personas y estas quedaban convertidas en un esqueleto recubierto de cenizas, que no resistían el menor golpe de viento. Se disparaban balas al uranio, según los altos mandos militares «empobrecido», pero que tan empobrecido no era, y que habría de permanecer en la tierra durante los miles de millones de años equivalentes a la edad actual del universo.

Al ganado, ese que se habrían de comer más tarde, y que era herbívoro, le daban a comer las cabezas, las vísceras y los restos de sus propios congéneres, cambiándoles así el código genético y convirtiéndolos en carnívoros, haciendo enloquecer la raza.

Todo estaba infectado, la leche, los quesos, la mantequilla, la margarina, las galletas, y como en un libro sagrado llamado Biblia, y en un capítulo de nombre Apocalipsis, el hombre buscaba en vano en la tierra algo para comer; el ganado se había extinguido y los mares eran alcantarillas de bacterias.

Dentro de esa pesadilla los periodistas recibíamos un fax sugerente, se nos invitaba a no hablar más de las vacas locas. ¿Se estaba envenenando el mundo entero y encima nos sugerían callar, pidiendo indirectamente ser cómplices del complot contra la vida? Además, la locura, ¿no era una enfermedad mental de la humanidad, es que estos se la habían contagiado a los herbívoros?

La plaga había sido una responsabilidad directa de los hombres, los mismos que producían una comida llamada transgénica, sin saber los efectos que habría de tener en sus congéneres, porque no existían investigaciones sobre eso, pero que ya estaba a la venta.

Dos imperios potentes mandaban más que nadie, uno comía hamburguesas; el otro nos había donado el enloquecimiento de las vacas. Ambos habían hecho experimentos aterradores bacteriológicos y químicos, orientados a asegurar la luminosidad en las zonas de posible invasión enemiga y cuyas escorias, engullidas por los peces, podrían terminar en la mesa de la civilización. Existían documentos oficiales en cierta Tabla 4 del Ministerio de Defensa, que incluía información detallada del movimiento de aviones de la Raf en Beaulieu y en Portadown, donde se especificaba que se habían liberado cuatro mil seiscientos kilos, desde naves y aviones, de partículas de sulfato de cinc-níquel, para la simulación de agentes de guerra biológica, en el canal de la Mancha y en el mar del Norte. También el Imperio de la Hamburguesa seguía análogos experimentos.

En la pesadilla los todavía sanos ignoraban que la mayor parte de la documentación sobre el lugar exacto en donde se habían realizado los experimentos había desaparecido de los Ministerios de Defensa de ambos países.

Una Organización de Naciones prohibía la venta a Italia del agua mineral, por tener cantidades altamente peligrosas de cianuro, cinc, níquel, los mismos componentes que el Imperio y su Alter Ego habían usado en la infección bacteriológica masiva.

Me dije en el sueño: Venga ya, esto no es una pesadilla sino un delirio.

Vi en esa alucinación nocturna circos romanos donde hombres afeminados, vestidos con trajes de raso con lentejuelas y zapatillas de ballet, con el pelo largo como las doncellas, recogido en una coleta, armados con espadas, picas y demás instrumentos medievales de tortura, desangraban a un bellísimo toro hasta la muerte, mientras un público salvaje de subpersonas gritaba: «Olé, olé». Y *eso* estaba bien y los gobiernos lo apoyaban con dinero, y también lo hacía la prensa, así como los personajes de la vida social y artística.

Lo más duro de asimilar era que lo equivocado, lo aberrante, se había convertido en intocable por el dinero que movía una organización delictiva a la que en sueños yo bautizaba con el término Tauromafia. Pensé, en la indefensión del sueño, que el nombre era justo y que habría de registrarlo, no fuese que alguien se lo adjudicase como propio.

Todo lo que me rodeaba era una locura criminal colectiva, sabía que se trataba solo de una pesadilla, que nada de eso era cierto y que podría despertar; pero no, seguía clavada en esa realidad obscena, en esa enajenación asesina, sin poder escapar.

Me dolían las sienes a rabiar. Cada vez que eso sucedía significaba que había un viaje en vista.

Vengo de los espacios abiertos, de recorrer la húmeda hierba en los atardeceres melancólicos. Hace tiempo que me han arrancado de las ubres tiernas de mi madre, y de nada sirvieron mis gritos en la noche, ni mis quejidos, llamándola.

Sobreviví recordando los paseos por las orillas del arroyo. Ella se detenía y se quedaba allí, rumiante y espantando las moscas con la cola.

La manada fue mi consuelo, pastar en compañía y golpear con los cuernos el tronco de árboles añosos, asustando a los pájaros impresionados con mi fuerza.

Ahora estoy en una caja en donde es de noche, pero cuando me introdujeron aquí el sol estaba alto, no puedo moverme, tengo sed y hambre.

¿Adónde me llevan?

Madre me decía: «Huye siempre del hombre, pequeño, es el único carnicero de la naturaleza, no vive en armonía, no respeta las leyes de la tierra y mata por placer... Cuídate de él y si puedes, compadécele».

Ahora me bajan y puedo ver la luz del día porque han abierto la tapa que me cubre, me han puesto debajo de una máquina. Ella levanta muy alto una bolsa de arena, una y otra vez la bolsa cae sobre mis riñones, siento desprenderse algo dentro de mí, ya no puedo levantarme, estoy destrozado por dentro.

Han abierto dos trampillas, han atado mis cuernos, inmovilizándome.

Con una sierra eléctrica han empezado a cercenar mis cuernos, el símbolo de mi poderío, por ellos entra el aire y con él un dolor cegador.

Golpeo la cabeza contra las tablas que me tienen prisionero pero es inútil, el dolor sigue allí como si tuviese una aguja clavada en el cerebro.

Me han dado de beber algo pero no es agua, he bebido cubos aunque tenía un sabor aceitoso.

Mis intestinos han enloquecido. Llevo mucho tiempo aquí encerrado, acostado sobre mis excrementos líquidos. Echo de menos el olor de mis hermanos y el de la tierra que arañaba con fruición.

Siento escalofríos en todo el cuerpo y estoy muy débil...

¿Dónde está mi fuerza, que hacía temblar los árboles antiguos?

Otra vez me trasladan en la caja. Y para obligarme a salir, me pinchan con lanzas, todo me da vueltas, ya no soy nada.

Salgo a través de un pasillo y desemboco aquí. Arena. Ya me siento mejor. Pero la luz me ciega. Algo huelo en el aire... Huele a hombre y a sangre...

Ahora los veo, son miles y es a mí a quien miran. Tengo miedo.

Una música como de latas, ensordecedora, y ellos que se me acercan. ¿Qué traen en sus manos? ¿Qué es eso con la punta de metal brillante?

El hombre vestido de bailarina me clava y escapa. Aguja, puñal, cuchillo o espada… ¿Por qué me clavan? Mis ojos se nublan, se enrojecen de rabia ante la injusticia. Ahí viene otro, bailan a mi alrededor como doncellas a la orilla del río.

¡Quiero quitarme esto! Y cuanto más lo intento y lo sacudo, más se entierra en mi carne.

Otro viene a caballo… Hermano caballo, ¿también tú contra mí?

Pero quien te guía y te expone a mi furia es el asesino, no tú. Me está clavando otra vez, pero mucho más hondo, no puedo respirar, me estoy ahogando en mi propia sangre, me asfixio… Mis intestinos se aflojan y voy dejando la huella de mi pánico.

La sangre escapa de mí, en surtidores, la mierda marca el trayecto de mi martirio, las moscas se detienen en mis heridas, el hombre corea y aplaude la tortura, un sonido metálico me ensordece y llama a festejo.

¿Dónde está el ruido de la lluvia golpeando el techo del establo? ¿El balar de las ovejas, sus cencerros? ¿La algarabía de los perros? ¿Dónde las zarzas y las altas hierbas que golpeaban, acariciándolas, mis pezuñas?

Yo, el más fuerte, el invencible, estoy aquí: de rodillas. ¡Qué vergüenza, qué desnudo me siento!

Ser que me creaste, ayúdame, no me dejes caído en la ignominia. ¿Me has dado esta fuerza y este empuje, para esto? ¿No te enorgullecían acaso mi arrogancia, mi galope desafiando al viento en su carrera, mis patas arrancando nubes de polvo, el color marrón brillante de mi pelo?

Yo sentía ¡ay, iluso de mí! que mi fuerza era la del mundo. Y ella, la afirmación de tu grandeza.

Ahora, lo sé. Voy a morir.

¿Y se han reunido todos aquí para esto? ¿Para verme desangrar mientras aplauden mi tortura? ¡Qué dolor siento! Mis rodillas se doblan otra vez.

Quiero huir, protegerme contra aquellas maderas. ¡Dejadme salir! Solo soy un animal herido, no me acoséis como al ciervo en la pradera, no me degolléis como al cordero, no acalléis mi grito como silenciáis las voces de los pájaros y de la perdiz. No me desnuquéis como al conejo. No devoréis mi carne como la del cerdo, el buey y todo lo que encontráis a vuestro paso.

Veo todo rojo, ¿se está poniendo el sol…? ¿Qué es eso que me ponen delante, será que no quieren matarme y solo desean jugar?

¿Por qué brilla tanto el ropaje del hombre? ¡Contra él! ¡Contra él! Pero la vista de eso me hipnotiza.

No puedo más… ¡Qué largo es el dolor! ¿Por qué esta jauría humana vocea mi agonía? Por piedad. Dejadme morir en el silencio.

Otra vez el hierro refulgente en el sol, contra mí, dirigido a mi cuello. ¿Por qué? ¿Por qué me matan?

Hunde el hierro hasta el puño, aún estoy en pie… ¿Qué es esta marea líquida y tibia que sube por mi boca, buscando una salida? Alguien me corta las orejas y la cola.

A mi alrededor giran palomas rojas… ¿Son palomas o cuervos?

El silencio. Profundo. Es de noche y escucho cantar un grillo en la pradera. ¡Qué dulce y cómo llena el olor del pasto húmedo de rocío! A lo lejos está ella, mi madre… Ya no siento dolor, ni sed, ni tengo miedo.

¿Qué le había hecho yo al hombre?… ¿Qué hice mal?… No puedo recordar… Olvido… Olvido… ¡Soy libre otra vez!

Empiezo a correr más rápido, más rápido que el viento y que la estrella que cae, se diría… ¡sí! ¡se diría que puedo volar!

Saltan chispas de fuego a mi lado, en forma de cometas; quiero una.

Mi cabeza está quieta en la arena tibia que acaba de acogerme, el hombre vestido de bailarina está de pie, a mi lado.

Todos gritan, arrojan flores las mujeres y los hombres, sus sombreros, aplauden, son felices. La «fiesta» ha terminado.

¿Por qué esa mulas me llevan arrastrando en medio de esa algarabía infernal?

¡No estoy muerto! ¡No estoy muerto!

Mi sangre, casi toda la que tenía, quedó en la arena, y, ¿no hay nadie que me llore…? ¿No hay nadie…?

Sí, alguien me llora, el testigo. Ese, que está soñando y prestando voz a mi martirio.

Desde aquí veo la plaza, la multitud, la ciudad entera.

No sé o no puedo diferenciarme del testigo.

Me desperté sudando: «¡Vaya mierda de sueño!» me dije, dándome vuelta en la angosta cama del tren, insistiendo en dormir y soñar…

Comenzaba la primavera y otros hombres, ciento cincuenta mil, armados de fusiles, salían por los campos, con perros entrenados, para dar más muerte a todo lo que volaba y a todo lo que corría. Un verdadero ejército contra la vida.

Eso era algo tan grave como lo anterior ya que los pájaros, en particular, son animales sagrados. Vuelan como los ángeles, cantan sin haber estudiado música y son los mensajeros de Dios.

En ese desvarío total en el que había caído el planeta, otros hombres estaban cambiando el clima por no querer renunciar a los spray. Además, cada idiota de este mundo ponía su culo en una máquina llamada coche que le trasladaba de una parte a otra de la ciudad. Su viaje autónomo envenenaba el aire con sus gases de descarga, y estaba haciendo el planeta irrespirable.

Todo eso se llamaba Progreso. La Tierra se recalentaba, la jungla amazónica se abatía para hacer allí campos de pastoreo. El pulmón del mundo serviría para dar de comer a las vacas que serían convertidas, locas y cuerdas, en carne picada, en el Imperio. No quería ver más, no quería saber en qué terminaba mi pesadilla catastrófica, hice un esfuerzo sobrehumano y me desperté.

En el lavabo del tren me lavé con una toalla, a falta de esponja o guante de crin. El revisor me trajo un café que me supo a gloria.

Vestida ya, llegando a Madrid, comprendí que el alivio al despertarme había sido un espejismo. Estaba viviendo lo que estaba soñando o viceversa. La pesadilla no había hecho más que comenzar.

Reaccioné de inmediato, esto es algo viejo, sabido y resabido por culpa de esa intuición que poseemos los suicidas potenciales. ¿Suicidas?

Sí, sí, sí, tiene razón Galeano. Porque si no lo fuéramos, nos rebelaríamos.

Pero este Alguien que soy yo cree sobre todo en una cosa: en la Esperanza. Esa que me tiene viva. Si los que creemos en la vida nos unimos contra los fanáticos de la muerte, será muy difícil poder nada contra ella.

Ése es y será mi lema de vida: «Todo puede ser modificado».

En ese mismo compartimento, en el pasado, el Amado Fantasma se había echado a llorar como un niño por un artículo que hablaba de la vivisección.

Él era omnipresente siempre.

XXIV

EL FARO

A medida que transcurren los años uno intenta sacar conclusiones de lo vivido. Se intuye que la rendición de cuentas del alma se produce inexorablemente cuando Dios te cita para ello.

En España se dice: «Cuando Dios me llame a cuentas». Es la frase más perfecta que conozco para definir el final del viaje y el principio del otro.

El Evangelio habla de un tiempo para reír, un tiempo para llorar, un tiempo para vivir y otro para morir, Erich María Remarque lo usó como título de una de sus novelas.

En realidad, el Evangelio habla solo de estados de ánimo, y de procesos biológicos, pero no de algo que es más profundo que todo eso: el despertar de la conciencia. El antes y el después de ese período que marca la certeza de la propia eternidad.

En la etapa de glamour y opulencia conocí a través del Amado Fantasma a alguien determinante en nuestras vidas, un autor cinematográfico que ha pasado a la historia de ese arte. Le llamábamos «el Faro».

Él era el ídolo del Amado y la estima era recíproca.

Es necesario reconocer que la fascinación que yo sentía por el director italiano estaba justo en el límite de lo que debería ser la conducta honesta de una mujer casada.

Nunca di el paso de la traición con el Faro, ojalá lo hubiese hecho, eso podría haber removido las aguas de mi convivencia con el Fantasma. Él no era alguien con quien tener una aventura y basta, era imposible no enamorarte. Eso habría provocado la Gran Crisis, de donde se sale o no. Además estaba su esposa desde hacía más de veinticinco años. Y como decía Simone de Beauvoir: «Una mujer y un hombre, la única propiedad que yo respeto».

Esa mujer delicada y genial artista no cesó de intentar ayudarme en la dualidad de mi conducta, por un lado yo era la esposa del Amado Fantasma y por el otro quería convertirme en una diva cinematográfica.

Ella, que tenía mucha más experiencia, veía venir la tragedia.

—Las dos cosas no pueden ser —me explicaba—. Yo dejé de ser yo y dije no a Hollywood, para seguir siendo la compañera del Faro. Cuando primero una película y después otra ganaron el Oscar, tuve ofertas increíbles de Estados Unidos. Pero ¿te imaginas, firmar un contrato en Los Ángeles durante ocho años? Hubiese sido prácticamente lo mismo que firmar mi sentencia de divorcio.

Era evidente que estaba en lo cierto. Que el compromiso moral que uno adquiere al casarse implica una convivencia permanente, pero yo sostenía con ciego optimismo que no era necesario vivir sudor contra sudor. Que cuando existe el verdadero amor, no importa la distancia geográfica que separa a los enamorados, ni el tiempo que pasa. Nada puede amenazar esa arquitectura soberbia del alma.

La crisis, no la Gran Crisis, esa que determina el futuro de las parejas, no se hizo esperar, y en uno de mis viajes a Madrid el Amado detuvo el coche delante de El Olivar, apagó el motor y no se movió. Comprendí que había llegado el momento de las decisiones serias. Esas que te destrozan la vida.

—¿Quieres el divorcio? —preguntó con la vista puesta al fondo, en las sombras de nuestra casa.

Fue una pregunta inesperada y dolorosa. No, no quería el divorcio. Pero ¿cómo le explicas al amor de tu vida que la devoción que sientes por él es impotente ante los complejos e inseguridades que dicta el Demonio en persona, es decir, el Ego?

Nos reconciliamos sin haber peleado, pero el mecanismo destructivo de nuestra unión y de nuestra vida se había puesto en movimiento mucho antes, había sido encendido con las mutuas infidelidades y era ya imposible de detener.

Estaba atardeciendo cuando el Faro, un famoso productor americano y yo nos encaminábamos a dar un paseo a la orilla de Tirreno.

Esquivábamos los montones de basura acumulada y pudriéndose, mientras moscas azules, verdes y violetas, cuyas alas trasparentes resplandecían como gemas a la luz del sol, subrayaban el área precisa de la inmundicia.

El Paraíso de los intelectuales italianos, ese pueblo de pescadores donde Alberto Moravia escribía sus historias, indiferente a la invasión de los zancudos, que la unión de Tirreno con el río Anniene provocaba y te hacía creer que esa era la cuenca del Amazonas; se descomponía poco a poco, ante la desidia de las autoridades democristianas. (Después vinieron los «compañeros» del puño alzado y fue igual o peor.)

Moravia en su casita de madera, arrastrada varias veces por las inundaciones y vuelta a construir, contemplaba enfadado el abandono del Paraíso elegido por toda la *nomenklatura* italiana que una vez en el poder *se ne fregaba di lui*.

Fregene vio crecer las historias de amor adulterinas de Marcello Mastroianni, en su casa de ensueño, construida sobre la misma arena. Esa que marcaba límites a Tirreno y que él invadía cuando quería, hasta borrarla del mapa. También vio al Faro filmar durante albas y atardeceres el final emblemático de *La dolce vita*; aquel pez gigantesco encallado en la playa, muerto, con un ojo que mira…

Contaban los pescadores que al principio en Fregene no había ni luz, ni agua, pero los artistas abandonaban sus mansiones en el centro histórico de Roma y volvían al medievo, felices de respirar el perfume de pinos centenarios.

Aquel atardecer, caminando entre las barcas húmedas, con las gaviotas que buscaban la cena en las aguas de Tirreno, y el sol que caía a pico en el mar, el Faro me entregó el primer mensaje que me estaba destinado.

Mientras relataba su particular aventura parecía sorprendido.

—Tomé parte en el experimento porque me lo habían pedido algunos científicos que se estaban organizando para escribir un libro sobre la reacción que provoca la droga, en diferentes tipos de personas. Me inyectaron LSD y empecé a ver moverse los objetos, solos, sin intervención externa. ¿Entiendes? con una vitalidad que normalmente no percibimos. Siempre los vemos inmóviles. Sentía el brazo que se alargaba hasta el infinito, no existía un límite entre tú y las cosas… en estado normal estableces el límite de tu propio cuerpo con la conciencia; cuando la pierdes, las cosas y tú, son un todo. Son uno. Recuerdo que me acerqué a la ventana y vi un hada vestida de lila y un carro arrastrado por caballos de colores en toda la gama del morado. Ella, con sus manos, hacía desaparecer un velo y nos dejaba en herencia la noche llena de estrellas.

Su descripción me pareció fascinante y así se lo dije. Continuó, completamente inmerso en lo que había vivido:

—La mescalina, en cambio, provoca una angustia insoportable, te devuelve a la posición fetal y no puedes parar de llorar, ni recuperar tu yo de siempre. Me pareció injusto y cruel que me hiciesen probar eso, es algo que no deberían hacer experimentar a nadie, nunca jamás. Con el LSD tienes, creo, la misma sensación de cuando estás muy cerca de la muerte; recuerdo mi colapso cuando estábamos en el apartamento del Eur, me sentí muy mal, quería buscar ayuda en el teléfono pero no me podía mover.

Intervine en su largo monólogo:

—¿Y tu mujer?

—Había salido a cenar, así que no podía esperar de ella ninguna ayuda. Necesité dos horas para poderme acercar al aparato, pero no podía levantarlo; alcé el brazo con un esfuerzo sobrehumano, pero el teléfono cayó en el suelo quedando descolgado. Entonces comprendí que no podía hacer nada por mí mismo… Entonces vi a Dios, no la imagen familiar que nos da la Iglesia católica, sino una figura geométrica en la cual yo encajaba perfectamente, todo estaba en orden… Me desperté en una ambulancia.

—¿Qué había pasado?

—Mi esposa había llamado desde el lugar a donde había ido a cenar, viendo que yo no respondía y que después el teléfono daba siempre ocupado pensó que algo extraño estaba pasando. Avisó al portero y le rogó que entrara en casa. Después, la larga enfermedad.

¿Por qué recuerdo ahora con claridad el relato del Faro? En un estado exasperado de la conciencia, como puede suceder con la droga, durante la alteración del sistema nervioso, ¿logramos ver las cosas como realmente son?

El Amado Fantasma desapareció un 28 de marzo y yo no supe cómo administrar el dolor y la ausencia. Todos éramos culpables de su marcha. El Faro por haberme introducido en un mundo fascinante, inalcanzable antes, que me había hecho perder el rumbo. Sí, sobre todo él, aparte del maldito dinero. Cuando éramos pobres y vivíamos en un apartamento oscuro, el Amado Fantasma y yo éramos felices; rebuscábamos en los bolsillos alguna moneda para pagarnos el cine y cocinábamos espaguetis al volver, que era lo más barato, y esperábamos la luz del día amándonos y hablando.

En ese delirio de culpa que siguió a su desaparición busqué la ruptura con el Faro de una manera vulgar y desgarradora, a través de una carta, de la cual me he arrepentido toda mi vida.

Su corte, en el Reino de Cinecittà, estaba compuesta por varios personajes, que le seguían a todas partes, como su secretaria personal, una mujer de enorme cultura y sensibilidad, tan necesaria en la vida del maestro como su propia esposa. Liliana en ese momento se sentía unida a través de un gran amor con una joven sueca, actriz de talento, que en su día había sido considerada la sucesora de Silvana Mangano. Esta, que había sido descubierta por un importante productor, afianzó su carrera al debutar con Pier Paolo Pasolini.

Conoció en ese rodaje a otro actor famoso y vivió con él un amor tan torturado, que después de la ruptura se marchó a vivir en una montaña solitaria, a cien kilómetros de Roma.

Era la única habitante allí en lo alto y había que trepar para encaramarse hasta su casa, un molino restaurado por ella misma, en medio de un paisaje que te dejaba mudo. Un río pasaba por delante; en la casa no tenía luz, sacaba agua de un pozo y vivía en el más gratificante y poético de los paisajes.

Cuando alguien le preguntaba si no tenía miedo de que la violaran o escalasen hasta donde vivía para asaltarla o asesinarla, respondía: «A los asesinos y violadores les falta el coraje para escalar esta montaña en la oscuridad de la noche».

Formaba también parte de la corte el ayudante de dirección, un hombre pequeño y gordito que consumió su vida esperando dirigir una película, cosa que nunca llegó a realizar, y su segundo ayudante, intelectual, guapo y que tampoco logró destacar en el cine. Dirigió su primera película y fue debut y despedida.

Es difícil explicar la relación entre la secretaria y el maestro y más aún lo es explicar algo con lo que él se divertía al máximo: los cotilleos. Le encantaba que la gente se pelease entre sí.

Me llamó con su voz aguda para saber lo que habíamos hecho el domingo.

Se lo conté, con lujo de detalles. Habíamos organizado un picnic en casa de nuestra amiga común, la eremita. El Faro me gastó una broma, sobre las dos mujeres y las relaciones que las unían. Después, la secretaria me llamó ofendida y yo escribí al Faro la carta de la vergüenza perenne.

Pasamos años separados, cada tanto él se lamentaba de mi alejamiento con amigos comunes, los poquísimos que fui capaz de retener.

Un día estaba comiendo en un restaurante cuando les vi, el Faro y su esposa cenando con un grupo de amigos. Me levanté a abrazarles, él me miró sonriente y dijo, con enorme ternura:

—Querida, ¿quién eres tú?

Creí que me iba a echar a llorar. Las noches de camaradería, las paellas, los paseos bajo la lluvia recitando poesías de los poetas malditos o los ataques contra todo y todos, a la orilla de Tirreno. Las eternas conversaciones telefónicas, los domingos con Mastroianni en el Circo Orfei, los cumpleaños, las sesiones de espiritismo para llamar a Pier Paolo tras su asesinato. (Fue asesinado en 1976 por un prostituto menor de edad, según la versión oficial, y nunca fuimos capaces de dejarle en paz y de cesar en el intento de comunicar con él.) Aquellas mañanas, a una hora absurda, en el plató donde se rodaba *Casanova*, descendía con mi traje de época de raso rojo; me sentía una diosa, invitada de honor a la cena más fastuosa del universo, con Zeus en persona, mientras el Faro, que se comportaba como lo que era, el Rey de Roma, me besaba la mano, diciendo: *Sei bellísima*, en cuanto ponía el pie en la puerta…

Ese «Querida, quién eres tú» de Federico marcaban el fin de mi gloriosa juventud, de una época irrepetible para todos.

Su esposa se puso en pie tocando a su marido, *Caro, saluda a…,* dijo silabeando mi nombre.

Ella me abrazó, comprendiendo todo lo que pasaba por mi corazón, solo que tenía una ventaja sobre mí pues ignoraba que el Faro había comenzado a envejecer.

—Querida, ¿*come sta la Spagna*? —dijo él, para subrayar que me había reconocido y para arreglar el entuerto.

Recibió de la Academia en Los Ángeles el último Oscar de su vida. ¡Cuánto había cambiado en esos años, que hasta atravesó el océano para ir a recogerlo, él que había desatado las iras de los americanos y de la Academia por no haber ido en las cuatro ocasiones anteriores en que le habían concedido el mismo galardón!

Estaba en mi casa junto al Tíber, cerca, muy cerca de la plaza del Popolo en donde habitaba el matrimonio, por una casualidad siempre habíamos sido vecinos. Se estaban marchando para Los Ángeles y quise desearles buen viaje.

Me respondió él, poniendo la voz de la doncella. No coló.

—Quería despedirme y desearte un mundo de bienes y felicidad —me reconoció al instante.

Se alegró de oírme y me dijo cosas que nunca me había dicho en el pasado, normalmente se burlaba de mí y de su mujer, sobre todo cuando ambas insistíamos en bailar flamenco. Pero ese día me confesó que leía todos mis artículos cuando me encontraba en los frentes de guerra, que estaba orgulloso de mí y cuanto más me alababa, más y más me encogía, en medio de una tristeza imposible de digerir, de terribles presagios…

Llamé a Velia, mi amiga de siempre, compañera de aventuras, le dije con pesar:

—He hablado con el Faro casi una hora, me ha dicho cosas bellísimas, fue amable, dulce, afectuoso, tuve la impresión de que se estaba despidiendo…

Una italiana famosa le entregó el Oscar a la carrera, su esposa lloraba a mares en la platea y él desde arriba la regañó con un: *G. stop of crying!* (¡G. deja de llorar!)

Se operó en Ginebra, donde por poco no se lo cargan, al volver de Los Ángeles. Tuvo un ataque cerebral el día en que supo que su mujer tenía un cáncer de pulmón.

Dos días de agonía y ya está, el Faro había muerto, como todos los que se rinden. Ella le sobrevivió aún tres meses. Toda Roma desfiló ante el ataúd del Faro, colocado en el Estudio 5 de Cinecittà.

Yo no intenté verle en el hospital, ni después de muerto, ni di el pésame a su esposa. ¿Para qué? A lo mejor, cualquiera de esas cosas le hubiera hecho feliz, pero me era imposible trasladar la pena fuera de mí.

Cerré puertas y ventanas y deseé con toda el alma volver al vientre de mi madre para no salir de allí nunca más.

Los vientos de la muerte se los llevaban a todos, hasta a los que, a despecho de Dios, merecían ser inmortales.

Pero un día recibí una información de fuentes que no puedo revelar. Desde la llegada al Paraíso del Faro, Dios andaba muy preocupado. En cuanto llegó, empezó a revolucionarlo todo con Pier Paolo Pasolini, Gianni Versace, Luchino Visconti y otros amigos.

Se permitió la audacia de sugerirle a Dios en persona que había que cambiar el color de los caballos y la ceremonias del atardecer, y preparar aquella imagen que él había visto cuando le inyectaron el LSD. El Creador se hizo aconsejar por san Pedro, a quien el Faro ya había engatusado. Y lo tienen casi convencido.

El Amado Fantasma, también insubordinado, ha decidido ponerle música a la aurora y a la lluvia, además de introducir metales y cuerdas en el viento.

Se anuncian grandes cambios en la organización del universo.

El Faro no para de hacer comilonas, se apuntan incluso los que están a cadena perpetua en el Infierno.

Todo esto tiene muy cabreada a mi amiga, que no para de quejarse: «Estoy en el Paraíso y no puedo salir de la cocina, como cuando estaba en la Tierra. ¡Desde luego, no hay derecho! Menos mal que el encargado de las paellas es el Amado Fantasma, sin él ayudándome en la cocina no sé qué haría».

Y tiene razón. Por lo visto las mujeres seguimos siendo esclavas hasta en el Paraíso.

XXV

OTRO REGALO DE LA VIRGEN MARÍA

Miré a *Concha*. Seguía enroscada en sí misma, su lengua aparecía en la boca entreabierta. Había cumplido veinticuatro años, una edad respetable para cualquier gato. Solo que yo sabía que la longevidad de *Concha* era un regalo de la Virgen María. Ella me había donado, en un momento especial, la vida de una gatita salvaje.

La pequeña había sido alguien privilegiado en el corazón de la Madre de Dios, que con su amor infinito fue capaz de comprender el valor de los pequeños seres.

Concha tuvo la intuición de elegirnos como dueños, nos siguió maullando por un parque donde paseábamos a *Pampero* y se subió en el coche del Amado Fantasma, que la miraba divertido.

Ella estaba interpretando que la elección que había hecho de nosotros, su interés, era recíproco. Identificó a su nueva familia, pensó que merecíamos su confianza y se entregó con devoción.

Eran las diez y veinte de la noche cuando el Amado Fantasma presuntamente se disparó varios perdigones en la cabeza. Para hacer el todo más alucinante aún, los perros, excitados por el gesto que presintieron salvaje, y que hasta el momento habían convivido y dormido en el mismo lecho con *Concha*, se arrojaron sobre ella como una jauría rabiosa. La gata, a punto de parir, intuyó el peligro y vio su salvación en un pino, se subió a él y en la ascensión, obstaculizada por su colgante barriga, no pudo evitar que una rama le abriese el vientre, de parte a parte.

Al llegar a la mañana siguiente a casa, en el día del duelo incomprensible, en el primero del luto perpetuo, la busqué desesperadamente.

Estaba en un armario, tenía los ojos muy abiertos, respiraba con fatiga y la herida del vientre la recorría entera, desde el cuello a las patas traseras.

La envolví en una toalla y llamé al veterinario, sin lograr explicarme cómo había sobrevivido. Dos o tres días más tarde volvieron, ella, vendada como un salami. El hombre dijo:

—Está en coma, los cachorritos estaban ya muertos, ha sido una intervención difícil. Las próximas cuarenta y ocho horas serán determinantes para saber si sobrevivirá o no.

¿A quién podía yo dirigirme, sino a Aquella que siempre me había escuchado?

—Virgen mía, has permitido que la muerte se llevara a mi marido. Concédeme la salvación de este pobre animalito. ¿Qué más te da? ¿Qué te importa, que este pobre ser continúe viviendo? No permitas que se me sume un nuevo dolor.

Pasé las cuarenta y ocho horas a su lado, le mojé la lengua suponiendo que podía tener sed. Tardó mucho tiempo en recuperarse, quizá había perdido mucha sangre o la noche que pasó con el vientre abierto y sin atención determinó que sus condiciones fueran críticas.

Cuando tres semanas más tarde dio un salto a la ventana para salir al jardín comprendí que la Virgen le había concedido la gracia. No esperaba que fuese tan grande.

—Bienvenida, mi amor, te he echado tanto de menos.

A la Virgen le había pedido también que si yo le sobrevivía que ella muriese en mis brazos. Y así fue, tiempo después.

Me encontraba en Roma cuando Matilde me llamó para decirme que *Concha* tenía cáncer. Volví ese mismo día.

Por la noche, ella se metió en la cama como siempre, debajo de las sábanas, abrí mi brazo y en él apoyó su cabeza. La miré dormir con infinita ternura, por un milagro de la Virgen María había compartido conmigo más de la mitad de mi vida.

Al día siguiente, mientras yo desayunaba, dio un grito largo, casi humano. La cogí llorando en mis brazos:

—¡No, por favor, no! ¡No te vayas, no me dejes! —le rogué sollozando. Cuando terminé de decirlo estaba muerta.

La pérdida de quien queremos siempre se nos antojará prematura pero tuve el privilegio concedido por la estrella matutina de compartir veinticuatro años de ternura y devoción recíproca.

A veces, veo una sombra gris pequeña, que me sigue… sé que es ella.

Abrí los ojos y en ese estado de ensoñación que marca el territorio límite entre el dormir y el despertar, me puse a analizar los angelitos que una pintora griega me había dibujado en el techo.

—Quiero vivir rodeada de buena gente, así que inspírate en la Capilla Sixtina y lléname de ángeles.

La culpa fue mía al no moderar mis delirios de grandeza; la griega perversa en vez de concentrarse en el trabajo de Miguel Ángel, tuvo la mala idea de hacerlo con Botero. Vale, el trabajo de Botero es muy bueno, pero hacer angelitos con el culo como un pandero, muslos como los de Ella Fitzgerald y bocas como zapatillas, tampoco era la cuestión.

Mi paraíso estaba poblado de indígenas africanos o del Caribe, le faltaban los tamboriles, pero tenían la cara blanca y las alitas.

Con esas facciones daba la impresión de que en el cielo había habido un ataque generalizado de lujuria, ante la llegada de tribus de distintas etnias; mis angelitos eran el resultado de ese abandonarse a los sentidos, cosa que a ellos debería, por principios, serle indiferente.

Me levanté levemente cabreada.

Después del café se me olvidaron los jazmines con pinta de plantas carnívoras y los angelitos levantadores de pesas y así, de repente, parí un invento que me ahorraría muchas energías y que me levantó el ánimo. La idea era la siguiente, en vez de pasear a los perros con la correa lograría una doble ventaja si ataba las mismas a mi triciclo.

No, no tenía complejo infantil y por eso me había comprado un triciclo, solo que en Fregene se usaba mucho andar en bicicleta para hacer la compra, pero como yo tenía que comprar para un regimiento, gatuno y perruno, elegí ese medio de transporte porque tenía un gran cesto apoyado en sus tres patas, además del cesto delantero.

De esa manera ellos podían cumplir su vocación de perros de trineo, y yo ir sentada regiamente y sin cansarme. Por lo tanto, orgullosa de mi genialidad, até a *Blitz* en el manillar izquierdo y a *Chiqui* en el derecho; a *Lily* la senté en el cestito de delante, sobre un almohadón.

Partieron a la velocidad del *Challenger* y lo que era imposible, sucedió. ¿Cómo se vuelca un triciclo? Muy fácil, basta que ambos perros tiren para el mismo sitio.

Estaba suelto, era grande, negro y peludo, había embocado justo por nuestra misma calle y, muy contento al ver la jauría atada al triciclo, se acercó a jugar o tal vez a indagar esos animales raros, que se parecían a los perros pero con ruedas anexas. Este acercamiento provocó una legítima indignación en los míos, que estaban convencidos de que Todo Fregene les pertenecía.

Vi caer a la pobre *Lily* del cesto delantero y dar contra el cemento, con un golpe seco, no pude levantarla, porque ellos seguían trasladándome a ras del suelo.

Me sentí más que nunca Patroclo siendo arrastrado por Héctor delante de los muros de Troya, aunque consciente de que un pueblo de pescadores como Fregene no poseía para nada la grandeza del reino de Menelao.

Ellos no paraban y yo no podía levantarme, el cemento me raspaba la piel que ardía y sangraba, comprendí entonces que no era la ocasión más apropiada para repasar la *Ilíada*.

Dejé el triciclo en mitad de la calle, tomé a los perros atados con las correas y volví cojeando y diciéndoles todo tipo de frases impublicables y con *Lily* en brazos, que no se mató del golpe porque Dios no quiso. Ellos, ya calmados, movían la cola unos pasos más adelante, era mucho más divertido dislocarme los hombros.

Mi invento no había funcionado.

Me senté dolorida en mi escritorio, tenía mucho trabajo; lo primero, hablar con el abogado del anciano nazi responsable de la matanza de las *Fosas Adreatinas*, para ver si lograba entrevistarle en la clandestinidad, después de una clamorosa y seguramente acordada fuga de la prisión.

Sé que tengo una voz muy sexy en el teléfono y por y con ella consigo lo que quiero. La aterciopelé aún más, daba la impresión de que era Marilyn Monroe orgasmando con cada sílaba «*Happy birthday Mr. President...*»:

—Abogado, soy... Me gustaría muchísimo conocerle...

Me interrumpió con una andanada de piropos que me dejaron medio muerta, que si me leía siempre, que si los ojos, que si la figura, que si me había visto en televisión... comprendí, con el entusiasmo que ponía mi interlocutor en los cumplidos, que la entrevista con el nazi podía darla por hecha. Y pronto, ya que me pidió en tono sensual que «por favor» le llamase al día siguiente a su móvil.

Corté y marqué el número privado de mi director, enloquecida de contenta. Pino Aprile respondió con su voz descojonada de siempre y le conté toda la conversación. Mientras estaba haciendo la apología de mí misma por un físico que había impresionado al abogado, me contestó grosero.

—No sabía que trabajara en la Once.

—¿Y qué es la Once? —pregunté.

—La asociación española de ciegos.

Me piqué:

—Ha dicho además que yo era muy inteligente, que se veía en lo que escribo.

—Ah, pero entonces es un caso grave y no es un abogado. ¿Seguro que no has llamado al psiquiátrico, al reparto de demencia senil?… Bueno ¿y qué pasa con la entrevista?

—Eso está hecho, mañana no solo me indica el lugar secreto donde se esconde el viejo nazi sino que me propone matrimonio.

El día siguiente llegó, inexorable. Trepidante ante mi inmediata exclusiva llamé al abogado.

—Diga… —respondió en tono sibilino, apretando una espada entre los dientes.

El terciopelo de la voz se me atragantó:

—Soy yo, abogado… —No terminé de pronunciar mi nombre cuando ladró:

—¿Cómo osa molestarme en mi móvil?

—Porque usted me lo…

Cuando terminé de decir «pidió» comprendí que había colgado.

¿Cómo le decía yo a Pino ahora que había pasado de ser la futura sexy esposa del abogado, a ser una pesada a quien se le cuelga el teléfono en la cara?

Los raspones del accidente del triciclo me habían dejado manchas violetas y verdes en las piernas y los muslos, parecía un arco iris. ¡Qué asco de trabajo! Pero si no trabajaba ¿de qué iba a vivir? Intenté arrepentirme de haber dilapidado la fortuna del Fantasma. Bien, me dije, ya no soy rica, pero no importa, las cosas materiales no son tan importantes.

Empezó a invadirme la tristeza. ¡Qué ganas de huir de este presente mediocre!

¿Habrá existido, en el largo recorrido de mi alma, algún momento de felicidad?

¿O habré conocido tiempos peores?

Apoyé la cabeza sobre la mesa, empujando el ordenador y los papeles en desorden. La escondí entre mis dos brazos... el Amado Fantasma, Mamá, María ¿dónde estáis?...

Estamos en el Año del Señor de 1598.

Soy Goodrom Valkenberg, nací en enero de 1590, en Wurzburgo, allá abajo discurre el Tauber. Este lugar es un trozo del Paraíso. Mi tierra está rodeada de montañas azules, permanentemente nevadas; Madre ha dicho que tienen ese color porque el cielo está enamorado, las cubre con su manto de luz azulada y se funde en ellas. Tenemos valles de ensueño y el río forma pequeñas lagunas donde aves de paso vienen en bandadas a beber en sus aguas trasparentes.

Hace un mes, cuando empezó todo, tenía ocho años.

Hoy, en el día de mi ejecución, podría jurar que soy una anciana de cien.

La noche anterior a la infausta jornada en que vinieron a buscarnos, el Cuervo, que vive con nosotros desde que el abuelo murió (la abuela está convencida que él sigue viviendo en ese pájaro negro), no paró de graznar. Su lamento tenía un algo de presagio, y no logramos dormir en toda la noche.

A la mañana siguiente, antes de que el Sol saliera en el horizonte, llegó un cortejo de caballeros vestidos de negro. La abuela, que se aprestaba a ordeñar las vacas, se persignó. Y dijo aterrada:

—¡Jesús, ayúdanos, la Santa Inquisición!

Venían en nuestra búsqueda. Los soldados que acompañaban a los sacerdotes rebuscaron en toda la casa y en el granero pruebas de que mi madre copulaba con el Demonio. Arrastraron primero y quemaron después las bolsas de judías, prendieron el edificio y se pasaron al establo, donde estaban los animales. Quise salvar al ternerito recién nacido y me cogieron dos de ellos y yo me debatía y les tiraba patadas llorando y rogándoles que me dejasen salvar a Lucía y a su hijo.

—La niña también está endemoniada —dijeron.

Mi madre temblaba cuando la aferraron y la arrastraron has-

ta encadenarla al carruaje del gran inquisidor. Mi padre, que es herrero y se ocupa de los caballos de los curas, intentó defenderla, pero no sirvieron de nada ni sus buenas maneras ni las malas. Siempre impuso respeto, entre otras cosas por su físico. Le llaman el gigante.

Ellos le golpearon y se burlaban de él diciéndole si era cómplice o si no sabía que mi madre había sido vista por las noches en un aquelarre, copulando con el Diablo. Mi padre dijo que eso era imposible:

—Tengo a mi esposa abrazada en el sueño todas las noches desde que nos casamos. ¿Cómo es posible que la hayan visto copulando con el Diablo si yacía entre mis brazos?

Sacaron a Erika de su camita, mi hermana lloraba desesperada y ellos la encadenaron pese a sus dos años, así como a la abuela, con una cadena muy larga.

Los señores de negro leyeron un papiro por el cual el Santo Oficio confiscaba todos los bienes de mi padre y todas las tierras de la abuela.

Se acusa a nuestra madre de haber provocado la muerte del bebé de la hija de Goebel, Maritska.

El señor Goebel vino a pedirle ayuda a mi madre, porque Maritska, que se casó el año pasado, estaba dando a luz. Cuando mamá llegó el niño ya había nacido y estaba muerto.

Ella es la muchacha más bella de Wurtburgo, todos los hombres del pueblo la admiraban. También ha sido arrestada y ha confesado en el potro del tormento sus tratos con el Diablo, quien le pidió la vida de su hijo. Ella se la entregó y, con la ayuda de mi madre, mató al recién nacido.

—Toda la familia Valkenberg será conducida a prisión y juzgada por el Tribunal de la Santa Inquisición.

El sacerdote que leía el papiro dio por terminada su misión y enrollándolo se dirigió a mí.

—Y tú Goodrom, de ocho años de edad, eres acusada también de ser cómplice de brujería y así como tu madre, abuela, padre y hermana, serás juzgada.

Después nos pusimos en marcha, nosotros a pie y ellos a caballo y en carruaje hacia la fortaleza de Marienberg, donde residen los obispos.

Mi madre se volvía para mirarme y para consolar a Erika, que no podía caminar tanto. Yo la cogí en mis brazos y a cada

paso pesaba más y más. Casi no podía levantar la cabeza del sue-
lo, el aro de hierro que llevaba en el cuello, unido a los grilletes de
los pies, pesaba tanto que me era imposible mirar adelante. Yo
también estaba encadenada a la carroza negra del gran inqui-
sidor.

A su excelencia lo vi de refilón, iba vestido también de negro
y tenía una expresión severa. Han arrestado a mi gatito, el peque-
ñín que dormía abrazado a mí y ronroneaba de felicidad, bajo el
calor de las mantas. Dijeron que esa era la prueba de nuestros tra-
tos con el Demonio.

Hace apenas un mes me divertía escuchando en el bosque las
voces de los animales y de los duendes cuando se despiertan y ha-
blan cada uno a su manera. Pasaba horas mirando las ardillas
limpiándose las uñas de las patas.

Tropezaba con las piedras por el peso de los grilletes, ya que
para que estos no se salieran, porque me estaban grandes, me pu-
sieron un perno y este se clavaba en la carne. Tenía sed y estaba
sangrando. Me caí al suelo, con Erika que se despertó llorando,
pero la carroza no se detuvo y me arrastraba tras ella, raspándo-
me con los guijarros, mientras yo intentaba que estos no le hicie-
sen daño a la pequeña.

En un recodo del camino, todo se oscureció y yo estaba otra
vez en casa, bajo las mantas con mi gatito acurrucado.

¡Qué felicidad!, menos mal que todo había sido una pesadilla.
Una voz atravesaba la oscuridad:

—Excelencia, permítame que yo coja en brazos a las niñas. Si
queréis juzgarlas, dejad que yo las lleve, si no, no llegarán vivas y
escaparán de vuestro espíritu justiciero.

Mi cara sintió el contacto de una tela rústica, abrí los ojos y vi
una gran barba blanca que se esparcía en la túnica del hombre
que me llevaba. Mi hermana, agotada ya de tanto llorar, se cogió
al cuello del desconocido y se volvió a quedar dormida.

Bajé la mirada y vi sus sandalias y sus pies amoratados por el
frío, caí otra vez en el silencio....

Me desperté en un jergón oyendo gritos espeluznantes, abrí los
ojos y los volví a cerrar. Los sacerdotes rodeaban a mi madre y a
la abuela, que colgaban completamente desnudas a merced de los
«punzadores». Los hombres de Dios buscaban en el cuerpo de mi
madre las marcas del Diablo, en sus partes más íntimas.

Después me colgaron a mí...

El proceso fue breve, el señor arzobispo destruyó con buenas maneras el testimonio de mi padre, aclarando que un demonio había ocupado el lugar de mi madre en el lecho y que un pobre herrero no podía ganarle en astucia al enviado del infierno.

Después se leyó la sentencia:

«(...) Fallamos atentos los autos y méritos del dicho proceso que por culpa de él resulta contra la dicha rea, así como las reas hixas, y el reo padre y esposo si el rigor del derecho hubiéramos de seguirle pudiéramos condenar en grandes y graves penas, mas queriéndolas moderar con equidad y misericordia de lo por la rea y sus hixas dicho y cometido, que nos mueven en pena y penitencia, las debemos de mandar y mandamos que en esta nuestra sala de la audiencia le sea leída esta nuestra sentencia:

»Que las dos reas, Greta y Goodrom sean ajusticiadas públicamente en la hoguera en la plaza de Marienberg, mañana al salir el sol, para escarnio y ejemplo de sus secuaces. Por piedad cristiana condenamos a la rea Erika a morir y ser quemada en la intimidad, dentro de los muros de la prisión que la albergan.

»Condenamos a Herbert Valkenberg así como a la madre de Greta a dos años de destierro y al pago al verdugo de sus hixas y mujer, de 10 chelines por pieza. A un chelín de parte de Erika por la cuerda de su verdugo y dos chelines por los haces de leña y alquitrán para su pira. Serán abonados también el vino de los guardianes, los gastos de este Tribunal... En el año del señor de 1598».

Nos despedimos entre llantos y mi madre nos ha prometido que nos encontraremos otra vez, una vez que hayamos pasado este trance. Y que jugaremos en el Paraíso y que ya nadie nos podrá separar.

El desconocido que nos llevó en brazos es también sacerdote y ha venido a confesarnos, mi madre ha dicho que le dé las gracias. Yo le cogí las manos y se las besé. Son blancas, de dedos largos y finos, como los de los juglares que tocan el laúd...

XXVI

LA CURACIÓN DE MATO

Siempre quise formar parte de un grupo, que es lo mismo que ser aceptada. Las conocí a todas más o menos en el mismo período, con excepción de Beatriz, que fue mucho antes.

Cada salida tenía algo de aventura, mucho de diversión y un gran componente de gamberradas. Esta asociación de malhechores que formábamos en la juventud, funcionaba de maravilla en cuanto pasábamos la puerta de nuestras respectivas casas.

Cada una vivía su realidad cotidiana con entrega; Salomé con sus niños, María José lo mismo, Beatriz y yo con nuestros trabajos y Pilar dispuesta siempre a desvalijar tiendas de bolsos y peleterías. Pagando por ellos, claro.

Era el nuestro algo parecido al grito de Ipiranga, el que marcó el comienzo de la libertad de un país sudamericano.

Salomé había llegado como una diosa, con su melena rubia, brillante como un campo de girasoles a la primera luz matinal, su traje de firma y su imponente Mercedes descapotable gris metalizado. María José y Pilar no la desmerecían nada, Pilar, escandalosa con sus minifaldas en el límite mismo de la moral pequeño burguesa. María José con sus trajes de Valentino, su clase innata, parecía recién salida de las páginas del *Vogue*.

Creo que poníamos especial empeño en vestirnos cuando nos encontrábamos, porque teníamos en gran consideración la opinión de las demás. Partiendo de esa premisa, el día que salíamos juntas pasábamos revista a nuestro aspecto durante horas y hasta que el espejo no nos devolvía una imagen «cinematográfica» no abandonábamos.

Aquella noche era especial. Salo festejaba su cumpleaños, se había reencontrado hacía unos meses con el amor de su juventud, imposible entonces porque estaba casado y con hijos. Separado ahora por avatares del destino había regresado con la mujer de su vida a la que nunca había logrado olvidar. Parecía una telenovela con final feliz. Una película terminaría así, con ellos dos preparando su boda o casándose y *The End*.

Mas la vida es otra cosa; a veces, te esperan emboscadas traperas al dar vuelta en el primer recodo del camino.

Beatriz llegó como siempre, parecía un anuncio publicitario de la mujer más guapa del mundo. Había adelgazado, una vez en su asiento, se puso en pie, movió las caderas como bailando el mambo y dirigiéndose a la gente que la miraba desde las otras mesas, dijo:

—Es para que notéis todos que he adelgazado.

—Estás de cine —dije.

Se señaló los cabellos y comentó:

—Tinte, peinado y corte, quince mil pesetas, crema antiarrugas y máscara reafirmante, dieciséis mil. Vestido, treinta mil, zapatos quince, medias de lycra… —Beatriz seguía haciendo cuentas de lo que le había costado su aspecto terminando con…—uñas de porcelana, diez mil.

Me eché a reír y ella se disculpó con Salo.

—Salo, perdona, te debo el regalo, salí de la tele a las diez y media y si perdía más tiempo yendo a un Vips habría llegado aquí a medianoche.

—¡Qué chica más hortera, comprar un regalo en el Vips! —comenté. Era nuestro sistema, lanzarnos puyas constantemente.

El *maître* nos tomó nota de lo que íbamos a comer.

—Sirva solo nuestra comida, que sí hemos traído regalo, y a esta déjela sin comer por roñosa.

Bea se volvió a poner en pie para hacer ver su cintura y el resto.

Fue una de esas noches perfectas, reíamos por todo, cada diez minutos Bea repetía el show.

—Quiero que todos noten mi tipo apabullante… —insistía, sabiendo perfectamente que no había una sola persona en el local que no lo hubiese notado.

Dos cosas me impactaban de ella, su aparente fuerza que la obligaba a un gran esfuerzo personal (para parecer así a los ojos de los demás tenía que esconder, como si fuese una culpa, su sensibilidad exacerbada. Era un modo como otro de protegerse), y su sentido del humor, si tenía un buen día, no parabas de reírte con ella.

Pilar, con su aspecto desvalido de siempre, me recordaba a la protagonista de una película americana, *Baby Doll*. Y sí, ella era eso, una muñeca frágil, a punto de romperse, sin motivo aparente; al menos para nosotras, que ignorábamos los fantasmas que asediaban su corazón. Exteriormente daba esa impresión, pero en el fondo yo sabía que medía cada milimétrico movimiento que hacía, cada palabra y que a su lado Maquiavelo era un aficionado. La muñeca ingenua y desvalida era la máscara que Pilar usaba en sociedad, para pillar desprevenido al «enemigo». La ingenuidad y el desvalimiento son para los inexpertos sinónimo de poco cerebro. Pobres los que confunden la realidad con la máscara.

María José para mí era Ella. Madre de familia, dulce y sumisa (todas demostrábamos lo que no éramos, porque había dentro de ese cuerpo frágil como un mimbre, una fuerza de voluntad y un carácter que hubiese puesto de rodillas al mismísimo Atila, el rey de los hunos).

Ella sabe escuchar, Ella tiene siempre una palabra amable, tira de ti con generosidad, cuando estás en un pozo de mierda que te llega a la boca. Sin Ella el mundo no sería soportable.

A veces, tengo la sensación de que es un ángel que habita en la Tierra. Un hada que nos manda Dios para ayudarnos en el duro camino. Aunque Ella no cree en Él, aunque se rebela ante el sentimiento de culpa y el castigo consecuente, es una enviada. En esa apariencia pacífica, dentro de su cuerpo bulle una pasión tan fuerte, que arrasaría una manada de cientos de caballos salvajes.

Muchas veces pienso que si Ella no existiera, yo tampoco.

(Podría parecer que es la preferida de todas mis amigas, pero no es así, en el corazón de cada uno de nosotros existe una fuente de amor distinta para cada ser que amamos.)

El móvil de Salo sonó.

—Pero, Mato, mi amor, no; no es necesario que vengas a buscarme. Quédate tranquilo que estaré ahí en treinta minutos… —colgó sonriendo—: Creí que estaba en casa pero está esperando fuera desde hace una hora.

Quedamos muertas ante las pruebas de amor que él le brindaba y nos despedimos en la puerta.

—Mañana tengo que levantarme temprano, acompaño a Mato a hacerse unos análisis.

—¿Y eso? —pregunté.

—Ha dicho que después de los cuarenta los hombres deben hacerse ver la próstata.

—¿Y por qué se la tiene que ver un médico, o tú no tienes ni idea de eso?

Nos echamos a reír.

Aún saboreábamos la resaca de la noche anterior cuando llamó María José con voz desconocida, la sonrisa con la que acogí el sonido de su voz se transformó en una mueca:

—Mato tiene cáncer —dijo yendo directamente al grano.

No encontraba las palabras para responder a esa noticia.

¿Por qué? ¿Por qué a él, por qué a ella? ¿Ahora que se habían reencontrado y eran felices? ¿Eso significaba que a todos los seres vivientes se nos negaba una tregua?

Salomé, que aparentemente lo tenía todo, unos hijos guapos y sanos, de gran corazón la mayoría de las veces, pero otras, de una crueldad que te dejaba muda como si ella no fuese capaz de prever las consecuencias de sus actos. Con todo su equipaje de belleza, juventud, bienestar económico y una madre que la adoraba, había sido muy infeliz en el amor. Intentó la felicidad dos veces y había fracasado en ambas.

Cuando finalmente se le presentaba la posibilidad de serlo, una enfermedad grave amenazaba con arrasar con todas las esperanzas de la pareja.

Esa noche sentí una enorme pesadumbre, nos llamamos y las cuatro caímos en depresión. Yo imaginaba cómo debían de sentirse ellos y el corazón se me desbocaba.

Lloré por Mato y Salomé, con una congoja que hacía años no sentía.

No conozco otro antídoto frente a las grandes tragedias que la oración. Oponer una barrera de fe que te blinda ante las enfermedades, la guerra, la muerte o la desesperación.

Esa noche empecé a rezar por él, no lo hacía con la fe de siempre, sino con desconfianza.

Eso que le había pasado a Salomé me pareció demasiado. Le pedí a la Virgen María, con el corazón que explotaba de pena, que devolviese la salud a Mato. Hablé con ella y hasta le di argumentos para salvarle. ¡Como si la estrella matutina los necesitase!

—Virgen mía, escucha, Mato está gravemente enfermo. Consulta con tu hijo y pregúntale qué significado tiene para vosotros el llevároslo ahora y no dentro de treinta y cinco años. En la dimensión donde vosotros estáis, ese período de tiempo puede ser un abrir y cerrar de alas de un ángel. Y para ellos puede ser la realización de su sueño de amor. Te hago además una promesa, si lo curas, prometo que volveré a Medjugorge de rodillas, a ese lugar sacro de Bosnia-Herzegovina, donde apareciste en mis fotografías.

También hablé a su ángel de la guarda y le recé todas las noches la oración de mi niñez.

Con el pasar de los días, a la luz de nuevos análisis la situación se hacía más y más desesperada, metástasis en los pulmones, siete metástasis en el hígado. ¿Sería de verdad posible que la Virgen no me escuchase? Por momentos me imaginaba a todas al lado de Salo, acompañándola. Pero ¿es que estaba acaso preparándome para la muerte de Mato? ¿Es que había perdido definitivamente la esperanza?

—Dame una solución Virgen mía… —rogaba, a la deriva entre dos playas de una misma isla, que se llamaban Angustia y Tristeza.

El sonido del teléfono interrumpió mi monólogo con esa entidad femenina, que yo sabía que me escuchaba.

La llamada era de Italia, un médico famoso, el profesor Gaetano Gioé, que curaba el cáncer con hierbas. Me tenía prohibido divulgar ese hecho porque temía a la industria farmacéutica, ya que le podía costar la vida el hecho de curar a pacientes con botellas de agua, a las que le agregaba solo componentes naturales.

Le rogué que viniese a Madrid para visitar a mi amigo. Llegó a la mañana siguiente.

Entramos en la casa, inmersa en medio de un extraño silencio, el salón estaba en sombras y una luz exigua alumbraba el pasillo que nos conducía al dormitorio.

Los cuadros de Salo, de pájaros y flores, que admiraba cada vez que me dirigía allí, pasaban inadvertidos por la poca iluminación que les llegaba.

Mato estaba sentado en un diván, las cortinas de los ventanales estaban corridas. Cuando se levantó para saludarnos tenía una auténtica expresión de terror. En su cara era patente la biografía del miedo, que se le estaba inscribiendo de un día para otro. Reflejaba el momento exacto en que este había nacido, cómo se había desarrollado y afianzado en su corazón. Era obvio que se estaba haciendo las grandes preguntas, esas que bloquean los sentidos, las reacciones y las defensas.

Había llevado conmigo aquella foto tomada en Medjugorge. Era una fotocopia grande, en color, del original.

Gaetano Gioé empezó a hablarle y Mato recobró la esperanza aunque le quedaba aún por pasar un calvario. Fue en ese instante cuando se puso en marcha el mecanismo mental de su curación.

Después de ese encuentro visitó a los mejores especialistas y decidió un tratamiento con quimioterapia. No quiso arriesgarse con un método a base de hierbas.

Mato ingresaba en la clínica el jueves y salía el lunes o martes. En ese tiempo le daban una combinación de distintas medicinas, capaz de doblar a un elefante.

Pasaron cuatro meses de tratamiento y decidieron hacerle nuevos análisis. Mientras tanto, con férrea disciplina, yo seguía ofreciendo mis oraciones como muralla infranqueable ante su mal. Él también lo hacía y Salomé, e imagino que lo harían todos los que lo amaban.

Durante las pruebas médicas salvajes, él se concentraba en la acción de descender por su montaña nevada, por caminos conocidos de memoria, esquiando. Y era ese uno de sus recuerdos favoritos. Feliz en otra parte, dejaba aquí el envase para que los médicos hicieran lo que fuera con él.

Pasaron los meses, durísimos para ambos.

Le veía en la cama, delgadísimo y con una botella llena de medicinas que le entraban en la vena, noche y día. Intentaba bromear con el sexo, diciéndole a Salo con una mirada cómplice: «Esta noche me quedo yo a dormir en la clínica». Si no hubiéramos, Beatriz y yo, bromeado y peleado por los favores sexuales de Mato, nos hubiéramos puesto a llorar a gritos.

Una noche, pasada la sesión de quimioterapia, nos invitó a cenar a Aranjuez, estaba muy triste y nos dijo:

—Me han dicho que estoy muy mal, que tengo como máximo dos meses de vida.

Salomé rápida:

—El año pasado te diagnosticaron uno y todavía estás aquí. Si nos vas a enterrar a todos…

Beatriz, con expresión grave, preguntó:

—Mato, ¿es cierto que la quimioterapia te la empina?

Soy lenta y lo que oía no me parecía posible.

Mato dio un respingo y dijo con una punta de incomodidad o de pudor:

—Bueno... a algunos se la baja y a otros, pues sí... se la empina.

Muy seria y como si se tratase de un interrogatorio policial, Beatriz, insistía:

—Vale, pero ¿y a ti?

Él rompió a reír a carcajadas.

—A mí me la deja como el hierro, las veinticuatro horas del día.

—Cuando estés en la clínica yo podría aliviar ese grave problema, propongo acompañarte todas la mañanas...

A este punto yo ya había entendido el tema central de la conversación y propuse:

—Yo soy amiga de la novia antes que tú, así que sugiero que hagamos horarios y por antigüedad en el conocimiento, las mañanas son para mí.

—Pero chicas —decía Mato—, las enfermeras entran a cada minuto.

—Se me ocurre algo, ponemos la cama contra la puerta, con tu frasco en la vena y todo el tinglado. Conmigo encima de ti, que peso unas cuantas toneladas, ni Dios mueve la camilla —sugerí, mientras pensaba en voz alta y en falsete—: Ahora entiendo por qué Salo decía, toda entusiasmada y con voz cantarina: «¡Chicas, acompaño a Mato a la quimioterapia!» y por qué no se movía de allí ni de día ni de noche.

Terminamos la velada con la moral a tope.

Genial Beatriz: *chapeau*.

La llamada eufórica de Salomé abrió de par en par las puertas de la esperanza, los marcadores tumorales habían descendido en forma vertiginosa y las metástasis de los pulmones e hígado, casi desaparecido.

Tuvo que pasar todavía por otras durísimas seis sesiones de quimioterapia, intervenciones quirúrgicas delicadas y en puntos vitales del organismo.

Perdió peso y perdió el pelo.

Al año de haber empezado la enfermedad estaba completamente curado y recuperó las dos cosas y el cabello salió más fuerte y ensortijado que nunca.

Deberían pasar aún cinco años para saber si la curación era o no definitiva, pero yo estaba segura de que la Virgen no podía hacerme quedar mal.

Cuando reflexiono sobre el calvario de Mato pienso que el Fantasma se ahorró todo eso.

¿Morir joven y sano no será un privilegio de dioses? ¿La oración tiene un poder benéfico, capacidad de recuperación?

Sí, sin ninguna duda.

Cuando empecé a rezar por Mato no sabía nada del *Informe Duke*.

En 1988 un grupo de estudiosos de la Universidad de Duke demostró a los escépticos y a los no, que la oración tiene el poder de sanar. Los investigadores sometieron al estudio a ciento cincuenta pacientes y tuvieron en cuenta grupos religiosos de siete diferentes religiones: budistas de Nepal, las hermanas carmelitas de Baltimore y la Virtual Jerusalén. Esta última es una organización que se ocupa de escribir y meter en las fisuras del Muro de las Lamentaciones de Jerusalén las súplicas enviadas por correo electrónico de los fieles. Los grupos de plegaria fueron encargados de rezar solo por el cincuenta por ciento de los enfermos, que ignoran hasta hoy que alguien rezó por ellos, encaminando de ese modo la curación, por vía espiritual. Los que sufrieron intervenciones quirúrgicas se restablecieron de inmediato cuando los grupos rezaron por ellos.

Chopra da una explicación filosófica sobre la plegaria que no podemos ignorar.

«La plegaria» es un viaje en la conciencia, que nos lleva a un lugar distinto del pensamiento cotidiano. Allí, el enfermo no es un desconocido y los límites del cuerpo humano ya no tienen ninguna importancia. La intención de curar a quien sufre tiene un efecto que supera las fronteras del espacio y el tiempo. En otras palabras, la oración es un evento cuántico que sucede en el cerebro.

De todas las huellas que Dios pone a nuestra disposición, la *Shekhinah*, palabra hebrea que significa luz, es la más grande, y nos permite tener una imagen verdadera de la divinidad. Tal hipótesis está corroborada por la ciencia, nuestra religión moderna más creíble es la que sostiene que la creación partió de la luz.

En 1988 apareció el libro de Stephen Hawkings: *Del Big Bang a los agujeros negros*, que justifica la certeza de Dios a través de la física. Pasaron más de trece años para que yo comprendiese lo que quería decir. Solo después, a través de innumerables lecturas, pude descifrar ese libro hermético que según Hawkings estaba al alcance de cualquiera.

Es necesario recordar que el físico está en silla de ruedas desde hace muchísimos años, padece esclerosis múltiple y ha perdido, aparte del movimiento, el habla. Muchas veces he pensado que cuando uno está condenado a vivir el resto de su vida en una silla de ruedas y en total silencio, el propio cerebro, concentrado en sí mismo, debe alcanzar una profundidad negada a todo el que no viva una experiencia límite como esa. La misma, más los conocimientos de este científico en física nuclear, nos ha abierto las puertas del cosmos y su misterio. Pero siguiendo a Chopra, se vislumbran a través de sus interpretaciones y análisis sobre el tema lúcidas respuestas: «Einstein y los pioneros de la física cuántica han traspasado la barrera de la realidad material y han vivido una experiencia mística, han comprendido que desvelando los misterios de la luz habrían conocido la luz de Dios».

XXVII

LA PINTURA DE *LILY*

Me la trajeron a casa cuando deambulaba por un barrio residencial. Tenía el pelo rubio, casi albino, y era delgadísima. La llamaban «*Lily*, la vagabunda» porque no tenía dueño. No sé si de verdad lo buscaba, pero entró en casa y, pasando revista a todas las habitaciones, eligió el dormitorio, echó una veloz ojeada a la cama y se acostó en ella de inmediato; había elegido su territorio. Desde allí, mostraba los dientes a los otros perros, que estaban interesados en saber, a través de una revisión olfativa de *Lily* en su partes más íntimas, qué tipo de personaje era esa perra de mal carácter que había aumentado la familia.

Blitz, mi pastor alemán adorable que sufrió cuando cachorro cosas que ni un elefante hubiese soportado, no se enfadaba ante esa invasión descarada. Al final se hicieron amigos y después enamorados, era tal la adoración que *Lily* sentía por *Blitz* que este, asumido por completo su papel de macho mandón, la miraba y ella se tiraba al suelo, con la cabeza gacha, como símbolo de sumisión absoluta, de rendición sin condiciones.

Dejamos el ático del Lungotevere Michelangelo y nos trasladamos a Fregene; por un lado el mar, por otro la Pineta histórica y la casa copiaba el estilo *art nouveau* con un jardín que daba a dos calles, lo que conlleva, según el Feng Shui, el récord de las desgracias. Eso no lo sabía entonces pero en las tres casas en las que viví, todas daban a dos y hasta tres calles y eso provoca que las energías negativas se acumulen en los ángulos.

En cada ego existen características exacerbadas, tengo la manía de la decoración. No solo pretendí copiar la Capilla Sixtina sino que quise reproducir los jazmines del Paraíso en la entrada de la casa, planta que prevalecía en el jardín y subía por los olivos y los pinos.

Quería hacer pintar un retrato de cada perro, escondidos entre las plantas. «La griega», de quien había visto trabajos maravillosos, comenzó su labor.

Pintó hojas y más hojas y la cara de *Lily*, con su hocico en punta como el de un cervatillo y sus ojos de mirar entre tímido y temeroso, sin olvidar por supuesto la curiosidad, asomada entre los jazmines. La pintora rechazó pintar las caras de los demás perros, por los colores, los tonos del marrón, no pegaban ni con cola en la entrada blanca y beige.

El retrato parecía estar vivo. Tanto es así que las abejas se detenían en las flores, confundidas, y a veces, si estabas distraída, llamabas a la *Lily* de la pintura y ella aparecía haciéndote fiestas por detrás. Y te quedabas absorto, pensando cómo era posible apresar la vida de esa manera con unos simples pinceles, unos tarros de pintura y sensibilidad.

Hacía meses que *Lily* vomitaba por las noches, yo no le daba mayor importancia porque cuanta inmundicia en putrefacción encontraba por la calle, se la zampaba, sin que se pudiera hacer nada por evitarlo, excepto llevarla al mar con bozal lo que era increíblemente cruel. La visitó la veterinaria, le sacaron sangre… Era necesario darle suero cada dos días y ella aullaba con desesperación cuando le buscaba la vena. Tenía el hígado muy mal pero el suero parecía devolverle la vida. Tenía que viajar a Madrid por trabajo.

Le di un beso en la escalera al marchar y sentí un estremecimiento en el corazón.

—Adiós, mi vida, hasta la vuelta.

Un presentimiento me decía que no habría de volverla a ver.

Cuando salí corriendo al jardín con la maleta, el taxi estaba esperando para llevarme al aeropuerto y mis ojos cayeron como por casualidad en el mural de *Lily*. Las hojas, los jazmines conservaban el verdor de siempre, pero la imagen de la perrita se estaba desdibujando.

Eran las seis menos diez de un domingo por la tarde, nos había dado a Matilde y a mí por limpiar los cristales del ventanal del salón de casa, yo me encontraba subida en lo alto de la escalera, cuando tuve el impulso de cruzar a la iglesia.

Entré en ella en un estado de agitación y desconcierto totales. Me arrodillé a los pies de la cruz con los ojos puestos en el Crucificado, que se me llenaron de lágrimas y con una pena en el alma imposible de describir, dije, con la mente puesta en mi perrita adorada: «Ayúdala Señor, te lo suplico y ayúdame».

Lloré desconsoladamente en los bancos de la iglesia casi vacía, rendida a la muerte que me rondaba, yo era capaz de escuchar su paso invisible a miles de kilómetros de distancia.

El corazón me dolía como si se estuviera rompiendo por la mitad, volví a casa desconsolada.

Matilde se había marchado y había un mensaje en el contestador, era de Mynda, desde Roma; una única frase condensaba los presagios oscuros que me habían asaltado ese domingo: «Lo siento, Madame, *Lily* ha muerto».

Cuando regresé a casa, abracé a *Blitz* fuerte contra mi pecho, él era junto con la propia *Lily* quien más había perdido. Se acurrucó a mi lado para que ambos nos fortaleciésemos en nuestro dolor.

Me acerqué a la parte del jardín en donde ella había sido enterrada, con un ramo de flores en la mano:

—Mi amor, siento no haber estado contigo, de no haberte acompañado hasta el último momento. Perdóname, yo no sabía que te ibas a ir tan pronto… Mi vida, te quiero, perdóname.

Apoyé las flores en su túmulo y en ese instante una mariposa blanca y amarilla se posó en mi pie. Blanco y amarillo era el color del pelo de *Lily*. El insecto aleteaba sobre él sin miedo, comprendí de inmediato y empecé a hablarle a la mariposa:

—Hola, cielo mío, ahora márchate, ya me has saludado pero los gatos pueden hacerte daño. Vete.

Ella seguía aleteando sobre mi pie, impertérrita. Pasó un tiempo infinito hasta que se marchó. Todos los días por la mañana la veía llegar y posarse en el alféizar de mi ventana, durante todo el verano.

Ahora ya no me torturo pensando en ella, descompuesta en su tumba, ahora, cada vez que veo un conjunto de mariposas doradas y blancas aletear en el jardín sé que es *Lily* que viene a saludarme.

Su imagen en la pared entre los jazmines se ha difuminado por completo, solo sus ojitos negros sobreviven, como dos manchitas, entiendo lo que eso significa, ella nos vigila con amor, nos mira desde la dimensión en que está.

He querido rehacer su imagen llamando otra vez a «la griega» a la que auxiliaría con una fotografía, pero me han aconsejado que deje a *Lily* descansar en paz.

Estaba trabajando en la fórmula. Desde hacía mucho tiempo el Fantasma aparecía como una sombra en las paredes de mi casa. ¿Por qué como una sombra? ¿Por qué no volvía como siempre, con sus ojos mansos y la sonrisa pícara? ¿Adónde habían ido su cuerpo delgado y alto, sus manos finas y blancas, de dedos infinitamente largos?

La realidad angustiante era que estaba muerto.

No más conexión, ni mensajes telepáticos, no. Muerto para siempre. Un «para siempre» que significaba: mientras yo fuese el rehén de mi cuerpo.

¡No, una tercera vez, no!

Sentí su voz como un eco apagado dentro de mí misma:

—Mi amor, he venido para decirte que ya no podré acompañarte en el futuro, no podrás verme, pero siempre estaré contigo.

Quise preguntarle: «¿Quiere decir eso que serás de ahora en adelante mi ángel de la guarda?».

Las lágrimas me lo impidieron, no lo quería como un ángel de sexo incierto. Él había sido mi amante y después mi marido, además yo ya tenía mi ángel. Le quería con su cuerpo y su cara y su sensibilidad y su sentido del humor y sus manos blancas de dedos largos.

—No, no me dejes otra vez, no, te lo suplico, te lo ruego —dije con el corazón rompiéndose en pedazos, mientras el dique del río de las lágrimas había reventado toda contención.

—Este adiós es para anunciarte una cita, espérame. Volveré, te juro que volveré… cuando sea el momento.

—¿Qué te pasa?, ¿por qué lloras? —me preguntó María Gracia.

—Nada. He tenido un mal presentimiento.

Ya no tenía fuerzas para sufrir ni llorar por lo mismo. El Amado Fantasma se había ido y yo deducía que la suya, esta vez sí, sería una larga ausencia.

Cuando cayó en mis manos por casualidad la última teoría del Todo, la de las Supercuerdas, la que corregía a Einstein (seguro que no habrá vivido lo bastante como para descubrirlo él mismo) comprendí que mi acceso a la zona de transición era algo más real que mi propia anécdota personal. La teoría es bastante complicada y difícil de entender para los profanos como yo. Y además es aburrida. Entonces, ¿qué busco en algo complicado, ininteligible y aburrido?

P.C.W. Davies y J. Brown en su libro *Supercuerdas ¿una teoría de todo?* de Alianza Editorial, preguntan a John Schwartz sobre su teoría de las supercuerdas.

Desgraciadamente, mi falta de conocimientos en física me impiden entender la diferencia precisa que existe entre una teoría filosófica y una teoría sobre la creación del universo enunciada a través de cálculos matemáticos. No soy capaz siquiera de diferenciar ambas cosas ya que me da la impresión de que los dos conceptos se tocan por momentos. Lo único que sé es que *yo estuve* en otras dimensiones. No sé tampoco cómo se llega allí, tal vez teniendo el cerebro en silencio y el corazón abierto a toda posibilidad, sin esperar nada preciso.

Después de haber vivido tanto, sé que cada día estoy más cerca de la cita con el Amado Fantasma y he alcanzado con esa pacífica certeza, finalmente, la paz.

Ya no voy a seguir escribiendo y recordando, todos mis esfuerzos y energía estarán dedicados a la jardinería.

XXVIII

POR FIN

Voy a agregar algo, aunque ya he perdido la facultad de escribir.

Está atardeciendo. Miro el jardín desde la ventana. Han pasado más de veinte años desde mi enfado con el Amado Fantasma. He necesitado todo este tiempo para comprender muchas cosas. Él no se había ido con otra, estaba simplemente muerto, la mujer que vi a su lado era yo misma, de joven. Y esa aparición que hizo vacilar mis certezas nunca existió, fue solo un sueño. ¿Fue eso, o el acceso al mundo paralelo donde el Uno continúa desdoblándose hasta el infinito?

No sé si estoy senil, últimamente me olvido de las cosas. Ya nadie se vuelve cuando paso, ni desconocidos me dicen: «¡Guapa!» o «¡Pisa morena, que paga el Ayuntamiento!». No, ya no hay nada de eso, soy vieja.

Y escucho el ruido de un tren por las tardes. La enfermera que me acompaña se enfada mucho, dice:

—Pero bueno, ¿está usted loca o qué? Aquí no hay ni trenes, ni vías, ni nada. Solo están los postes de la luz y los del teléfono. ¡Qué manía!

No le contesto, sé que ese tren pasa todas las tardes y he decidido tomarlo. Lamento dejar a mi perra. La encontré a la salida de misa un domingo de hace tres veranos. ¿Fueron tres o cuatro? No logro medir el tiempo. Solo son días que terminan…

Acaba de pasar, en la colina que linda con la casa, cuando llegué ya era tarde, se estaba alejando y vi una mano blanca, de dedos largos, asomándose en el último vagón, estaba tendida hacia mí. Yo conozco esa mano, es de un concertista… Como tengo tanta dificultad para caminar y más aún para subir entre las zarzas y los matorrales, que me arañan las piernas, no he llegado a tiempo. Pero mañana lo esperaré.

Anoche tuve un sueño o una visión, no sé.

Era brillante, perfecta, con sus colores y humedades, vi claramente y por completo mi cerebro.

¿Adónde quería ir, de pequeña? ¿Adónde le decía a mi madre que me devolviese?

No lo sé. Lo he olvidado…

EPÍLOGO

La enfermera encontró a la anciana muerta, sentada en el sillón, de donde no podía moverse desde hacía algunos años. La perra lloraba quedamente a sus pies. La mujer tenía en la muerte una expresión serena, casi de éxtasis...

Pero la realidad nunca es como nosotros creemos que es o como la vemos.

Ella escuchó a lo lejos el bufido cansino del tren, se había levantado de su sillón y había corrido hacia la puerta con la fuerza de sus diecinueve años, con su melena negra suelta, acariciándole los hombros. Se miró al espejo, quería estar guapa en esa cita tan largamente esperada. La imagen que el espejo le devolvió era apabullante, besó a su perra, que la miraba con reproche, sabiendo que habría de ser abandonada por segunda vez.

Abrió la puerta y escuchó las conversaciones de los pájaros antes de dormirse en las copas de los árboles. Subió con el corazón henchido de felicidad la colina, el tren se acercaba. Cuando estuvo a su lado, dio un salto ayudada por la mano del Amado Fantasma, feliz de emprender un nuevo viaje. Embriagada de felicidad al constatar que el amor era más duradero que la vida, abrazándolo, le dijo:

—¿Volvemos a casa, amor mío?

Y él contestó:

—Ya estamos en ella.

—¿Cómo? —preguntó la joven, rebosante de alegría, sabiendo que le esperaba ¡por fin! la respuesta que había buscado infructuosamente durante su último devenir vital.

Y no se sorprendió de que, en ese instante, él le desvelase el misterio de todo lo que vive:

—Estamos donde siempre estuvimos.